科技期刊编辑有话说

刘 洁 史继荣 黄 烁
梁宏伟 周凯虹 徐晓松
编著

清华大学出版社
北京

内 容 简 介

本书基于《计算物理》编辑部的专栏"科技期刊编辑部的故事"近期发表的系列短文,应广大读者的要求整合成书。内容以编辑部收到科技论文的稿件为出发点,通过介绍科技论文的撰写规范,逐步向科研人员关心的更多问题延伸,形成了编辑期刊篇、论文写作篇、科学研究篇、职业生涯篇以及七彩生活篇等五个部分。"科技期刊编辑部的故事"专栏自创办以来,发表的文章受到了广大科技工作者的关注,并收到很多积极的反馈意见和建议。本书内容翔实、语言活泼、思路开阔、综合交叉。通过这样的方式,希望架起一座联结科技期刊与广大科技工作者的桥梁。本书既可以作为科技期刊编辑专业培训班、研讨班的参考资料,也可以作为科技工作者学习和工作的案头手册。

图书在版编目(CIP)数据

科技期刊编辑有话说 / 刘洁等编著.— 北京:清华大学出版社,2022.8(2023.11重印)
ISBN 978-7-302-61269-8

Ⅰ.①科… Ⅱ.①刘… Ⅲ.①科技期刊—编辑工作—文集 Ⅳ.①G235.7-53

中国版本图书馆CIP数据核字(2022)第121808号

责任编辑:陈凯仁
封面设计:刘玉洁
责任校对:欧 洋
责任印制:刘海龙

出版发行:清华大学出版社
　　　　　网　　　址:https://www.tup.com.cn,https://www.wqxuetang.com
　　　　　地　　　址:北京清华大学学研大厦A座　　　　邮　　编:100084
　　　　　社 总 机:010-83470000　　　　邮　　购:010-62786544
　　　　　投稿与读者服务:010-62776969,c-service@tup.tsinghua.edu.cn
　　　　　质量反馈:010-62772015,zhiliang@tup.tsinghua.edu.cn
印 装 者:天津鑫丰华印务有限公司
经　　　销:全国新华书店
开　　　本:170mm×240mm　　　印　　张:15.25　　　字　　数:262千字
版　　　次:2022年10月第1版　　　印　　次:2023年11月第2次印刷
定　　　价:84.00元

产品编号:093108-01

前　言

　　将专栏"科技期刊编辑部的故事"发表的文章集结成册的想法是应一些读者的建议才起了念想的。2020 年 6 月,《计算物理》编辑部创办了"科技期刊编辑部的故事"专栏,向广大读者和作者介绍科技期刊编辑部的日常工作,以期增进科技期刊的编辑们与从事科研工作的作者及读者们之间的沟通与交流。

　　专栏开办的最初一段时间,我们陆续发表了《"您的稿件正在处理中……"幕后的秘密》《学术江湖走,拒稿常常有:是不是从来没人告诉过你,论文被拒了怎么办》《垃圾分类啦!那些"学术垃圾",是干垃圾还是湿垃圾》《引用不规范,撤稿两行泪!编辑"喊"你关注参考文献》等一系列文章,全面介绍了论文从发表到出版的一系列过程。随着栏目推出的稿件增多,我们收到了很多读者的热烈反馈:大家对于这样的短文非常感兴趣,希望文章内容除了介绍编辑部的日常工作以外,可以涉及到更多科研相关内容。于是,我们根据读者的需求和反馈,逐步从科技期刊的编辑部工作扩展到了大家更关心的论文写作的困难、科研工作中经常遇到却并不被列入教科书的问题和职业生涯中的困惑等方面的内容,这一篇篇小文章集结成册就是本书的初稿。

　　《计算物理》期刊作为广大计算物理科学工作者的一个共同的科学园地,自 1984年创刊至今,在历届编委会和几代编辑人的辛勤耕耘下,38 年风雨兼程,见证了我国相关领域的计算科学的发展,也见证了一批批科学家的成长。

　　为适应新媒体时代对期刊行业的要求,《计算物理》编辑部近年来大力加强了期刊建设。在此过程中,我们发现,作为一名科技期刊的编辑,要想胜任这项工作,不仅要有编辑学的相关知识,还需要具备丰富的专业知识。以《计算物理》为例,小编们需要掌握一定的与计算物理相关的系统化的知识。对于一本科技期刊而言,刊发的内容大多属于专业的领域知识，内容涉及相关领域的最新研究进展、科技动态等。若编辑缺少专业知识，则不易对文章把握准确。从编辑工作的流程来看，无论是约稿、组稿、审稿还是后期的退、修稿件，均要求科技期刊编辑具备一定的专业知识。在学习专业知识的过程中，编辑部的小编们逐渐发现科研人员对于期刊编辑的工作了解不多，但是他们对此很感兴趣。于是，《计算物理》编辑部面向单位内部的科研人员，推出了专栏"科技期刊编辑部的故事"，连续发布了一系列关于编辑期刊、论文写作、科学研究、研业生涯等稿件。

让我们感到惊讶的是，读者朋友们反馈，专栏中一期期刊发的幽默小文，已经成为他们日常阅读的一部分。在繁忙的工作之余，他们常常期待着专栏更新，猜测下一期的内容。有读者来到编辑部，将他们收集整理的全部文章打印装订成册并送给我们，还向我们分享了他在阅读文章过程中所受的启发。这让我们意识到，专栏短文已经在潜移默化之中，增进了编辑部与读者们之间的联系，在期刊和作者、读者之间架起了一座桥梁，也更让我们深感责任和使命。

此外，在专栏撰稿过程中，我们自身的工作能力也得到了很大的提升：除了撰写和本职工作——期刊编辑工作相关的知识，为了丰富专栏内容，我们还广泛学习了科研工作的相关专业知识及方法论和职业生涯规划等。同时，增添了关于科研工作中的情绪管理、时间管理、形象管理以及健康工作五十年等方面的内容，在读者中引发了热议。

过去，曾经有一个颇为流行的错误观念，认为科学是不具有个性的，是一项纯客观的事业，进而让人觉得科学家也是冷冰冰的、千人一面的。尽管人类的活动是受风气、时尚和代表人物的个性所影响的，但是想到科技的发展，公众还是认为科学技术的发展受程序规则和严格的检验所约束，重要的仅是科学研究的结果，却忽略了正是这群为了得出科研结果而投入毕生精力的人，谱写着我们科技创新的新篇章。

我们原本以为写作会占据读书学习的时间，但慢慢却发现，写作让我们更加渴望知识的输入。写作的过程是一种高效的沉淀过程，在这个过程中，我们把碎片化的知识整合成整体的智慧；写作是对自身思维能力的巨大锻炼，坚持写作会让思维、认知水平不断提升；而这种提升又反哺到繁忙的工作和日常生活中，令我们很享受这样的状态。

不过在书稿集结的过程中，一度出现了赶进度的心态，幸得朋友提醒不要以利累形。专栏之所以受到读者喜爱，正是因为内容充满着灵感与妙思。今后，我们也会时时提醒自己要调整好姿态，从容心态，落笔生花。

从全书的结构来看，本书以编辑的职业视角解析了论文从构思写作到发表出版的各个环节，在此基础上向期刊、科研、职业和生活拓展，涉及与文字工作者和科研工作者密切相关的内容。

经过了这一年多的专栏连载，《计算物理》编辑部增进了与作者及读者们的联系，并发现了越来越多的共同话题。专栏写作的过程兴奋而艰辛，这与大家做科研和撰写科技论文的过程极其相似：选题、构思、章节、论证、总结，这每一个步骤，都是对创造力和毅力的检验，常常要绞尽脑汁，又或者对着电脑发呆许久，常常是夜深人静时，才会思如泉涌。旁人看来似乎并不快乐，有时候甚至有点痛苦，但是每一篇文章完成后的成就感是巨大的，回味是甘甜的。再想到读者们期待着下一期稿件，就更有动力了。

《科技期刊编辑有话说》是《计算物理》编辑部全体编辑们共同创作的第一本书籍。文字中，我们以谨慎之心、感激之情，尽最大努力为广大读者呈现我们心中最好的文化佳肴。但受限于专业水平和能力，书中难免有各种不足与遗漏。希望广大读者来交流感想，也欢迎朋友们批评指正。

编者

2022 年 5 月

作为创刊于 1984 年、世界上发行历史最悠久的四本计算物理专业科技期刊之一，北京应用物理与计算数学研究所的品牌科技期刊《计算物理》，积极响应国家关于加强中文本土期刊国际化建设的号召，适应时代需求创新谋发展。《计算物理》是由中国科学技术协会主管，中国核学会主办，北京应用物理与计算数学研究所承办的计算物理学科综合性学术刊物。秉承传播前沿成果、促进学术交流、推动学科发展的办刊宗旨，《计算物理》自 2021 年第 38 卷第 1 期起，新增"主编推荐"专栏，以全球化视野打造学科成果交流平台，聚焦《计算物理》的国际学术资源，提升融合发展能力，从而进一步提高办刊水平、更好地服务于领域内广大专家和科研人员。

多年来，《计算物理》编辑部在提升科研人员的科技论文质量和投稿精准性等方面发挥着专业指导作用。他们利用工作中的实践经验，整理创作了"科技期刊编辑部的故事"系列短文，介绍在科技论文的撰写、投稿等过程中的要求与技能。这些介绍既使科研人员更加准确地了解了科技期刊的运作规律，从而提升科技论文的质量和投稿采用率，还有效提升了《计算物理》编辑部在读者和作者群体中的影响力，展示了《计算物理》编辑部全体工作人员几十年如一日的匠心精神。

另有专栏"科技期刊编辑部的故事"2020 年创设，已经发表相关内容的文章数十篇，从科研人员撰写科技论文和投稿过程中的具体需求入手，结合科研工作的开展过程，将一篇篇内容翔实、逻辑清晰、思想新颖的文章奉献给了读者，受到广大科研人员的欢迎。

《计算物理》编辑部想科研人员所想，认真总结科研人员在撰写论文时会遇到的困难，发挥编辑部的专业优势，为科研人员提供专业的解决方案。他们对稿件的处理过程加以详细说明，便于科研人员了解投出后为什么要等待那么长的时间，同时也可以使广大读者和作者对编辑部的工作内容有更深入的了解。

不断推出的专栏文章受到读者们越来越多的欢迎。为了更好地宣传科研精神、普及科研论文规范，编辑部的同事们进一步精选文章，集结成册，形成了这本《科技期刊编辑有话说》。我非常感谢他们为《计算物理》期刊发展做出的努力和贡献，特为本书作序。

中国科学院院士

2022 年 6 月于北京

江松： 应用数学家，北京应用物理与计算数学研究所研究员，《计算物理》第七届编委会主编。主要从事可压缩流体力学数学理论、计算方法及应用研究。1982 年毕业于四川大学数学系，1984 年于西安交通大学获硕士学位，1988 年于德国波恩大学获博士学位。2015 年当选中国科学院院士。

序言2

前些日子，《计算物理》编辑部的刘洁女士和我讲她准备写一本书，是有关《计算物理》编辑部工作和期刊投稿的，请我为书稿作序。当时还没有来得及看书稿，我就欣然答应了。

和刘洁女士认识，已经是近30年前的事情了。刘洁研究员于1992年在北京应用物理与计算数学研究所攻读核聚变与等离子体物理的研究生，毕业后曾在外事部门、科研管理部门、人力资源部门等很多岗位工作过，院里还委派她参与了几个新单位的创办工作。从研究生时期到现在已经29年了，她给我最深的印象是积极向上，总是开朗热情。在工作中，她思维活跃、勤学好问、踏实肯干；在科研管理岗位时，经常向科研人员请教专业技术问题；工作中有思路、有创新精神，并勇于担当，同时也非常踏实，肯下功夫钻研。刘洁研究员还具有清华大学工商管理硕士（MBA）学位以及前往麻省理工学院（MIT）访学的经历，全面的综合素质和宽广的知识结构，前瞻的创新思维和开阔的国际视野，决定了这本书的格局一定是高端的。她是去年到《计算物理》编辑部工作的，不到一年的时间，专栏"科技期刊编辑部的故事"已经成功吸引了很多人的眼球。专栏上已经发表的20多期文章我都在微信公众号上看过，非常精彩，我还推荐给了我的博士生们，他们也很受启发。

最近，拿到了书稿后，因时间关系，我本想大概翻翻。不曾想每一篇文章都很有趣味，从题目到内容，从思路到语言，都很好地组织在一起，很快我就从头到尾读完了。像《"您的稿件正在处理中……"幕后的秘密》《学术期刊编辑们揭秘"金刚钻"：那些被录用的论文是怎么入我们的法眼的》《一篇顺利发表的科技论文在各个阶段都经历了什么》等，这些内容非常实用，对科研人员具有重要的参考价值。

书稿分为五个部分：编辑期刊篇、论文写作篇、科学研究篇、职业生涯篇和七彩生活篇，以编辑部工作中对稿件的处理为出发点，逐步展开介绍。内容既包括了科技期刊编辑部的工作，涉及科技论文的发表、科研工作开展以及方法和思想，还对科研人员如何撰写论文给予了很多介绍和建议。面向年轻人，本书还介绍了职业生涯方面的内容。令我印象特别深刻的是，七彩生活篇中竟有衣食住行和情绪管理的相关内容。名曰"七彩生活篇"，内容涉及年轻的科研人员学习、工作、生活中的方方面面，令人耳目一新。刘洁研究员用她丰富的工作经历、独特的视角、开阔的思路，将她在科学研究、科技管理、人事教育、综合管理等不同岗位的工作经验以及学识凝聚在字里行间。和读者分享的同时，也展示了她知识结构的全面性，既具有扎实的理工科知识，还有商科知识和社会学、管理学知识。她理论知识丰富，思维视野开阔。这些文章对科研人员一定会有很大的启发和帮助，对科技期刊工作人员也具有很高的参考价值。

喜闻本书将由清华大学出版社正式出版，这是一件好事，值得鼓励。相信本书的出版，能够在科技期刊编辑与科研人员之间架起一座桥梁，扩大《计算物理》的读者群。我借此机会祝《计算物理》越办越好！

中国科学院院士

郭柏灵

2022 年 4 月于北京

▼

郭柏灵：数学家，北京应用物理与计算数学研究所研究员。1958 年毕业于复旦大学数学系，2001 年当选为中国科学院院士。主要研究方向为非线性发展方程及其数值解、孤立子解以及无穷维动力系统。他对力学及物理学中的一些重要方程进行了系统深入的研究，并成功地研究出了一批重要的无穷维动力系统。

目　　录

篇章结构

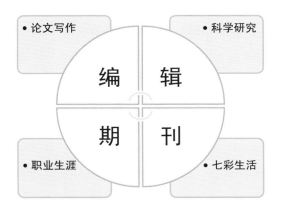

- 论文写作
- 科学研究
- 职业生涯
- 七彩生活

编辑期刊

一、编辑期刊篇

科技期刊是一种学术性的定期发行的连续出版物,以反映学术理论研究、传播与交流科研成果、鼓励学术争鸣、促进科学技术发展为宗旨,由一篇篇与专业方向相关的研究论文构成。而这些论文是由作者撰写后通过编辑人员的组织、加工、整理,才能有机地编排成册并出版发行,与读者见面。在发表论文这件事上,期刊编辑们与作者、读者都是为了同一个目标——科技进步和知识传播——而努力的。然而,曾几何时,期刊编辑却被作者百分百地划到了"敌方阵营"。

小编希望通过"编辑期刊篇",打开编辑部的大门,让各位研究生、博士后和科研人员们更多地了解科技期刊论文出版发行幕后的秘密,了解一篇顺利发表的科技论文在各个阶段都经历了什么,在科技期刊编辑工作方面增进沟通交流和相互理解,消除隔阂与误解,与期刊编辑们化"敌"为友,携手为我国科技的发展和创新贡献力量。在期刊产业的全流程中,期刊编辑部的角色是怎样的呢?其责任与使命又是如何?也许每天忙于"三审三校"、约稿组稿的小编们无暇顾及这么宏大的事情。但是了解整个流程(见图1),更有利于我们做好每一天的工作。

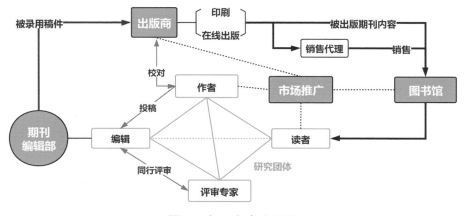

图1 期刊生产流程图

1. "您的稿件正在处理中⋯⋯" 幕后的秘密

　　一篇文章从投递出的那一刻起，要经过怎样的历程才能登刊面世？经常读文章、写文章、投文章的您是不是也好奇编辑部如何看待、处理一篇文章？从本篇开始，小编将带您全方位了解科技期刊论文出版发行的过程。

　　源浚者流长，根深者叶茂。作为整个科学体系的源头，基础研究是科技大厦最重要的地基。身为一名科技工作者，越是面临空前的国际竞争压力，越要高扬创新自信、卧薪尝胆的精神，坚持自主创新，扎实工作。而总结科技成果、撰写科技论文是科技研究课题取得成果后必不可少的重要环节。所以说，科技论文是科技工作者从事发明创造的直接经验和体会的提炼与概括，集中反映了科学技术的进步和发展，在科技信息资源中有着非常重要的价值。

　　作为科研人员，当我们废寝忘食地将所从事的研究工作进行科学分析、综合研究，又孜孜不倦地撰写出一篇自己满意的科技论文后，一旦投送科技期刊，往往会长期处于"您的稿件正在处理中⋯⋯"这个漫长的等待状态，这真是让人望眼欲穿。那么，这背后究竟发生了什么？今天，就让小编向您解密期刊编辑部收到您的大作之日起"秘密"进行的那些事儿吧！

　　2009 年，国家新闻出版总署出台《期刊编辑出版规程》，对学术期刊的编辑工作流程进行了原则性规定，即标准工作流程应包括整体策划、组稿、审稿、校对、样刊监制、市场反馈的监测与处理这六个步骤，也就是俗称的"三审三校"制度。"三审三校"制度是编辑部组稿和开展编辑工作的基本制度，目的是确保期刊的编校和出版质量，提高工作效率，促进编辑出版工作的标准化、规范化。下面以一张图介绍"三审三校"流程，整个过程您一看图 1，就懂了。

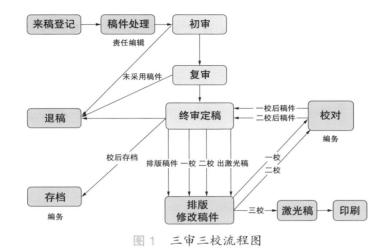

图 1　三审三校流程图

小编这里再赘述几句：**科技期刊论文的"三审"是指初审、复审、终审。**

（1）初审

由具有资质的编辑承担，主要把握稿件内容是否符合办刊宗旨，对稿件给出初步评价，并在审稿单上签署送同行专家的初审意见。初审不合条件的稿件一律退稿。

（2）复审

由同行专家完成，编辑协助处理。同行专家从审稿专家库中遴选，对稿件给出审稿意见。编辑负责将审稿意见送编委及主编终审。

（3）终审

由编委及主编负责，编辑协助处理。编委和主编对同行专家的审稿意见和稿件的内容作全面的审核，给出稿件能否发表的最终裁决。

终审环节的主要工作是对复审工作做出确认和评价，对稿件作出发稿、退审、退修、退稿等决定。

对于要刊发的最终稿件，编辑部还要进行"三校"。之后，您的大作就终于可以与读者见面了。

"您的稿件正在处理中……"幕后的秘密就全告诉您了，一定注意保密哦。

2. THE NET ADVANCE OF PHYSICS：来自 MIT 的问候

秉承传播计算物理领域前沿成果、促进计算物理学术成果交流、推动计算物理学科发展的办刊宗旨，自 2021 年第 1 期起，《计算物理》新增"主编推荐"专栏。"主编推荐"专栏以全球化视野打造学科成果交流平台，聚焦《计算物理》的国际学术资源汇聚和融合发展能力，从而进一步提高办刊水平，更好地服务领域内广大专家和科研人员。

新栏目"主编推荐"即将与读者见面。小编这里将新栏目主编推介词"主编寄语"以及"主编推荐"第 1 期内容《THE NET ADVANCE OF PHYSICS：来自 MIT 的问候》摘录如下，与各位读者诚挚分享。

除夕将至，又是一年春到来。希望这份新春礼物，您能喜欢。①

2021 年第 1 期主编寄语

计算物理学，起源于第二次世界大战期间美国对核武器的研制过程，伴随着计算机的出现而发展。作为一门新兴的交叉学科，自诞生之日起，它就与同期世界上最先进的科学技术相融合，运用数学的方法，借助计算机解决物理问题，帮助人类进一步认识世界和改造世界。

作为 60 年来物理学中发展最为迅速的领域之一，计算物理学在物理学的各个分支学科中发挥了极其重要的作用，现已成为与实验物理和理论物理同等重要，并具有广阔发展前景的一门交叉学科，越来越广泛地应用于其他领域。计算物理学所开展的基于物理学基本原理与计算方法的数值模拟，已成为将理论物理和实验物理紧密联系起来的重要桥梁：它不仅能够弥补简单解析理论模型难以完全描述复杂物理现象的不足，而且在一定程度上克服了实验物理遇到的诸多困难。随着计算机技术和计算物理学科的快速发展，计算物理学已经成为一种理念，渗透到物理学的各个领域。计算物理学与其他学科的联系如图 1 所示。同时，计算物理学对材料、信息、能源、化学、生物学及相关领域的应用发展起到了推动作用，在科技发展与国家安全中担

---

① 本文写于 2021 年 1 月。

当了重要角色。

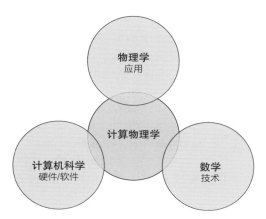

图 1 计算物理学与其他学科的联系

当今世界正经历百年未有之大变局，面对复杂的国内外环境和愈发激烈的国际竞争，科技、创新被赋予引领未来发展、实现民族复兴的战略意义。广大科技工作者更应紧密围绕国家重大战略需求，面向科技前沿、瞄准经济建设和事关国家安全的重大科技问题广泛开拓、深入探索，将科学研究与国家发展结合起来。

计算物理学的基本特点决定了其研究热点始终是与科技发展前沿和实际需求紧密联系的。为进一步增强《计算物理》对前沿问题的把握能力、学术话语权、国际学术资源汇聚和融合发展能力以及服务作者和读者能力，在第七届学术委员会主编江松院士的建议下，期刊增设"主编推荐"专栏，将重点推荐计算物理相关的资源及信息、计算物理发展综述等内容，便于广大读者了解计算物理的学科发展最新进展和国际学术资源，开拓读者的国际化视野，促进学科交叉，增强创新思维，助力我国计算物理及相关学科的研究人员在国际背景下开展科技创新，力争在解决中国问题的同时，做出具有国际一流水平的科研成果，引领学术研究发展。

这个被浙江大学图书馆列入"馆藏与资源"的网址（见图 2），同时在"知乎——物理学网址"中被描述为"MIT（麻省理工学院）的一个网站，介绍了好多的 Review（综述）文章"。

THE NET ADVANCE OF PHYSICS（也称为物理学新进展）网站是雷丁顿（N.H. Redington）和凯克（K. R. Keck）创办的，为广大物理研究人员提供按字母顺序排列的免费物理综述文章及教程的综合性网站。

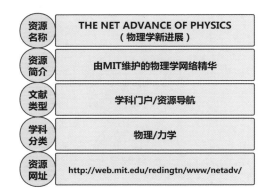

图 2　THE NET ADVANCE OF PHYSICS 介绍

近日,《计算物理》编辑部致函网站沟通网站合作事宜。很快, 我们收到了雷丁顿的回信, 得到其热情支持和对《计算物理》读者们的问候。我们将回信全文抄录如下:

Please feel free to mention Net Advance of Physics to the readers of your journal (*CHINESE JOURNAL OF COMPUTATIONAL PHYSICS*). The following is a description of the site:

Net Advance of Physics was established in 1995, when the World-Wide Web was still a novelty. The original idea was to create a "living encyclopaedia" of physics and related sciences written collaboratively by the entire community, rather as Wikipedia would be a few years later. This initial vision was never realised; instead, Net Advance quickly evolved into a classified subject index to survey papers on the arXiv preprint server. Anyone interested in quickly finding information about a current topic in physics can find the topic listed alphabetically on the Net Advance homepage and click the appropriate link. This will bring up a secondary page containing numerous items, mainly but not exclusively from arXiv, pertaining to the topic, sorted by subject to show their connections with other parts of the field. Since its inception, Net Advance has been sponsored by the MIT Laboratory for Nuclear Science(which is however not responsible in any way for its content or accuracy).

The site also hosts a number of special interest pages containing resources about the history of physics and its relation to the humanities.

Best regards,

Norman Hugh Redingon

Net Advance of Physics.

回信内容由小编释译如下：

欢迎向《计算物理》的读者介绍我们的网站：THE NET ADVANCE OF PHYSICS（也称为物理学新进展）。以下是对该网站的描述：

THE NET ADVANCE OF PHYSICS 创立于 1995 年，在那个年代，全球互联网还是个新生事物。我们最初的想法是创建一个由物理学及相关领域科学家通力协作编写的一本关于物理研究与发展的"活的百科全书"。要知道，维基百科的内容一般是几年之后才会更新的。然而，这最初的设想并没有实现。一不小心，THE NET ADVANCE OF PHYSICS 迅速发展成为一种分类主题索引，主要用于在 arXiv 预印服务器（全球最大的预印本系统）上查论文。如果您对物理学当前的任何一个领域感兴趣的话，都可以在网站首页上按字母顺序找到这个主题，然后点击相应的链接。这时候，另一个内容丰富的页面就出现在您的眼前：将与主题相关的内容按序展示，并显示了与该领域其他部分的联系，信息来源不仅限于 arXiv。自创立以来，THE NET ADVANCE OF PHYSICS 一直由麻省理工学院核科学实验室资助。不过他们不对网页的内容及准确性负责。网页的主要负责人是凯克和我。

另外，该网站还有很多特殊兴趣页面，包含物理历史及其与人文学科有关的资源。

THE NET ADVANCE OF PHYSICS 的页面如图 3 所示，简单明了，有序可查。下面小编将亲测，并对这份资源的可用情况做一个简单的介绍。身为《计算物理》的小编，当然最想了解"COMPUTATIONAL and NUMERICAL METHODS"方面的内容。于是，小编在主页面中选择"C"，点击进入二级页面，继续按字母顺序查找，发现"COMPUTATIONAL and NUMERICAL METHODS"在页面的中部，点击后进入下一级页面，看到的内容如图 4 所示。

在"General"中，有一篇"Computing techniques"，是 2020 年 6 月的文章，作者是 X. Buffat，摘要如下：

This lecture aims at providing a user's perspective on the main concepts used nowadays for the implementation of numerical algorithm on common computing architecture. In particular, the concepts and applications of Central Processing Units (CPUs), vectorisation, multithreading, hyperthreading and Graphical Processing Units (GPUs), as well as computer clusters and grid computing will be discussed. Few examples of source codes illustrating the usage of these technologies are provided.

THE NET ADVANCE OF PHYSICS

Review Articles and Tutorials in an Encyclopædic Format

Established 1995

Computer support for
The Net Advance of Physics
is furnished by
The Massachusetts Institute of Technology

Alphabetical Index to Review Papers and Tutorials:

A ~ B ~ C ~ D ~ E ~ F ~ G ~ H ~ I ~ J ~ K ~ L ~ M ~ N ~ O ~ P ~ Q ~ R ~ S ~ T ~ U ~ V ~ W ~ X ~ Y ~ Z

Newest Additions

SPECIAL FEATURES:

Net Advance RETRO: Nineteenth Century Physics

History of Science Resources

Science Poetry Collection

Resources for Michael Frayn's *Copenhagen*

Recent Controversies in Physics

Recommended Physics-Related Sites

FOOD FOR THOUGHT:
Guerilla science: Creating scientific instruments in 'high tropicality' conditions by E. Altshuler [2021/11]

Credits

This is a free service.

To contribute to this page, contact:

Norman Hugh Redington
E-Mail: redington@mit.edu

IN MEMORIAM PROF. HENRY W. KENDALL 1926 - 1999

图 3　Net Advance 的页面

The Net Advance of Physics:
COMPUTATIONAL and NUMERICAL METHODS

- General:
  - A review of High Performance Computing foundations for scientists by Pablo García-Risueño and Pablo E. Ibáñez [2012/05]
  - Basic Data Analysis and More - A Guided Tour Using Python by Oliver Melchert [2012/07]
  - Everything you wanted to know about Data Analysis and Fitting but were afraid to ask by Peter Young [2012/10]
  - The Nonequilibrium Many-Body Problem as a paradigm for extreme data science by J. K. Freericks et al. [*International Journal of Modern Physics B 28*, 1430021 (2014)]
  - Algebraic background for numerical methods, control theory and renormalization by Dominique Manchon [2015/01]
  - Testing Scientific Software: A Systematic Literature Review by Upulee Kanewala and James M. Bieman [2018/04]
  - Automatic Software Repair: A Bibliography by Martin Monperrus [*ACM Computing Surveys 51*, #17 (2018)]
  - Computing techniques by X. Buffat [2020/06]

- General: Textbooks: *MacKinnon no date:*
  - Computational Physics: [with] An Introduction to Monte Carlo Simulations of Matrix Field Theory by Badris Ydri [2015/06] 350 pp

- Types: *GENETIC ALGORITHMS; MACHINE LEARNING; MONTE CARLO:*

- Type: ANALOGUE:
  - Recent Development in Analog Computation - A Brief Overview by Yang Xue [2015/04]

- Type: BIOLOGICAL:
  - Thirty eight things to do with live slime mould by Andrew Adamatzky [2015/12]
  - Physarum-inspired Network Optimization: A Review by Yahui Sun [2017/12]

- Type: COMPUTER ALGEBRA:
  - Computer Algebra and Material Design by Akihito Kikuchi [2016/12] 192 pp.

- Type: DISTANCE MATRIX:
  - Euclidean Distance Matrices: A Short Walk Through Theory, Algorithms and Applications by Ivan Dokmanic et al. [2015/02]

- Type: FINITE VOLUME:
  - Higher Order Accurate Space-Time Schemes for Computational Astrophysics — Part I — Finite Volume Methods by Dinshaw S. Balsara [2017/03]
  - Thirty Years of the Finite Volume Method for Solid Mechanics by Philip Cardiff and Ismet Demirdžić [2018/10]

- Type: GRAPHICAL VISUALISATIONS:
  - Ten Simple Rules for Creating Biomolecular Graphics by Cameron Mura [*PLoS Computational Biology 6(8)*, e1000918 (2010)]

- Type: MIXED PRECISION:
  - A survey of numerical methods utilizing mixed precision arithmetic by A. Abdelfattah et al. [2020/07]

- Type: MOLECULAR DYNAMICS:
  - A concise introduction to molecular dynamics simulation: Theory and programming by A. Shekaari and M. Jafari [2021/03]

- Type: SIGNAL PROCESSING:
  - Tutorial on Stochastic Simulation and Optimization Methods in Signal Processing by Marcelo Pereyra et al. [2015/05]

图 4　"COMPUTATIONAL and NUMERICAL METHODS" 的页面

在字母表的下方，有一个"Newest Additions"，如图 5 所示，点击进入后，可以看到按当年月份排序的新增内容，最下方是按年度顺序排列的时间表，为的是便于按时间线索查找。

THE NET ADVANCE OF PHYSICS

Review Articles and Tutorials in an Encyclopædic Format

Established 1995

Computer support for
The Net Advance of Physics
is furnished by
The Massachusetts Institute of Technology

Alphabetical Index to Review Papers and Tutorials:
A -- B -- C -- D -- E -- F -- G -- H -- I -- J -- K -- L -- M -- N -- O -- P -- Q -- R -- S -- T -- U -- V -- W -- X -- Y -- Z

Newest Additions

图 5 "Newest Additions"的位置

物理学家对世界充满了好奇，也充满了诗意，除了严肃的科研信息之外，这里还有"Science Poetry Collection"专栏（见图6）。首先吸引小编的是：W. R. Hamilton（1805—1865年），英国数学家、物理学家、力学家。在小编的印象中，作为有史以来最伟大的数学家和物理学家之一，他把广义坐标和广义动量都作为独立变量来处理动力学方程并因此获得成功，因而这种方程现在被称为哈密顿正则方程。此外，他还建立了一个与能量有密切联系的哈密顿函数。可没有想到的是，他还是一个具有相当水平的浪漫主义诗人！这方面的资料只在这里见到过！

SPECIAL FEATURES:

Net Advance RETRO: Nineteenth Century Physics

History of Science Resources

Science Poetry Collection

Resources for Michael Frayn's *Copenhagen*

Recent Controversies in Physics

Recommended Physics-Related Sites

- E. Gerber
- R. W. Gilder
- R. C. Gillies
- E. Gosse
- Z. O. Grabiel
- A. Guiterman

- E. Hackett
- J. W. Hadcock
- W. R. Hamilton
- T. Hardy
- B. Harte
- F. R. Havergal
- P. H. Hayne
- R. S. Hawker
- W. E. Heitland
- W. E. Henley
- J. H. Herman
- J. Herschel

图 6 "Science Poetry Collection"专栏

这里有浩瀚宇宙，也有星辰大海；有理论公式，也有诗与远方。看来 THE NET ADVANCE OF PHYSICS 网站受到物理学家们的追捧是有原因的！怎么样，你是否也想探索一下这个神奇的网站呢？那么，就请登录它们的网站。

（选自《计算物理》第 38 卷第 1 期）

3. 天价大白菜成网红，咱们编辑部拿什么吸引眼球呢

小编有个特殊爱好，那就是逛超市。最近小编逛到的一家超市的进口摊位里，菜价贵得离谱，比如韩国大白菜居然 62 元人民币一棵！这么贵的大白菜，吸引了不少买菜群众就地围观，纷纷感叹："大白菜这么贵，是要上天啊！"也因为"贵"这个特色，大白菜摊位一下子火了，其他摊位与之相比不免略显冷清。

因为白菜价格贵上天导致的大白菜摊位火爆，令小编不由想到 2020 年中突然火出圈的"地摊经济"。随着"地摊经济"的升温，连带着"摆地摊"这个词都火遍全网。不过，地摊经济可不是一夜之间突然出现的，博学多才的您对地摊经济一定有所了解。看看这些耳熟能详的成语吧，买椟还珠、郑人买履、自相矛盾，哪个不是跟地摊经济有关呢？北宋画家张择端的传世之作、五米多长的画卷《清明上河图》也是地摊经济的历史见证呢！

不过话说回来，地摊经济可能并不像我们想的就是"一摊、一人、一货商"那么简单。卖什么、怎么卖，每个环节都颇值得研究。摆摊就像一个线下版的电子商城（这世道变化快哦，记得几年前，我们还说电子商城就像是线上的摊位）。在移动互联网时代，为适应新媒体传播技术的快速发展，也为了最大限度吸引"流量"和关注度，各个行业似乎都在绞尽脑汁地进行"线上摆摊"，期刊行业当然也不例外。

在这里，小编要向读者们介绍一下期刊行业是怎样在新媒体浪潮中进行"线上摆摊"的。借用"地摊经济"的概念，可以把提供数字化学术出版的平台看作是提供"摊位"的"广场"（当然，学术界的"摆摊广场"更高精尖一些，摊位分类也更科学，还有最先进的排行榜，以及最严格的质量控制和管理体系）。在"广场"上，各个期刊使出浑身解数，吸引顾客来本刊投稿（消费）。商户竞争如此激烈，身为《计算物理》科技期刊（摊位）的摊主，编辑们可不是得好好想想《计算物理》有哪些可以吸引科学家（顾客）眼球的特色呢！

于是《计算物理》编辑部展开了一场"保安的哲学三问"大讨论：我们是谁？我们从哪里来？我们到哪里去？外加"我们怎么才能到达那里"？讨论中大家各抒己见，现将讨论信息公之于众，诚请各位支招：

（1）我们是谁

中文刊名:《计算物理》。英文刊名: *CHINESE JOURNAL OF COMPUTATIONAL PHYSICS*。ISSN : 1001-246X。CN : 11-2011/O4。它由中国科学技术协会主管、中国核学会主办、北京应用物理与计算数学研究所承办，创刊于 1984 年，是计算物理学科综合性学术期刊，CAJ-CD 规范获奖期刊。

《计算物理》被以下数据库收录：

① Scopus 数据库（2004 年）；

② JST 日本科学技术振兴机构数据库（2018 年）；

③ CSCD 中国科学引文数据库来源期刊（2019—2020 年）(含扩展版)；

④ 北京大学《中文核心期刊要目总览》来源期刊；

⑤ 中国知网"网络首发"阵营。

在中国大学慕课课程"计算物理学"中是这样介绍《计算物理》期刊的: **全球创刊最早的四个计算物理期刊之一**。小编也找到了其他三个期刊的信息作为对比（见图 1）。

刊物名称	Journal of Computational Physics	Computer Physics Communications	Chinese Journal of Computational Physics	Computer Physics Reports
出版国家	美国	荷兰	中国	荷兰
出版周期	双月刊	半月刊	双月刊	双月刊
创刊年份	1966年	1969年	1984年	1983年创刊（1990年停刊，与Physics Reports合刊）
所属领域	物理-计算机:跨学科应用	物理-计算机:跨学科应用	物理建模、计算方法及先进计算机应用	计算物理中的算法和方法综述

图 1　四个计算物理期刊的信息对比

（2）我们从哪里来

1984 年创刊至今（2022 年），38 年风雨兼程。编辑部坚守并传承着创刊时的誓言"我们决心尽最大的努力办好本刊"。在几届编委会和几代编辑人的辛勤耕耘下，《计算物理》一路走来，见证了各个领域的研究计算工作的发展，也见证了一批批科学家的成长。

这些"宝贝"全部在线，在《计算物理》官网上随时恭候您的检阅。

（3）我们到哪里去

1984 年的创刊词已为《计算物理》明确使命:《计算物理》是广大计算物理科学工作者的一个共同的科学园地。大家对它的出版盼望已久。为了不辜负广大科技工作者的殷切期望，我们决心尽最大的努力办好本刊。同时，我们也希望得到大家的热情支持，希望广大科技工作者踊跃投稿，及时交流各种研究成果，使我们的刊物能反映并促进各个领域的研究计算工作。我们也诚恳地欢迎大家对本刊提出各种宝贵意见和建议。我们坚信，在科学园丁的辛勤劳动和培育下，《计算物理》必将在科学春天的百花园中茁壮成长，为推动我国科学技术的发展做出应有的贡献。

那么，我们如何才能更好地实现这个目标呢？"工欲善其事，必先利其器"，编辑部选择了 SWOT 战略分析法，对内外部条件的各方面内容进行综合和概括，分析《计算物理》内部的优势和劣势、外部面临的机会和挑战（见表 1）。

这么一来，编辑部对所处的内外部环境就有了全面、系统、准确的认知。根据这些分析研究结果，我们将努力保持优势、改进劣势，更期待您对《计算物理》期刊发展的宝贵意见和建议。我们始终相信: 群策群力，《计算物理》定会在大家的帮助下更好地发展起来。

看来"地摊经济"不光是恢复了城市的烟火气。它带给编辑们的启示，也远远不只是在小摊上淘到一件物美价廉的小物件，或者吃到串串香所带来的舒爽感。它是对编辑们的一种提醒，这也许是推动学术期刊进步以及打造和谐、充满活力的科研生态圈的关键。

小编先谢过您对《计算物理》发自内心的关注，读者来信的字里行间满满的都是关心和期待。与此同时，小编也关心地说一句:"您对于自己的岗位和事业，不妨也和小编一样，策划策划如何'摆摊'吧！"

表1　《计算物理》期刊的内外部因素

内部因素		外部因素	
优势（S）	劣势（W）	机会（O）	挑战（T）
①专业性强，涉及物理学、数学、石油天然气、航空航天领域等重大热点科研方向，关注领域前沿探索和最新研究成果 ②创刊时间早，内部管理规章制度齐全，管理规范，期刊质量综合评价良好 ③多年未收取审稿费和版面费等相关费用，创刊以来所发文章全部可以免费下载 ④人才队伍相对稳定，政治过硬、责任心强、专业素质高	①发展定位有待进一步明晰，期刊归类存在分歧，被误解范围较大 ②出版发行工作繁重，岗位吸引力不强，人才队伍老龄化，长期处于超负荷运行状态 ③创新举措少，在国家建设世界一流科技期刊的时代浪潮中，作为普通期刊，求生存、谋发展的方法应对不足	①国家启动实施科技期刊卓越行动计划，重视本土科技期刊健康发展 ②主管单位、承办单位重视，办刊经费充足 ③连续多年被Scopus、JST、万方、知网、维普等数据库收录，是北大中文核心期刊、中国科技核心期刊，具有较高的传播力和影响力 ④国内外推广期刊，国内外合作机构1200多家	①忠诚度高的受众、客户群体数量少 ②交叉学科新期刊发展迅速，优秀稿件分流严重 ③来自各类新期刊的互联网办刊模式对传统办刊模式的冲击严重 ④期刊规模小、专业小众，在院所职称评聘机制中，长期处于人才竞争劣势，缺少激励机制和增强人才队伍活力的有效措施

4. 在 2020 年的 183 天里，我们见证了

当编辑部撰写这篇文章时，2020 年上半场刚刚结束[①]。在 2020 年上半年这短短的 180 多天里，我们见证了太多的历史时刻：新冠疫情肆虐全球；国际原油跌至 0 美元；全球经济负增长；美股历史上 5 次熔断，4 次发生在 2020 年 3 月；人类首个商业载人飞船 SpaceX 龙飞船发射成功；第 55 颗北斗导航卫星发射成功（2020 年 6 月 23 日），我国"北斗三代"全球卫星导航系统星座建设圆满收官。

看来在 2020 年，发生什么事情都不稀奇。ZARA 宣布关闭全球旗下 1200 家门店，星巴克将在未来 18 个月内减少 400 家门店，等等。很多耳熟能详的大公司身陷漩涡。洪流之下的个体，人生更是打了折扣。全球上亿人负债、上万家公司倒闭。而每家公司倒闭背后，都有成百上千的家庭陷入困境。**有媒体人戏称，在 2020 年如果您工作稳定，收入不受影响，那么请善待所在的单位，因为是它为您扛下了所有！**

当下虽面临困境，但还有未来可以好好把握，更值得好好把握。为此，《计算物理》编辑部认真开展了 2020 年上半年的工作总结。总结当下，谋划未来。在见证历史的 183 天里，编辑部齐心协力，克服新冠疫情带来的重重困难，保质保量完成了编辑出版任务，并为《计算物理》今后的发展打下了良好的基础。

（1）牢筑"主阵地"，保质保量完成编辑出版工作

《计算物理》以国家重大工程为牵引，主动追踪计算物理领域中的关键问题，及时组织出版学术价值和创新价值较高的稿件。2020 年**上半年编辑出版《计算物理》第 37 卷 1~3 期，共发表 40 篇论文，发行期刊 1500 余册**。影响因子连续多年不断提高，目前在 38 种物理类核心期刊中排名第 6，稿件专业水准被广泛认可。

（2）畅通"主动脉"，借助网媒推广期刊，提升影响力

《计算物理》连续多年被清华同方、万方、维普等数据库收录，是北大中文核心期刊、中国科技核心期刊。自 2018 年《计算物理》与中国知网签订合作协议以来，借助知网成熟的推广渠道和网络媒介，在国内外推广期刊，取得初步成效，有效提

---

① 本文写于 2020 年 6 月。

升了期刊的传播力和影响力。

2020 年上半年，《计算物理》提交至中国科学引文数据库（CSCD）、万方数据库及爱思唯尔（Elsevier）二次文献数据部等平台机构，供多个数据库进行期刊收录和检索。录用定稿在最短的时间内上传《中国科技期刊（网络版）》，先行网络发表。

（3）把握"主动权"，编委换届，增强活力，谋划发展

编委会对于科技期刊的健康发展起着举足轻重的作用，是掌握期刊发展的"主动权"之所在。2020 年上半年，在新一届编委会主编江松院士的指导下，**完成了《计算物理》第七届编委会的换届工作**。在深入调研的基础上，综合考虑编委候选人的学科分布、发表科研论文情况、学历、学位、职称、年龄、工作单位及《计算物理》审稿经历等多方面的因素，最终确定了由 55 名专家组成的新一届编委会。作为科技期刊运行的重要组成部分，新一届编委会将对《计算物理》未来的发展产生积极的影响。同时，在新一届编委会的指导下，编辑部**开展了《计算物理》加入"中国期刊卓越计划"的可行性分析**，明确了未来的发展目标和努力方向。

（4）锤炼"主力军"，规范管理责任落实，运行有序

《计算物理》运行实施的"主力军"是编辑部。为完成这一使命，经过几代编辑们的共同努力，目前编辑部内部建立了一系列规章制度，从投稿、组稿、采编到印刷出版各环节均有规章制度和流程规范，并确保责任落实到人。

编辑部按期向所在部门汇报工作情况，接受监督和检查；及时配合中国科协、中国核学会等上级主管部门的相关检查并顺利通过考核。2020 年上半年，应研究所、院计划部、北京市新闻出版局的要求，提交了《计算物理》期刊建设和管理情况以及社会效益评价考核情况等报告，顺利通过北京市新闻出版局 2019 年度期刊年检核验。

编辑部严格要求所有编辑人员遵守国家出版法律法规和各项规章制度，及时学习和落实上级单位对办刊的各项新指示、新要求。对工作进行合理分工，明确各岗位的工作要求，做到事事有人管，人人有专责，人才队伍建设常抓不懈，营造了良好的团队文化，为编辑部工作的有序运行奠定了良好的基础。

迎接未来，我们已做好了准备！

小编的话

2020 年 6 月，小编联系了美国物理学会会士、香港城市大学物理系张瑞勤教授

进行约稿。张教授曾率先推动纳米表面系统建模及模拟的多项研究工作，助推纳米材料在环境、能源、生物学及医学中的应用，因对计算物理学的卓著贡献当选美国物理学会会士。张教授说："计算物理大有更上一层楼的空间，现在是计算物理的春天！我们多合作。"让我们共同努力，成为《计算物理》更上层楼的见证人。

　　不知 2020 年上半年的您经历了哪些变化，是怎样的心情。生活在这样魔幻的时期，面对未来，是否准备好了迎接新的未知？

　　难走的都是上坡路，难得的都是好日子！往后的日子共勉，一起加油！

5. 魔幻的 2020 年要过去了，一年又一年，盘点一下吧

中国以天干地支纪年，60 年轮回往复，用一甲子的时光见证历史变迁。回首历史，庚子年近乎宿命般动荡不凡。1840 年是道光庚子年，这一年鸦片战争爆发，中西方文明激烈碰撞；1900 年是光绪庚子年，这一年八国联军侵华，义和团风起云涌；2020 年也是庚子年，这一年澳大利亚山火、新冠疫情、英国脱欧、东非蝗灾、美股熔断、中国南方洪水、美国 BLM 动乱、中东冲突等层出不穷。2020 年的最后一个月已经到来①，相信这魔幻的庚子年将铭刻在每个人记忆深处。《牛津英文词典》首次选择"不选年度词汇"，称 2020 年是"无法用一个词巧妙概括的一年"。

将目光从历史维度收回，聚焦国内期刊行业的 2020 年，我们发现 2020 年国内期刊界并没有因疫情而停摆。这一年是"中国科技期刊卓越行动计划"批准项目实施的第一年，也适逢《中国科技期刊发展蓝皮书（2020）》发布，国家层面开始聚力加强推进中文期刊建设。为响应时代需求和国家号召，作为创刊于 1984 年、世界上发行历史最悠久的四本计算物理科技期刊之一，2020 年《计算物理》编辑部也努力克服新冠疫情带来的重重困难，集思广益、积极行动、谋求创新发展。下面让我们一起盘点下《计算物理》不平凡的 2020 年吧。

（1）保质保量完成编辑出版工作

主动及时组织学术价值和创新价值较高的稿件，并在审稿环节严格筛选和把关，确保论文学术质量，杜绝侵权盗版、滥发低质文章的现象发生，保质保量完成了编辑出版任务。全年共编辑出版《计算物理》第 37 卷 1~6 期，发表论文 80 余篇，发行期刊 3000 余册。

（2）编委换届增活力谋发展

在新一届编委会主编江松院士的指导下，完成第七届编委会的换届工作。增强忧患发展意识，主动开展《计算物理》的 SWOT 战略分析（见图 1）及加入"中国期刊卓越计划"的可行性调研，明确《计算物理》期刊未来的发展目标和努力方向。

①　本文写于 2020 年 12 月。

S优势	W劣势	O机遇	T挑战
1.依托单位具有历史优势地位和学科话语权 2.专业性强，学科交叉广泛 3.创刊久、品质高 4.主编/编委会实力雄厚	1.不再被EI收录 2.发展定位模糊 3.期刊重点领域不明确 4.选题策划、约稿组稿能力不足 5.成果发布、宣传推广不足	1.国家支持中文期刊发展机遇期 2.国家发展对科技创新的需求迫切 3.主办主管出版单位重视 4.新媒体平台和新技术迅猛发展	1.优质稿源不足 2.客户群体数量小 3.办刊新模式冲击大 4.国防单位的保密规定，与期刊发展开放自由环境的冲突

图 1　《计算物理》期刊的 SWOT 战略分析

（3）吸引业界领军人物优质稿源，成效初显

积极联系编委会成员，维护同行专家库，多方吸引优质稿源，成效初显。策划出版了关于复杂空隙介质毛细动力学建模与模拟研究的专刊，11 月收到张瑞勤教授（美国物理学会会士、香港城市大学物理系教授）投递的稿件《一种基于迭代子空间直接求逆算法的高效子空间混合算法》及对《计算物理》编辑部工作的赞扬信。

（4）多渠道加强对外合作，扩大期刊影响力

经多方努力，本年度《计算物理》核心影响因子及其在物理学类期刊中的排名稳中有升。2020 年其中国学术期刊复合影响因子为 0.734，在中国科技核心期刊核心因子排名第 16，在中文核心期刊要目总览排名第 16，并于 2020 年入选《世界期刊影响力指数 (WJCI) 报告》，稿件专业水准和文化贡献被广泛认可。

借助中国科学引文数据库（CSCD）、万方数据库、Scopus 数据及 Elsevier 二次文献数据库等数据库推广期刊，加强期刊收录和检索，录用定稿在最短的时间内上传《中国科技期刊（网络版）》；续签同方知网独家代理发行合同，在国内外推广期刊并取得初步成效，提高了期刊的传播力和影响力。目前国内机构用户 357 家，个人用户 754 家，海外的合作销售机构 97 家，国内外合作机构共计 1208 家。加强对外合作，与所内相关部门协作，完成我所与全球科学出版社（Global Science Press）关于期刊 *Comunications in Computational Physics* 的合作协议续签与实施；与院期刊 *MRE* 协办合同续签和实施。

（5）首次策划推出"科技期刊编辑部的故事"连载专栏，寓教于乐、快乐研究、知识共享

科技期刊的影响力除了以影响因子体现外，还包括对所在领域科学研究的开展和技术推广的影响力。2020年，《计算物理》编辑部首次策划推出"科技期刊编辑部的故事"专栏，系统介绍《计算物理》编辑部以及科研相关的工作，截至目前已连载20余期。**"科技期刊编辑部的故事"寓教于乐，倡导快乐研究、知识共享的理念**，在提升科研人员科技论文质量和提高科技论文投稿精准性方面提供了专业知识和建议，并提升了《计算物理》期刊的影响力与关注度。同时，还完成了关于申请《计算物理》公众号的调研，为进一步推广期刊、提升影响力、吸引优质稿源做好准备。

（6）履行社会职责、传播科学技术信息责无旁贷

《计算物理》属于计算物理领域中的专业性媒介，以传播先进科学技术信息为首要任务。编辑部积极关注党和国家的重大部署、重大热点问题和重大活动，主动追踪计算物理领域中的关键问题和社会热点，全年刊载论文分布在十多个学科领域，涉及物理学、数学、石油天然气、航空航天等重大热点科研方向。同时，积极参与公益事业，履行社会职责，应北京市新闻出版局的要求，提交《计算物理》社会效益评价考核情况报告（见表1）。根据北京市海淀公安局关于《计算物理》网站安全的要求，对网站进行维护，并提交安全整改报告。

表1 《计算物理》社会效益评价考核情况报告

出版单位：北京应用物理与计算数学研究所《计算物理》编辑部　　　　　　总分：77

一级指标	二级指标	自评打分
导向性正确性	导向性正确性	合格
舆论引导与社会责任	意识形态工作责任制	6
	主题出版	6
	议程设置和文化贡献	5
	社会评价情况	4
	公益行为	1
出版与管理	内容质量	7
	编校及印刷质量	4
	采编行为规范	5
	经营行为规范	5

续表

一级指标	二级指标	自评打分
出版与管理	管理机制与流程	5
规模与效果	核心产品和新市场开拓	7
	专业影响力	6
	国际传播力情况	2
	奖项荣誉情况	0
党的建设与人才培养	主体责任落实情况	4
	基层党组织建设和各项制度建设及执行情况	4
	人才素质和获奖情况	3
	员工培训和队伍建设情况	3

（7）规范内部管理，提升人才发展胜任力

为确保《计算物理》期刊的质量，编辑部内部建立了一系列的规章制度，从投稿、组稿、采编到印刷出版各环节均有相应规章制度和流程规范，并且将责任落实到人。

编辑部按期向所在部门汇报工作情况，接受监督和检查；及时配合中国科协、中国核学会等上级主管部门的相关检查，并顺利通过检查。应院计划部、北京市新闻出版局的要求，提交了《计算物理》期刊建设和管理情况以及社会效益评价考核情况等报告，并顺利通过北京市新闻出版局的期刊年检核验。

人才队伍建设常抓不懈，特别是对于新员工，利用网络资源参加线上、线下培训4人，提升了业务能力，营造了良好的"学习型"团队文化氛围，为编辑部工作的有序开展打下了坚实的基础。

我们身处的世界在我们还没有来得及看清全貌时，又在剧烈变化着。除了已看得清、看得懂的知识以外，还有那么多在我们认知里很难理解，但又想试着去了解的事物存在。这样想着，不禁开始期待着2021年的到来了！**那么，让我们一起期待着2021，并提前祝大家新年快乐**！

6. 学术期刊编辑们揭秘"金刚钻":那些被录用的论文是怎么入我们的法眼的

本篇将为您揭秘学术期刊编辑们的"金刚钻",继续带您了解如何向科技期刊投稿。提前预告一下,这期小编透露秘密将关乎您的论文前途,可要认真读啦!

在学术期刊编辑圈内有个"只可意会,不可言传"的共识:一篇论文有几个"关键地方",打眼一看,若这几个"关键地方"处理不好,那么通常这篇论文的质量也不会太高。编辑们这"打眼一看"的本领可不是一两天能练成的,而是"阅稿无数"才练就的"金刚钻"。今天,小编就把这些绝活和盘托出,谁让咱们是自家人了,近水楼台先得月嘛!小编想:要是读者和作者朋友们读罢此文,也能明白这几个"关键地方",不就可以自行检测和判断论文的质量啦!

在"您的稿件正在处理中……幕后的秘密"这篇文章中介绍了编辑部"三审三校"的工作流程(如果您没有看过,快去翻看复习哦),您一定还记得初审的要求和目的:初审由具有资质的编辑承担,主要把握稿件内容是否符合办刊宗旨,对稿件给出初步评价,并在审稿单上签署送同行专家的初审意见;初审不合条件的稿件一律退稿。目前,《计算物理》的初审包括三个方面:①学术不端审查;②论文格式审查;③内容审查。

要想文章顺利发表,初审可是必须要过的第一关。经过了长期的实战历练,《计算物理》编辑部的几位资深编辑个个是"火眼金睛",做到了一篇论文到手,"打眼一看"就能准确判定一篇论文是否值得"通关"送外审。《计算物理》编辑部30多年的统计数据显示,在收到的论文中大约有20%的文章在初审环节就被淘汰了,而在这些被拒稿件中,这几个"关键地方"的失误率高达100%。

那么这几个"关键地方"到底是什么地方?有哪些特别需要注意的事项呢?小编也不和大家绕圈子了,下面直接进入主题,可全是干货!

(1)看题目

俗话说"题好文一半"。题目是一篇文章思想的浓缩和灵魂的体现,好的题目在有限字数的前提下还能做到展示研究对象、研究方法和研究目标等三大要素(后续也会和大家分享这方面的内容）。题目是论文的眉目，是对论文最精练的概括，提供了编制题录、索引等文献检索的特定信息，是连接论文和读者的桥梁，会影响编辑的用稿取舍、读者的阅读选择。因而题目与您的论文是否被录用密切相关，切不可小觑题目拟定！正是因为题目能够透露出很多信息，有经验的期刊编辑一眼就能从题目看出您的论文是不是值得进入下一关。

（2）看参考文献

参考文献能够反映作者的想法是否有足够的研究内容支撑，甚至有人说"文献为王"，这些都能说明参考文献是非常重要的。文献一方面能够反映出你的研究是否扎实，是否有依据，准备是否充分；另一方面也能反映出你的想法能否实现，结论是否可信。**参考文献能够反映出你的努力程度和论文是否有扎实的准备，是否能够推进下去，有经验的编辑一眼就能从参考文献看出您这篇论文的"前途"。**

（3）看摘要

论文的题目、参考文献都看完了之后，如果编辑觉得这两个"关键地方"还不错，就会再看一下文章摘要。摘要其实是作者核心观点的集合，一份好的摘要，能让编辑一眼就看到论文的核心观点。如果摘要云山雾罩让人感觉不知所云，就很难让编辑对论文有信心。所以，要千万重视这"第三关"，学会撰写一个逻辑清晰、语言流畅、浓缩论文核心观点的摘要吧！

（4）看引言

如果上述几项内容都没问题了，再看引言。一篇文章的引言通常包含七句话，这几句话环环相扣，一气呵成，把研究的背景、研究的问题、文献综述情况、研究意义、研究思路等内容极其简练精准地表达出来。**能把引言写清晰的人，正文也会相对工整。**

如果上述四项都做得很好，基本上这篇论文的主观分数就会很高了；反过来，如果连上面几项都做不好，也很难让编辑对您的大作有信心。

看到这里，您可能已经意识到了上述这些"关键地方"差不多都是形式范畴的内容，形式是内容的外在表现，研究内容有新意才是根本。您说得太有道理了，小编更加佩服您的才华了！是的，创新为王。"创新性或独创性"才是科技论文的核心竞争力，如果没有新的观点、见解和结论，可是配不上"科技论文"的称号的。一篇好的论文，创新是基因、是灵魂，摘要、结论及关键词是其外在直观表现，在第一印象上决定了阅读人对该论文学术水平和价值的感受。

"金刚钻"的秘密您已经知道了，不过要练就这"打眼一看"的本领，可不是一朝一夕的功夫，也不是一蹴而就的本事，实乃"冰冻三尺非一日之寒"。这就是为什么说"世界上最遥远的距离是知道和做到的距离"。在小编看来，"知道"是一瞬间、一天或者几天比较短期的事情，而"做到"需要时间投入去行动，是一个月、几个月、一年、几年、一辈子，甚至几辈子的事情呀！

各位读者朋友，小编说的是不是很有道理呢？如果你也觉得很有道理，那不如就认真修炼本文中提到的四项"闯关技能"吧！

7. 一篇顺利发表的科技论文在各个阶段都经历了什么

　　作为青年才俊，很多时候是不是也在困惑如何才能在高质量学术期刊上发表论文？是否也很好奇，期刊编辑和审稿人到底想要的是什么样的论文？编辑和审稿人眼中最有"范儿"的文章是什么样的呢？为什么那些发表出来的文章一眼看起来就"酷酷的"，而自己写出来的文章却是……咳，不说了，说多了都是泪！论文发表每每受挫，还不都是在这些方面坠入"坑"中，要是能早点儿知道"幕后的秘密"就好了。别急，别急，这些内容我们将在这篇文章中一一揭秘，请继续耐心阅读。

　　通常情况下，一篇科技论文从酝酿到发表，大概需要经历如图 1 所示的几个阶段。

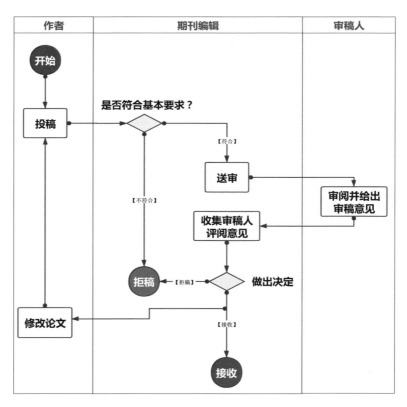

图 1　科技论文顺利发表经历的阶段

（1）从作者的角度看

①确定研究方向 → ②文献调研前人的成果 → ③编程计算出结果 → ④画出高清图片 → ⑤写好论文并修改 → ⑥选择期刊 → ⑦投稿、配合审稿、修改 → ⑧发表并推广自己及成果。

（2）从期刊编辑的角度看

①初审 → ②外审（可能有多次）→ ③终审 → ④退修 → ⑤编辑加工 → ⑥主编定稿 → ⑦清样、发文、排期。

经过调研小编发现，无论从哪个角度来看，对每一个环节，"过来人"可都是感慨万千，下笔千言。有的分享工具，有的分享资源，还有的分享技巧……真可谓"仁者见仁，智者见智"。以"写好论文并修改"这个环节为例，小编选了**经典 12 问**（见图 2），在投稿之前您可以用这 12 个问题考量一下自己的论文，做到胸有成竹。

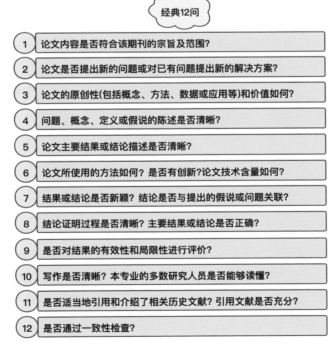

经典12问

1. 论文内容是否符合该期刊的宗旨及范围？
2. 论文是否提出新的问题或对已有问题提出新的解决方案？
3. 论文的原创性(包括概念、方法、数据或应用等)和价值如何？
4. 问题、概念、定义或假说的陈述是否清晰？
5. 论文主要结果或结论描述是否清晰？
6. 论文所使用的方法如何？是否有创新?论文技术含量如何？
7. 结果或结论是否新颖？结论是否与提出的假说或问题关联？
8. 结论证明过程是否清晰？主要结果或结论是否正确？
9. 是否对结果的有效性和局限性进行评价？
10. 写作是否清晰？本专业的多数研究人员是否能够读懂？
11. 是否适当地引用和介绍了相关历史文献？引用文献是否充分？
12. 是否通过一致性检查？

图 2 "写好论文并修改"环节的经典 12 问

看了这期文章，您是不是对论文发表的"前世今生"有了更多认识？那么，试试做个行动派吧，记得下次投稿前做一次自我检验哦！

8. 未来的期刊什么样？头脑风暴一下哦

　　科技期刊的重要性到底如何？自从进了《计算物理》编辑部，小编就越来越发现它的重要性了！这可不是"因偶然因素随着自己的关注而让你觉得是个普遍现象"的"孕妇效应"，而是小编经过严肃研究得出的结论。

　　您听听这个，"对科研工作来讲，科技期刊工作既是龙头，又是龙尾。"这是中国科学院前院长卢嘉锡院士对科技期刊的定位。除了当今的学术"大咖"的亲自认证，早在民国时期孙中山先生在《建国方略》中就对印刷出版业的重要性进行了高度概括："此项工业为以知识供给人民，是为近世社会一种需要，人类非此无由进步。一切人类大事，皆以印刷纪述之；一切人类知识，皆以印刷蓄积之；故此为文明一大因子，世界诸民族文明之进步，每以其每年出版物多少衡量之。"在同行编辑们眼中，期刊源于科技进步、兴于科技创新，又通过汇聚、传播创新知识反作用于科技的发展，成为人类科技发展的重要推手。您说，科技期刊重要不重要？

　　既然这么重要，办好科技期刊就是期刊人责无旁贷的重要使命了。小编对于"工欲善其事，必先利其器"的逻辑还是非常赞同的。别的不说了，单就出版行业，对于当时"拥有彩印业务为全国第一，印刷设计之新，当时号称远东第一"的中华书局的印象就颇为深刻。1912 年创办中华书局的陆费逵对孙中山先生在《建国方略》中对印刷出版业的重要性这一论述深有体会，他专程去日本考察，引进了当时世界上最先进的印刷设备、外籍技师和留学归国人员，建成了堪称远东第一的中华印刷厂，先后整理编印了大批中华民族珍贵的文献典籍，哺育和影响了中国几代文化人。可以说，陆费逵创立的中华书局深刻影响了中国近现代出版业的发展。

　　公众号"期刊说"刊登的《中国英文学术期刊传播创新：从"借船出海"到"造船出海"》中总结了 1440 年以来传播工具的历史演变（见图 1），经历了从"铅与火"到"光与电"的变迁，科技进步的成果在出版行业得到迅速的应用，并成为推动行业进步的最主要动力源。近年来，涉及发现、分析、写作、出版、外展以及评估的研究工作的相关工具呈爆炸式增长。2015—2016 年开展了一项全球调研，通过对 4000 多名科研人员进行在科学研究工作中所用工具的统计分析，为我们再现了在当今这个学术交流迅速发展的世界里，学术交流技术的创新模式和发展过程。图 2 就展示了这一调研过程。

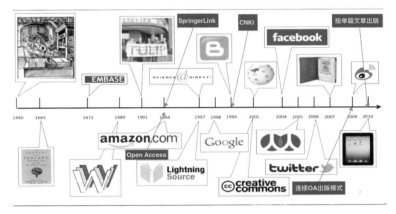

图 1　传播工具的历史演变

调研涉及的学术交流工具清单囊括了所有工具中的 600 种（这个数据有点儿多，可能很多工具我们还没有听说过），调研的结果选择了其中 101 项最具创新性的工具加以展示，并按年度和研究工作流程的 6 个阶段进行图形化分析（见图 2）。这 6 个阶段分别是：发现、分析、写作、出版和存档、推广、评估。这些创新性的工具对于科学研究具有重要的推动作用。

图 2　科研人员在科研工作中所用工具

此外，科技期刊业更是借助互联网、大数据等先进技术，探索网络出版、数据出版、增强出版等新型出版模式，创新开发出专业化全流程数字出版平台，借力新媒体和社交媒体的优势，推动新兴媒体出版发展。中国科技期刊已经利用现有计算机技术、互联网技术和移动互联网技术开展了数字出版和交流平台建设，在内容采集、生产、加工、管理、发布和营销等各个方面都取得了一定的成效。

新时代对我国期刊业发展赋予了新使命，提出了新要求：期刊业应为创新驱动发展作出更大贡献。在小编看来，期刊的作用贯穿于创新的全过程，既是创新的龙尾，更是创新的龙头。我们做的所有努力就是为了让科技期刊融入科学创新研究的链条中，成为这个闭环中的一个环节。想到这里，小编心里也美滋滋的，这才是科技期刊存在的真正意义呀！现在，小编更加喜欢编辑这份工作了，能有机会参与到这么重要的事情中，颇为自豪。

那么，在科技日新月异、日行千里的时代，科技期刊在技术上会有什么样的发展趋势呢？国际科技出版技术趋势大会（STM TechTrends）有一项重要的议题：STM的技术趋势预测，预测未来几年内可能影响学术交流的技术发展。小编在该组织的网站上查阅了 2021—2026 年的"科技出版的技术趋势"，放在表 1 中，供您参考。

表 1　2021—2024 年科技出版的技术趋势

年份	技术趋势预测图
2021 年 科研与诚信	

年份	技术趋势预测图
2022 年步入人工智能时代	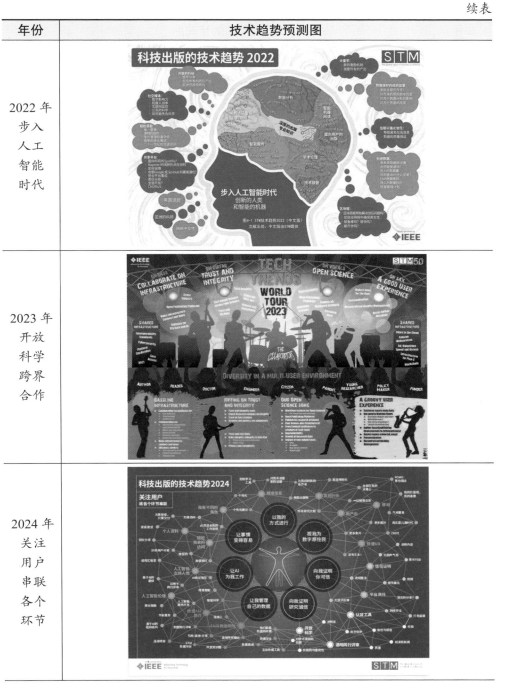
2023 年开放科学跨界合作	
2024 年关注用户串联各个环节	

续表

年份	技术趋势预测图
2025 年递流而上，寻求信任和真理的源泉	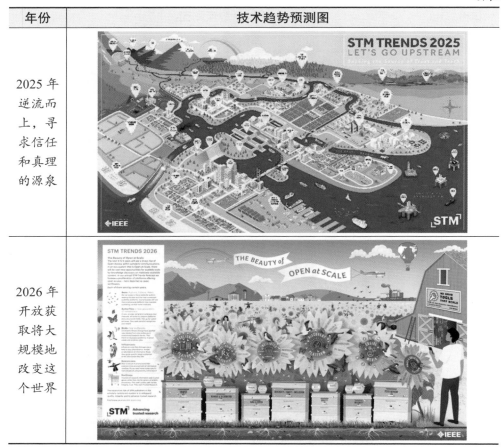
2026 年开放获取将大规模地改变这个世界	

　　看看这"以人为本"的 2021—2026 年的科技出版技术趋势图：一眼望去，只见无数线条已经将创造学术交流环境的各点连接起来，一个个数据孤岛就此联结，用户可以很方便地用自己的方式做自己的事情，并基于对平台的信任，自己掌控自己的数据。在科技创新的加持下，一切都变得非常简单。"What the user wants: smarter data, smarter machines, smarter science"（用户所想要的是，更智能的数据、更智能的机器和更智能的科学），是的，用户想要的正是如此。

　　随着科学研究进入大数据时代，出版形态数字化、内容组织解构化、信息载体多媒体化、传播途径关联化、交流方式交互化、出版模式移动化等新型出版环境正在不断演化，科技期刊行业也顺应时代发展潮流，不断转变、更新着出版模式。2020 年的新冠疫情全球大流行除了带来危机以外，也带来了另外一面——一些积极的变化。人们离开办公室转为居家办公，内容在线迁移时，为期刊行业注入了更多的韧性和抗逆性。

数据驱动世界。人工智能的规则，特别是通过精确信息个性化地服务用户，以满足用户的确切需要。此外，知识开放使数据从专家、程序员转移到大众周围。通过知识图谱，我们可以知道信息从哪里来，信息的透明度和信任感也因此增强。随着技术创新，用户将成为自己的数据来源，人工智能算法可以预测他们想要什么、需要什么，甚至应该从事哪些研究项目。

而这不正是科研人员和小编们最想要的未来吗？

9. 大数据告诉你：物理研究人员的阅读和投稿习惯

有人说："人生不过是无数习惯的总和。"而群体习惯的力量，更是巨大的，其效应远大于个人的习惯。作为物理圈的科研达人，知道圈内同行们的研究习惯吗？特别是在检索资料、阅读文献、选择期刊、论文投稿、引用文献等方面，圈内是什么情况呢？学习科研前辈们的文章投稿和阅读经验，不仅能够大大提升科研小白们的研究效率，对于《计算物理》编辑们来说，也是十分必要的！此时，小编脑中有这样一个循环：挖掘文章阅读与检索规律→掌握规律，对症下药，提升本刊浏览阅读量→吸引优质稿源→增强期刊学术话语权和前沿问题把握能力→提升期刊学术水平和学术影响力→为读者及作者提供更需要和更精准的服务→正向循环。可见，研究人员的投稿和阅读习惯，也是个值得挖掘的宝藏呢！小编这就向大家详细解读其中的"秘密"。

《中国科技期刊研究》在 2020 年 12 月刊登了一篇题为《物理研究人员投稿和阅读习惯调查与分析》[①] 的文章。这篇文章是由中科院物理所期刊部门对我国部分物理研究人员开展的一项调查工作的结果分析报告。为进行此次调查，研究人员以线上、线下相结合的方式，向《物理学报》采编系统人员库中 7000 多位活跃作者、专家发出了调研邀请，共计回收了 1013 份答卷。经过对调查结果的统计分析，得到了这些珍贵的原始数据和分析结果，也就是作者、读者以及小编本人最关注的物理研究人员投稿与阅读"秘密"。

做科研，肯定离不开阅读专业文献。过去，人们习惯于到图书馆查阅资料；如今，随着网络科技的高速发展和公众生活节奏的加快，人们的阅读方式也在悄悄改变：纸质的、电子的；固定的、移动的；视觉的、听觉的……应有尽有。那么，对于当今时代的物理研究人员来说，他们的阅读习惯是怎样的呢？

从图 1 的统计结果来看，68% 的物理研究人员习惯于在计算机上看文献，小编也觉得这样的方式更加便捷、高效。利用计算机读文献，文献分类和快速检索都是分分钟实现的；再加上各类推陈出新、善解人意的插件小工具，做个批注、写个评论、

---

① 吕国华，古丽亚，张静，等 . 物理研究人员投稿和阅读习惯调查与分析 [J]. 中国科技期刊研究，2020 (12):111-117.

记下当时的想法，都很方便。

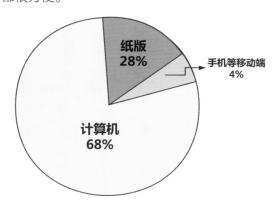

图 1 物理研究人员的阅读习惯

那么，您是否也更偏爱阅读电子文献呢？对于期刊编辑部来说，通过了解这些情况，我们可以在论文电子版本制作时增加更多方便读者的功能，比方说，在文档中添加检索标签、参考文献链接、提供高清矢量图等。这些贴心而专业的学术服务，一定可以吸引更多的读者。

知道了读者的阅读习惯后，下一个问题是：大家更喜欢阅读什么类型的文章？该研究以《物理学报》为例，也向我们揭示了其中的"秘密"。在介绍研究结果之前，让我们首先了解一下《物理学报》。根据《物理学报》的官网，《物理学报》是我国创刊最早、载文量最大、影响面最广泛的物理类中文学术期刊之一，在我国物理学界以及中国科技期刊界都具有重要的影响。《物理学报》由中国物理学会和中国科学院物理研究所主办，创刊于 1933 年，原名《中国物理学报》(*Chinese Journal of Physics*)，创刊初期用英、法、德三种文字发表论文。1953年易为现名，文章以中文发表，附英文摘要。

图 2 的研究结果显示，60% 的读者倾向于阅读检索到的感兴趣的文献，46%的读者偏爱综述文章，40% 的读者更多阅读专题文章。此外，网站推荐和微信推送的文章也占有一定的比例。可见，读者们更多通过检索的方式获取文献。所以，各位科研"萌新"们一定要多多关注文章的检索属性，在发表文章时，题目、关键词、摘要的写作要慎之又慎，这可是关乎您的文章是否有人"光临"的重要因素啊！

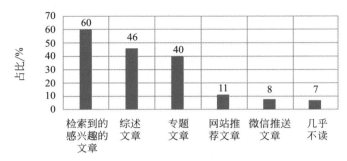

图 2　研究人员通常会阅读的"学报"文献类型统计

那么，在各类文献检索途径中，大家最常使用哪种方式呢？图 3 的研究结果显示，国外专业数据库、搜索引擎和期刊官网查阅文献是科研人员获取学术资源的主要方式。其中，选择国外专业数据库进行检索的读者最多，比选择国内数据库检索的高 20%，这也侧面反映了科研工作者们阅读英文文献的数量比中文文献的更多。这是大家在《物理学报》期刊上的反馈，小编推测，《计算物理》的文章阅读与检索情况也与之类似。

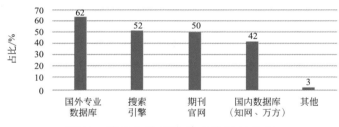

图 3　科研人员获取学术资源的途径

了解了怎么读、读什么，还有一个更加值得关注的问题：投稿时，该如何选择期刊呢？这也是科研"萌新"们时常感到困惑的问题。图 4 的调查结果显示，期刊声誉和学术影响力是大家选刊时的首要因素，也是读者评价期刊质量的一杆秤。当然了，立足现实，"是否被 SCI/EI 收录"以及"期刊在单位评价体系中是否被认可"直接关系到我们的科技生涯，投稿时大家当然要多多考虑一下啦。此外，出版周期、评价政策、审稿质量和影响因子等，也是影响物理类研究人员投稿时期刊选择的重要参考因素。至于名列队尾的"是否收取版面费"——这正是我们国家加强基础研究投入，物理界科研人员"不差钱"的一个小小反映呀！另外，在研究人员看来，同行邮件推送、评选封面文章、优秀论文等方法都是科学界广泛认可的研究成果宣传和推广方式，也是期刊和论文宣传的可接受的有效途径。

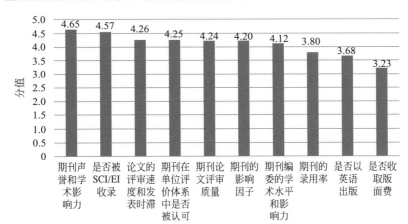

图 4　影响物理科研人员期刊选择的因素

对于物理圈的您来说，这些研究成果是否也反映了您的投稿及阅读习惯呢？假设您从中看到了自己的身影，也了解了大家的做法，下次投稿前，是不是更有信心，不那么焦虑忐忑了呢？

那对于小编们来说呢，这些信息也是非常有价值的！明确着力点，才能更好发力。科技期刊是科学技术传播和交流的重要平台，是国家科技软实力的体现，小编们也深感使命与责任。未来学术期刊的传播需要一个专业的、多元的、开放融合的，并且能够最大程度放大内容价值的平台，而这个平台需要汇集全球的知识资源和全球读者的人气。在这个平台上，我国物理类期刊的学术视野更需要与时俱进，才能更好地把握物理领域学术发展前沿；更加敏锐、深入地关切当下研究进程中的瓶颈问题，才能进一步加强对热点、难点问题的关注；变革办刊理念，创新运行机制，敏锐把握学术前沿和发展规律，提高学术影响力和对高水平作者的吸引力。

未来大有可为，但现阶段我们还要做点儿切实可行的实事：通过进一步缩短出版周期、提高审稿质量、提升文章显示度和读者阅读体验等，为研究人员提供精准和个性化的学术服务，这不但是读者的期望，也是小编们的共同心愿。

10. 影响因子，影响了什么？期刊评价指标那点儿事

每年年底，期刊界都期待着一年的收成，盼望着宣布影响因子的时刻。这时，总会遇到一些科研人员来问，期刊界那个影响因子到底是怎么回事呀？

初到编辑部，小编也被一大堆"因子"给弄得焦头烂额，搞不清这些因子到底是什么意思。不过，既然下决心要做好期刊编辑这项工作，小编决定发挥经过物理学专业训练成的探究本源之奇功。经过了一通调研之后，小编发现，要说清楚期刊评价指标那点事，还需要了解文献与文献之间的关系。

首先我们都知道，打开任意一个文献检索系统，只要输入一个关键词，就会出现铺天盖地的论文。现代科技论文在数据库系统中，通过关键词可以关联在一起，它们相互之间几乎没有一篇文章是落单的"独行侠"。看看参考文献（references）就可以明白小编的意思，而这些相互关联正是让科学研究可以"站在巨人的肩膀上"快速发展的基石。有了这块基石，论文与论文之间就铺设了一条条错综复杂的路，建立了相互引用的关系，这就好像社交媒体上的人际关系网一样，文章之间也有引用关系网。小编这里再次运用四象限分析法总结一下其中的关系，无外乎如图 1 所示的四种关系：

图 1　论文与论文之间的关系

说到这里，必须向大家介绍一位虽然我们可能并不熟悉，但实际上却深深影响着我们的科研乃至人生的传奇人物——尤金·加菲尔德（E.Garfield）。维基百科上是

这样介绍的：尤金·加菲尔德（1925 年 9 月 16 日—2017 年 2 月 26 日），美国著名的情报学家和科学计量学家，SCI（science citation index，科学引文索引）及 ISI（Institute for Scientific Information，美国科学信息研究所，现为汤森路透科技集团的一部分）的创始人，生前曾担任汤森路透科技集团终身名誉董事长。

当时，加菲尔德就根据上述四种关系提出了一种新的研究理论，即通过利用文章间的引用关系对一个思路（idea）做三个维度的扩展研究。小编在这里简单演绎一下这个理论的应用：为了撰写《论文致谢：曾经有一个机会摆在我面前》那篇文章，小编先找到了一篇保罗·哈斯（A. Paul-Hus）于 2019 年发表的文章 *Acknowledgements are not just thank you notes: A qualitative analysis of acknowledgements content in scientific articles and reviews published in 2015*（致谢可不仅仅是感谢信：对 2015 年发表的科学文章和评论中的确认内容进行定性分析），发现这篇文章（简称为 A）引用 B，B 又引用了 C，这个维度就是"越查越深（早）"；如果发现从 A 被 B 引用，B 又被 C 引用，这个维度就是"越查越新"（施引）；如果发现 A 与 B、C 都没有互引但很相关，这个维度就是"越查越广"。这三个维度很好地保证了科学研究的完整性，所以基于这个理论，加菲尔德就成立了个机构——ISI，把论文的引用关系梳理清楚，大大地提高了科研人员的研究效率。

小编认为，正是"1963 年建立了世界著名的科学引文索引（简称 SCI）数据库"这件事情使得加菲尔德建立了如今科研界"你、我、他"之间千丝万缕的联系。

其实，这个数据库创建之初，还只是发挥了检索文献的作用，方便科研人员查找资料。那后面的事情是如何演化的呢？ SCI 是怎么获得如今的地位的呢？话说在二十世纪五六十年代，美国大学终身教授的评选仍是采用备受推崇的"同行评议"的评价方法。但在实施过程中，为达到理想状态，办事人员却很是为难。理想的标准做法应该是：找一个会议室，把那些已经成为终身教授并且愿意发表评价意见的人都找来，大家拿着参评候选人的所有论文，一篇一篇地读，然后公正合理地评判出每一位候选人的研究成果到底好不好，其科研水平到底是什么级别。可理想很丰满，现实很骨感。这个过程实在太复杂了，当办事人员代表学校找到这些教授的时候，他们好像事先商量好了似的："对不起，太忙了！"您已经是终身教授了，等着评的人可是不能等的哦。出于无奈，学校只好退而求其次，寻求一个量化的指数。放眼望去，加菲尔德于 1963 年建立的世界著名科学引文索引数据库就闯入了他们的视线。好的，那就以 SCI 为标准吧。

起初，依据 SCI 提供的数据，美国终身教授的评价结果还是可以得到共识的。而且加菲尔德还曾对获得诺贝尔奖和得到诺贝尔奖提名的科学家（即诺贝尔奖级别）的论文进行过研究。数据显示，这些科学家的文章数量也就差不多是平均值的 5~6 倍，但其文章被引用的频次竟可达到平均值的 30~50 倍，可见这些研究成果的影响力十分广泛。据此，加菲尔德甚至成功预测了某几年的诺贝尔奖获得者。按照他的发现"如果一篇论文在发表 3~6 个月，被引用了很多次，那么其作者获得诺贝尔奖的可能性就非常大"。

当然了，加菲尔德作为创始人，对于 SCI 数据的局限性也十分清楚的："这些其实都是非常简单粗暴的方法。它对变量考虑得不够周全，计算出来的结果也不够准确，但是却很便捷。"

正是这个便捷性为开展评估的工作人员提供了方便，也成了他们便捷工作中的首选工具。但他们内心深处又何尝不是在一个"隐秘的角落"隐藏着一个自己都觉得站不住脚的推断。由"诺贝尔奖级别科学家的文章数量多，他引频次高"推断出"文章数量多、他引频次高的科学家就一定是诺贝尔奖级别或相应级别的科学家"这样的论断，从一开始就只是为了工作人员便捷的工作找个借口而已。相信各位聪明的读者通过中学时期学习的逻辑推理知识（见图 2）就可以轻松识别这个破绽。

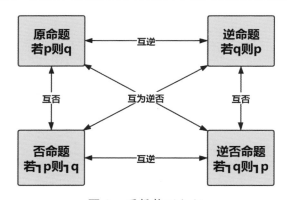

图 2　逻辑推理知识

然而，根据墨菲定律，事情的发展往往事与愿违，并且不能被人们良好的初衷所控制。这样"简单粗暴"的推断为趋利避害的人们指引了一条捷径，甚至被他们简化为"多发文章就是一切"。这愈演愈烈的唯 SCI 和影响因子论也就是这样，犹如脱缰的野马，越来越严重地误导了科研评价体系，将我们的科学研究和人才培养引入歧途。

因为使用了这样一个非常"简单粗暴"的方法，那么为了弥补它对变量考虑得不够周全且计算出来的结果也不够准确的先天缺陷，人们又设计出了 30 多个指标来完善它们，小编对此也是不得不佩服。下面，不如就让小编带领大家一起见识见识这 30 多个指标！

目前，国际上通用的期刊评价指标如表 1 所示。

表 1　国际上通用的期刊评价指标

序号	名称	定义	意义	首次提出时间 / 机构
1	影响因子（impact factor, IF），包括复合影响因子和综合影响因子	该年引证该刊前两年论文的总次数 / 前两年该刊所发表的论文总数	影响因子越高，期刊的影响力就越大	创始人尤金·加菲尔德，在 20 世纪 60 年代创立
	复合影响因子	以期刊综合统计源文献、博硕士学位论文统计源文献、会议论文统计源文献为复合统计源文献计算，被评价期刊前两年发表的可被引文献在统计年的被引用总次数与该期刊在前两年内发表的可被引文献总量之比		
	综合影响因子	以基础研究、技术研究、技术开发类科技期刊及引证科技期刊的人文社会科学基础研究、应用研究和工作研究期刊作为期刊综合统计源文献计算，被评价期刊前两年发表的可被引文献在统计年的被引用总次数与该期刊在前两年内发表的可被引文献总量之比		
2	总被引频次（total cited frequency）	自创刊以来所刊登的全部论文被其他期刊（包括本刊）引用的总次数		

续表

序号	名称	定义	意义	首次提出 时间 / 机构
3	他引频次 （non-self citation frequency）	自创刊以来在当年被本刊以外的其他期刊引用的总次数		
4	自引率 （self-citation rate）	期刊在当年的自引次数占该刊当年参考文献总数的百分比		
5	自被引率 （self-cited rate）	期刊自创刊以来在当年被本刊引用的次数占该刊当年被引用总次数的百分比		
6	即年指标 （immediacy index）	期刊当年发表论文在当年被引用的总次数占该期刊当年发表论文总数的百分比		
7	特征因子 （eigenfactor）	工作原理类似于 Google 的"网页排名"（pagerank）：两者都基于社会网络理论，区别在于 Google 利用网页链接，而 eigenfactor 则借助引文链接。它们都基于整个社会网络结构对每篇论文（或每个网页）的重要性进行评价。eigenfactor 不仅考察了引文的数量，而且考虑了施引期刊的影响力，即被高影响的期刊所引用越多，则该期刊的影响力越高		
8	被引半衰期 （cited half-life）	期刊在统计年被引论文数量的最新一半论文的时间跨度（年数），即该刊在统计当年被引用的全部次数中，较新一半的引用数是在多长一段时间内累计的		

序号	名称	定义	意义	首次提出 时间 / 机构
9	引用半衰期 （citing half life）	期刊在 T 年的引用半衰期是指该种期刊在 T 年（一年内）所引用的参考文献中 50%（较新那部分）的出版年限		
10	普赖斯指数 （price index）	某一学科领域内，发表年限不超过五年的文献的引用次数与总的引用次数之比值		
11	他引总引比 （rate cited）	又称他引率，指该期刊的总被引频次中，被其他期刊引用所占的比例。计算公式为：他引总引比 = 被其他期刊引用次数 / 该期刊总被引频率		
12	互引指数 （citation index）	某刊的被引集中度与该刊所属学科的平均被引集中度之比，用于分析某期刊被引期刊分布广度的合理性		
13	学科扩散指数 （subject diffusion index）	指在统计源期刊范围内，引用该刊的期刊数量与所在学科全部期刊数量之比		
14	学科影响指数	指期刊所在学科内，引用该刊的期刊数占全部期刊的数量的比例		
15	扩散因子 （divergence factor）	期刊当年被引 100 次所涉及的期刊数。		
16	引用分值 （citescore）	期刊连续 3 年论文在第 4 年度的篇均引用次数		citescore 是爱思唯尔于 2016 年 12 月推出用来评价学术期刊质量的新指标

续表

序号	名称	定义	意义	首次提出时间 / 机构
17	篇均来源期刊标准影响指标（source normalized impact per paper, SNIP）	根据某个主题领域的总引用次数，给予引用权重，进而衡量上下文引用所造成的影响	旨在从篇均引文数的角度减少不同主题领域期刊的引用行为的差异，从而试图对不同主题领域的来源期刊进行直接比较，以此可以突破传统影响因子（JCR）无法考量不同研究领域的引用情形	SNIP 是由荷兰莱顿大学团队 Henk Moed 教授于 2010 年提出来的
18	期刊声望指数（SCImago journal rank, SJR）	利用谷歌的网页排名(pagerank)算法来测量期刊的声望，并且考虑了期刊的选题和声望对其引文价值的影响，赋予高声望期刊的引用以较高的权重	赋予高声望期刊的引用以较高的权重	SJR 是西班牙的一个研究小组基于 Scopus 数据库于 2007 年提出的一个指标
19	谷歌学术 H5 指数	期刊近五年发表的 N 篇论文中，有 H 篇论文至少被引用了 H 次，其余每篇（N-H）论文的被引频次都小于 H，此 H 值就是该期刊的 H5 指数		

序号	名称	定义	意义	首次提出时间 / 机构
20	H 指数（h-index）	又称 h 因子（h-factor），h 代表"高引用次数"（high citations），一名科研人员的 h 指数是指他至多有 h 篇论文分别被引用了至少 h 次	是一种评价学术成就的新方法，h 指数能够比较准确地反映一个人的学术成就。一个人的 h 指数越高，则表明他的论文影响力越大	
21	相对影响力（impact relative to world）	某机构发表论文的篇均被引频次与全球论文篇均被引频次的比值		
22	综合绩效指标（aggregate performance indicator, API）	某机构实际被引频次与期望被引频次的比值	该指标对不同学科领域和不同年份发表论文均进行了归一化处理。如果该比值大于 1，表明该机构综合影响力高于全球平均水平；小于 1，则表示低于全球平均水平	
23	皇冠指标（crown indicator）	篇均被引次数与世界范围内某学科篇均被引率的比值		

续表

序号	名称	定义	意义	首次提出时间/机构
24	期刊规范化引文影响力（journal normalized citation impact, JNCI）	该出版物的实际被引频次与该发表期刊同出版年、同文献类型论文的平均被引频次的比值。一组出版物的 JNCI 值为每篇出版物 JNCI 值的平均值	JNCI 指标能够提供某单一出版物（或某组出版物）与其他科研工作者发表在同一期刊（或同一组期刊）上成果的比较信息	
25	期刊期望引文数（journal expected citations）	同一期刊、同出版年、同文献类型的论文的平均引文数	可以通过计算实际/期望引用值的比值，也就是用一篇论文的实际引文数除以该期刊论文的平均引文数，来评估论文的表现	
26	期刊影响力指数（clout index, CI）	反映一组期刊中各刊影响力大小的综合指标，它是将期刊在统计年的总被引频次（TC）和影响因子（IF）双指标进行组内线性归一后向量平权计算所得的数值，用于对组内期刊排序	连续两年应用于"中国最具国际影响力学术期刊"的遴选	中国科学文献计量评价研究中心在 2013 年首次提出的一种综合评价学术期刊影响力的方法

序号	名称	定义	意义	首次提出时间 / 机构
27	学科相对影响力（category actual/ expected citations）	该组论文在每个学科中发表论文的实际被引频次与全球同年、同类型论文的平均被引频次的比值	该指标能够表征一组论文在学科层面上的相对影响力水平	
28	期刊相对影响力（journal actual/ expected citations）	该组论文在每本期刊中所发表论文的实际被引频次与相应期刊中同年、同类型论文平均被引频次的差距	该比率能够表征一组论文在期刊层面上所表现出来的相对影响力水平	
29	学科指数（disciplinary index）	该指标用来衡量一组论文在不同学科领域中的覆盖面，其数值从 0 ~ 1。越接近 1，表明该组论文在某一学科领域内的集中度越高		
30	跨学科指数（interdisciplinary index）	该指标用来测度一组论文的学科交叉性，这个指标的上限为 1。跨学科指数越接近 1，表明该组论文的跨学科性较强，0 表明每篇论文仅仅属于一个学科。这一指数是依据香农指数而来		
31	布里渊指数（Brillouin's index）	用于测度一条消息中所包含的信息量后被拓展至研究公共图书馆馆藏的多样性和测度期刊文献的学科交叉程度上		由布里渊于1956 年根据信息论中的信息熵计算原理提出

续表

序号	名称	定义	意义	首次提出时间 / 机构
32	自然指数 （nature index）	自然指数是依托全球顶级期刊（2014年11月开始选定68种，2018年6月改为82种），统计各高校、科研院所（国家）在国际上最具影响力的研究型学术期刊上发表论文数量的数据库		
33	期刊经典指数 （journal classical index, JCI）	期刊早期论文的被引频次占总被引频次的比重。经典指数是评价学术期刊经典论文的新指标，采用5年前早期论文作为经典指数的计算依据较好，经典指数与影响因子不相关，经典指数与h指数呈低度正相关，学术期刊评价时需要适当选取经典指数		

据悉，影响因子现已成为国际上通用的期刊评价指标，它不仅是一种测度期刊有用性和显示度的指标，而且也是测度期刊的学术水平乃至论文质量的重要指标。

2017年，"SCI影响因子之父"加菲尔德去世了，科学网上很多人对他的去世表示遗憾。作为一个超级成功的"商人"，他可以把一个数据库卖出好几十亿美元的价格；作为一个富有卓识的知识分子，他发表的论文很多都是被引用几千次的大作。

小编很想知道现在学术界的人是爱他多一些呢，还是恨他多一些呢？

11. 什么九段编辑？下围棋吗

2021 年年初，"期刊强国"公众号上的一则招聘启事《虚位以待，四家单位只为等你！》吸引了小编的注意力。这则招聘启事中，对编辑的任职要求生动具体，也为我们勾画了移动互联网时代新编辑的立体形象。

（1）当专业期刊的编辑，在专业上没两把刷子是不行的。希望您具有相关专业硕士以上学历，对国内外该领域及相关的新技术、新材料等有深刻了解，对领域新闻、行业发展有高度敏感性，当然还要有一颗不安于现状、继续学习的心。

（2）除了专业上的两把刷子，还需要具备较强的采编、写作及经营策划能力，具备扎实的文字功底，较高的英语阅读和翻译水平，热爱编辑工作，责任心强，耐心细致，有相关工作经验者优先考虑。

（3）性格开朗，熟悉社会化沟通方式，具有合作精神和团队意识，有较强的统筹组织能力和现场应变能力。

（4）虽然工作不用外出风吹日晒，但是也需要你有一定的抗压能力、积极的工作态度和一颗上进的心。

（5）有一定的创新意识，脑洞大，执行力强，编辑工作不枯燥，就怕你没想法。

哈哈，这样的招聘启事，也就是咱们编辑同行能写得出来，太精准了！由此小编对比了编辑部的日常工作情况，当我们周而复始地参与期刊出版物的策划、采编、组稿、编校等工作时，当我们参与期刊的征订、出版、发行和推广时，当我们参与微信、网站、手机电子刊物等新媒体平台的策划和制作时，我们是否意识到这每一项工作对编辑业务能力的要求呢？我们是勉强跟得上，还是能够游刃有余地胜任这份工作呢？

"胜任力"这个词，最早由哈佛大学教授戴维·麦克利兰（David McClelland）于 1973 年正式提出。在他的模型中，胜任力是与工作绩效或生活中其他重要成果直接相似或相联系的知识、技能、能力、特质或动机的综合。这一创新性的见解，瞬间就得到了同行们以及相关从业者的认可，迅速成为心理学、人力资源管理学、教育学等方面的热点之一。与此同时，胜任力在企业界也得到了广泛应用，甚至可以说掀起了一场风靡世界的"胜任力运动"（competency movement）。

对初入期刊编辑行当的小编来说，对比编辑的胜任力模型，就可以很快知道该如何来改进自己的知识技能、行为特征和思维方式了。这些内容改进后，再加上目标管理所确定的标的，小编就可以更快地适应当前的编辑工作，同时也可以对标胜任力模型来检查需要补充的知识、提升的技能、重塑的价值观和习惯等。

有了这份胜任力对比的报告，还可以通过培训、自学等方式，提高自身短板，迅速地进步。小编想到这里，不禁心波荡漾！

那么，作为"从事策划审理科学技术新成果的信息，使之适合以科技期刊形式流传的再创造活动"的科技期刊编辑，咱们的胜任力模型长什么样呢？

小编查阅了相关资料，再根据所了解的《计算物理》编辑部的工作内容，借助国家高级人力资源管理师的专业知识，采用行为事件访谈方法，将分析整理的"期刊编辑胜任力模型"（见图1）和大家分享如下。

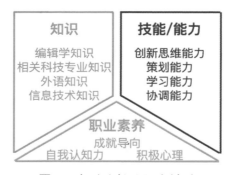

图1 期刊编辑胜任力模型

在知识方面，包括编辑学知识、相关科技专业知识、外语知识以及信息技术和有关知识等；在技能和能力方面，包括创新思维能力、策划能力、学习能力和协调能力；在职业素养方面，包括成就导向、自我认知力和积极心理等。

有了这样的架构，我们就比较清楚应该从哪几个方面来提高小编们的胜任力了。接下来，再让我们采用德雷福斯模型来衡量编辑的工作方法和能力，从而反省并提高编辑胜任力的层级。从新入行的"小白"到领域权威，通常会经历五个阶段：

①新手：能够在别人的指导下，从事本专业领域内某一部分的工作，并随时需要他人的帮助。

②熟手：能够在别人的指引下从事本专业领域内多项工作，基本上不需要他人帮助。

③骨干：熟悉本专业领域内的大部分工作，基本上可以做到独立操作。

④精通：能够从事本专业领域内的绝大部分工作，并能够指导他人的工作，对涉及其他相关领域的工作也有所了解。

⑤专家：精通本专业领域内的所有工作，不仅可以指导他人工作，而且能够根据内外部环境变化，及时采取措施。

通过细化识别每一个级别的状态，又可以将新手、熟手、骨干、精通这四个级别都分为初级阶段和高级阶段。到了最高级别"专家"，就不再区分不同的阶段了。这样，我们就得到了一份九段编辑的行为特征谱。从最初级的"小白"（菜鸟）一段编辑，通过工作经验的积累，随着编辑相关知识的提升与所需技能和能力的锻炼，逐步进阶为二段三段，乃至成长为五段六段的资深编辑，少数非常热爱编辑工作的优秀资深编辑，经过艰辛的努力能成为九段编辑。小编整理出九段编辑的胜任力对照图（见图 2），怎么样，分分钟就能够把自己对号入座了吧。

"不想当厨子的裁缝不是好司机"，哦，不对不对，是不想当九段编辑的小编经常会迷茫。有了这份"九段编辑谱"，小编工作起来更有目标，动力十足了。

"硬实力、软实力，归根结底要靠人才实力。"在国家号召广大科技工作者要把论文写在祖国的大地上的时刻，小编们也要以加快建设世界一流科技期刊为目标，把编辑胜任力早日练成"九段神功"！

坊间传说的《九段秘书》曾经给各行各业带来启发，一位入职不久的小会计写道，"最近读了《九段秘书》，这本书对于我和像我一样刚进入职场的人来说，具有很强的指导作用。文章中提倡的是一种优秀的工作方法、工作思想和工作习惯。此书对财务人员来说，同样有很多值得学习和思考的地方"。希望这篇文章对作为科学编辑的读者也能有启发意义。如果那样，小编将不胜欣慰。

段位	行为特征
一段	没有或者少有编辑经验。在指导下，依据规则要求完成简单的工作指令，例如处理常规的作者投稿信件，按照编辑部的模板回复，不敢主动去解决问题
二段	较"一段"具有多些经验，能较为熟练地依据要求完成简单的工作或者多项简单工作，例如熟练处理常规的作者投稿信件按照编辑部的模板回复，并可以根据来函的要求针对性回复具体内容，仍不敢主动去解决问题
三段	依据编辑的职业准则开展工作，能够根据经验寻找解决问题的方法，例如在编辑稿件方面，可以依据有关规则、标准，在有限指导下相对独立完成
四段	熟练依据编辑的职业准则开展工作，能够根据经验寻找解决问题的方法，例如在编辑稿件方面，可以独立完成，并初步总结常见错误等
五段	对外显示主动性和足智多谋，能够建立所在期刊编辑审稿过程中常见问题集，并加工整理，在编辑同行中应用。可以指导"一段"编辑开展工作
六段	主动性和足智多谋的展示度更高，熟练建立期刊编辑审稿校对等多个过程中常见问题集，加工整理，并在编辑同行中应用。可以指导"二段"编辑开展工作
七段	初步具有全局思维，能够应对编辑部工作的多个方面，从采编、组稿、策划、编校到编委会工作等多线程活动，获得并处理丰富的信息量，积极寻找更广泛的编辑部工作框架，能够完成期刊编辑部的正常运行工作，决策过程较为轻松
八段	初步具有全局思维，能够应对编辑部工作的多个方面，从策划、选题、组稿、初审、选择审稿专家、返修、编辑加工、排版、校样到协助编委会开展工作等多线程活动，获得并处理丰富的信息量，积极寻找更广泛的编辑部工作框架，把握学科发展动态，推动期刊编辑部工作不断提升，决策越来越轻松
九段	具有更加丰富的专业知识和编辑经验，以完美创办国际知名、国内一流的精品科技期刊为目标。积极主动地与相关学科加强联系，敏锐把握学科发展动向，引领所在学科领域的发展。吸引高层次稿件，在期刊编校质量上创造竞争优势，注重培育期刊的核心竞争力，持续寻找办好科技期刊的更优解决方案，促进科技成果的传播。具有为科技发展和社会进步做出贡献的愿望，具有预测未来科技期刊发展趋势的能力，并使编辑部及所在单位获得更大的社会效益和经济效益

图 2 九段编辑谱

二、论文写作篇

作者常常百思不得其解的是：为什么咱们眼中的好论文与编辑眼中的好论文有那么大的差别？到底什么样的论文，才能入得了编辑的法眼？为什么我一提写论文就灵感枯竭、瑟瑟发抖呢？

不要慌，不要慌！上述问题的答案即将揭晓！在论文篇，小编将从一个科技期刊职业编辑的视角出发，从论文标题直至参考文献，手把手教你如何才能写出一篇内容、结构都至臻完美的科技论文。

相信看完这 16 篇文章，聪明的读者们一定可以从此打破恐写论文的魔咒，轻轻松松写出优秀的科技学术论文！

1. 天哪，我中了恐写论文的"魔咒"，怎么办啊

　　自从在公众号上线"科技期刊编辑部的故事"专栏以来，小编接到不少热心读者的来信：看到专栏一期一期文章的发布，这些内容真的是说到了我们的心里，我每期都仔细阅读，收获也很大；很想知道小编是怎样写稿子的，为什么我一想到写论文就头疼，一打开 Word 文件就不知道如何下笔；天啊，我是不是中了恐写论文的"魔咒"！小编有什么妙招呢，快快出手相救啊！

　　大家伙儿别紧张，先放松放松吧。在破解"魔咒"前，先由小编带着一起去看看 2020 年中时，北京朝阳区的一处网红打卡地。2020 年 8 月，北京国贸地铁站 C口通道处，越来越多的乘客在上班路上停下了匆匆的脚步，驻足在一幅巨型壁画前。咦？这是怎么回事呢？

　　在这幅 170 平方米的巨大壁画上，60 多位神采各异、姿态别样的"神仙"簇拥在一起，每一位"神仙"旁边还有他们趣味盎然的专属名字：早点儿下班神、方案不愁神、闪电回款神、毫无压力神、外卖神、快递神、锦鲤娘娘、瑜伽仙子等。看来，各行各业的众"神仙"都化身上班族，腾云驾雾去北京 CBD 上班呢！这幅由"80 后"艺术家文那女士创作的《众神上班图》是想告诉人们：只要每个人都能坚持梦想，就可以在平凡的生活中描绘专属于自己的"神仙样貌"，创造自己的人间神话。用创造者文那的话说，每个人都是自己的神仙呀！求仙不如求己，看来要破解恐写论文的"魔咒"，还要靠我们自己！

　　不得不说，写论文实属一项浩大的工程。单是看论文的组成部分，就已经眼花缭乱了。小编趁机在图 1 中再次介绍一下论文的组成和写作要求。

　　看完图 1，恐怕各位读者也会心里打鼓：这图也太复杂了吧！不过，这不是本文的重点。小编特别理解各位读者从开始想写论文到终于写出来论文的每一个过程，那可真是"一夜思文白发多"。从确定选题、查阅资料（文献和书籍）、构思框架、琢磨题目，先写引言、再编综述，从研究动机到研究背景都要交代清楚，还有研究框架、研究发现、中文摘要、英文摘要、关键词和参考文献等。这哪一步都要亲力亲为，哪一步都是劳心费神。

　　是啊是啊，小编真是说到我们的心里了。

组成部分	主要内容及写作要求
论文内容（这点很重要）	想表达的一个核心的、有创意的观点，结论或者……
题目	准确恰当、简明扼要、醒目规范、便于检索
署名	表示论文作者声明对论文拥有着作权、愿意文责自负，同时便于读者与作者联系。包括工作单位及联系方式等
摘要（中英文）	对论文的内容不加注释和评论的简短陈述，是文章内容的高度概括
关键词	为了满足文献标引或检索工作的需要而从论文中萃取出的、表示全文主题内容信息条目的单词，词组或术语，一般列出3～6个
引言	一篇科技论文的开场白，由它引出文章，所以写在正文之前。引言也叫绪言、绪论。引言的目的是向读者提供足够的背景知识
文献综述	文献综述应独立成段，较长的文献综述应单独成节，这样对文献不感兴趣的读者可以跳过
正文	用论据经过论证证明论点而表述科研成果的核心部分，可以包括：研究对象、基本原理、实验和观测方法、仪器设备、材料原料。实验和观测结果、计算方法和编程原理、数据资料、经过加工整理的图表、形成的论点和导出的结论等，大体上可以有以下几个部分（以《计算物理》发表的论文为例）：① 理论分析；② 实验材料和方法；③ 实验结果及其分析；④ 结果的讨论
结论	研究结果说明了什么问题，得出了什么规律，解决了什么实际问题或理论问题；对前人的研究成果作了哪些补充、修改和证实，有什么创新；本文研究的领域内还有哪些尚待解决的问题，以及解决这些问题的基本思路和关键
资助证明	感谢"金主"的支持，应注明资助项目的名称（指国家有关部门规定的正式名称）和项目编号
表格	每个表格都应有它相对独立的说明文字，这样可使读者在快速浏览时，无需到正文中寻找诸如希腊字母的定义之类的信息就能够读懂表格里的内容
图形	一图胜千言，优美的图形能让文章富有生气。与冗长的数字表格相比，图形能更好地表达数据的模式和规律
参考文献	凡是引用前人（包括作者自己过去）已发表的文献中的观点、数据和材料，都要对它们在文中出现的地方予以标明，并在文末（致谢段之后）列出参考文献

图 1　论文的组成和写作要求

一 编辑期刊篇　　二 论文写作篇　　三 科学研究篇　　四 职业生涯篇　　五 七彩生活篇

　　那么再让我们来看看，当说到写论文时，我们实际上是在做什么呢？在小编看来，写论文时我们实际上是在进行一系列的创新和决策过程。

　　在论文写作的过程中，通常的做法是先列出论文主体框架结构，并逐一表达（创造性的工作）每一部分的内容（可能会有不止一个想法吧）。然后根据总的论文结构，选定其中最符合论文结构的那个想法，分结构撰写，一步一步地朝着目标前进。这一过程实际上也可看作是著名的 babystep 法的简化版应用。

　　这样看来，只要按照这样的过程，逐步分解、逐步完成，写论文也就不再是"蜀道难，难于上青天"的事情了。

　　可读者们看到这里可能又要问了："那为什么我还是经常呆呆地望着屏幕，不知从何下笔呢？"当然了，小编也清楚，论文开头第一句最难写，很多作者在下笔前都会被脑子里各种华丽辞藻和高级名词吓退绕晕，从而无从下笔。但是，大家不妨换个角度想想，写论文的目的，不就是分享和交流嘛！（不忘初心，这是重中之重！）白居易写诗讲究"老妪能解"，就是要用简洁明快的文字表达最核心的想法，这和我们如今论文写作的语言要求是一样的。好的论文应当用朴实的文字写作，并能被读懂，达到言简意赅、深入浅出的效果。这样，即使是不懂相关专业的人，一看也能明白这篇论文想解决什么问题、采用了什么方法、得到了什么结论。这样一想，写论文原来是这样一件简单的小事，各位读者心中写论文的巨大压力立即被减去了很多吧！

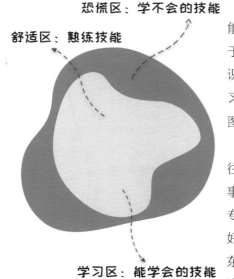

恐慌区：学不会的技能

舒适区：熟练技能

学习区：能学会的技能

图 2　认识的三个区域

　　应对复杂问题时，减轻心理压力是释放潜能的良好做法，这还要从心理学中关于人类对于外部世界的认识分区说起。在心理学中，认识可分为三个区域：舒适区（comfortzone）、学习区（stretchzone）和恐慌区（stresszone），如图 2 所示。

　　在舒适区时，我们对于需要处理的事情往往得心应手，每天处于熟悉的环境中，做在行的事情，和熟悉的人交际，甚至您就是这个领域的专家，对这个区域中的人和事感觉很舒适。这么好的状态，有什么缺点吗？缺点就是：学到的新东西少，与日新月异的、变化的外面的世界相比，进步缓慢一些。人们在已经习惯了舒适区状态的情况下，如果突然遇到不熟悉的环境及变化，可就会觉得有压力，无所适从。

在学习区时，我们面对的是新颖而有趣的未知事物，在这里可以充分地锻炼自我、挑战自我。通过在学习区内做事、阅读、思考和实践，就可以逐步将学习区的内容扩大为自己的舒适区；而舒适区越大，人越自由，就越感到舒适。

根据大家伙儿的描述"我一想到写论文就头疼，一打开 Word 文件就不知道写什么"，小编判断，**在写论文这件事情上，您可能误入雷区，即拥有超凡科研才能的"宝宝"掉进了写论文的"恐慌区"**。恐慌区，顾名思义，在这个区域中，人们会感到忧虑、恐惧，不堪重负。典型的"恐慌区"事件包括在公共场合演讲，或者从事一些危险的极限运动。

作家马克·吐温曾说过，"我曾经有很长一段时间生活在恐惧之中，但是事实上大部分我所忧虑的事情并没有发生"。各位读者是不是也有过类似的经历呢？既然大部分我所忧虑的事情并不会发生，那么还有什么值得我们恐惧呢？不如重拾自信，克服恐惧和忧虑！

如果这么想（恐惧的事情很大概率不会发生）、这么做（babystep 任务分解法），相信各位读者很快就会发现，很多事情其实很简单，只是我们在思想上把它复杂化、困难化了。

最后，告诉大家破除"魔咒"的法宝：完成而非完美。小编推测能潜心做科研的读者们大多属于完美主义者，因为常常要求自己"完美无缺"而迟迟无从下笔。那换个角度想想看，这似乎也是一个"鸡和蛋"的问题，与其纠结如何才能一出手就写出大师级的论文，还不如退而求其次，多多训练和积累，小步快跑呢！

小编相信只要按照科学的方法，认真完成论文写作的每一个环节，您最终一定会有满意的结果。就拿"编辑部的故事"专栏来说吧，2020 年 6 月 1 日在专栏上发表第一期故事时，小编也是纠结了很久，后来在同事的帮助和鼓励下，终于勇敢地发布出来了。现在回头看看，里面有很多可以完善的地方，不过还好有各位读者的包容和鼓励，激励着小编"小步快跑"，不断写出新的故事来。现在，在小编看来"完成先于完美"，不要处处为难自己。相信通过坚持不懈的训练，随着大家能力的提升和意识的解放，我们的论文会越来越像样子！

心理学研究结果表明，在"学习区"内做事，人们会不断取得进步。实时体验尝试新鲜事物，探索未知领域的快感，还能开拓思维和视野，激发潜力。**这样的您，就是小编敬仰的"效率神"啦！**

2. 都"破四唯"了，怎么还谈写科技论文呢

写好科技论文虽然无关生死，但写不好科技论文会是怎样的情况呢？那可是生不如死啊！

2020 年 2 月，国家科技部印发《关于破除科技评价中"唯论文"不良导向的若干措施（试行）》（下文简称《若干措施》），文件一出，很多科研人员默默地长长叹了一口气：啊！终于可以不写论文了！

然而，小编必须残忍地打碎这不切实际的幻想，此处"敲黑板"：《若干措施》中说的是破除"过度看重论文数量多少、影响因子高低，忽视标志性成果的质量、贡献和影响等'唯论文'的不良导向"，目的是破除"唯 SCI""唯论文"。逻辑严谨的您一定立刻明白小编的意思了，这可不是"不看论文"，而是不能"只看论文""只看 SCI"。教育部就关于《若干措施》的相关问题答记者问时就特别指出，该文件破除的是论文"SCI 至上"，并不是否定 SCI，更不是反对发表论文，这也就是说，论文还得写！是啊，连小孩子都知道"一噎之故，绝谷不食"是不可取的，科技论文可不背这个锅哦。

小编查阅了科技论文的发展历史，和您分享获得的一些相关信息。首先，科技论文是在社会发展过程中为满足人们交流学术研究成果以及推动科学技术发展的需要而产生的。对全世界的期刊界而言，这段历史最早可以追溯到 1665 年，那年的 1 月 5 日法国人戴·萨罗（Denys de Sallo）创办了世界上第一本周刊刊物——《学者杂志》（*Journal des scavans*）。同年的 3 月 6 日，英国皇家学会创办世界上第一本科学技术学术期刊——《哲学汇刊》（*Philosophical Transactions*）。1815 年，我国第一本期刊《察世俗每月统计传》创刊，这是英国传教士马礼逊在马六甲创办的。

说完期刊的产生，再说说"SCI"吧！这在中国大名鼎鼎的美国"科学引文索引"(science citation index, SCI)，1964 年由美国科学信息研究所正式发布，这已经是在世界上第一本期刊创办 300 年之后的事情了。本来 SCI 只是一种论文搜集统计手段，是一个分类数据库，并非评价系统。打个比方，SCI 就好比过去图书馆的图书分类卡片。作为一个分类数据库，它通过统计论文的研究领域、方向、被引频次，为科技工作者查阅最新文献、跟踪学术前沿信息、开展科研研究等提供帮助。根据定义不

难看出，SCI 的本质是文献索引系统，并非评价系统。因此，如果把 SCI 论文相关指标直接用于科研评价，具有很大的局限性。

当然了，在中国科技历史发展过程中，**"SCI 论文的贡献是存在的，这是中国在世界上的名片，是中国学术水平国际影响力的表现，但这种竞争应该是高质量的竞争。当下，在保证一定数量的基础上提质，才能营造更好的科研氛围。"** 山东大学科学技术学院院长易凡说，**"破除'SCI 至上'不是否定发 SCI 论文，更不是反对，而是鼓励发表高质量、建设性论文，不是跟风性的，甚至导致学术不端的行为。"**

听明白了吧，易院长的意思是：**这论文呀，您还是要写的，而且要写得更好、更有水平、更有价值、更有创新性，真正为实现"科技强国"贡献力量才行。**

数字时代，还是让数字说话吧！百度一下"为什么发表科技论文"的搜索结果是"百度为您找到相关结果约 93000000 个"，全球目前拥有超过 100000 本学术期刊，2019 年，*Scientific Reports* 年度发文量约为 25000 篇，大多数发表论文的读者仅为 2 人——作者和作者的妈妈。

最后一条内容纯属杜撰。不过，想到老妈还可能围观自己的作品，不由得更加努力啦！

3. 还在给论文"灌水"吗? 来看看 350 多年前的论文吧

数据显示,1949 年我国英文科研论文产出仅 66 篇。1949—1966 年新中国建设阶段的英文科研论文产出总量也仅为 298 篇,仅为美国同期的 0.05%、英国的 0.20%、德国的 0.30%、法国的 2.40%。而到了 2019 年,中国的科研论文数量已居全球第一,达到了 39.77 万篇。

然而,这越来越多的论文,有飞速发展的科技进步带来的喜悦,也有因用力过猛带来跑偏的后果,现在甚至是忧大于喜了,以至于《光明日报》发文《破除"唯论文"顽疾,树立正确评价导向》。

小编在公众号"返朴"上看到多年前广东外语外贸大学张艺琼教授的一篇文章《论文如何能不"水"? 先看看 300 多年前的论文长什么样》。算算时间,如果可以穿越到 356 年前,让我们看看从 1665 年 3 月 6 日(我们国家当时是康熙四年)第一篇学术论文的产生至今,论文确实是推动了科技的发展。有了论文,人们才有了一种载体,可以在一定的范围内分享个人的新发现和思想,获得其他同行对这些发现和思想的分析、拓展、批驳和传播。有专家认为,没有论文就没有现代科学的发展,这样说一点儿也不夸张。从这个角度看,论文还是一种再现学术研究过程的载体。

那这些与论文相关的顽疾,是怎么来的呢? 按现在流行病调查的研究方法和手段,相关的专业人员应该可以得到一个清晰的线索,小编就不在这里赘述了。

我们还是看看 1665 年那段时间刚刚起步的论文吧。图 1 是 1665 年创办的第一本学术期刊的封面,小编感慨档案工作人员的历史责任,将 356 年前的这本期刊保存至今! *Philosophical Transactions* 上第一期刊登的论文,共有 10 篇,论文的题目详见表 1。

图 1　第一本学术期刊的封面

表 1　第一期刊登的论文

No.	英文题目	发表信息
0	*The Introduction*（引言）	*Philosophical Transactions* (1665—1678), Volume 1, pp. 1-2
1	*An Accompt of the Improvement of Optics Glasses*（关于光学眼镜的改善）	*Philosophical Transactions* (1665—1678), Volume 1, pp. 2-3
2	*A spot in one of the Belts of Jupiter*（发现了木星星带上的斑点）	*Philosophical Transactions* (1665—1678), Volume 1, pp. 3
3	*The Motion of the Late Comet Praedicted*（预测彗星的运动）	*Philosophical Transactions* (1665—1678), Volume 1, pp. 3-8
4	*An Experimental History of Cold*（感冒的实验史）	*Philosophical Transactions* (1665—1678), Volume 1, pp. 8-9
5	*An Account of a Very Odd Monstrous Calf*（非常奇怪的畸形小牛的故事）	*Philosophical Transactions* (1665—1678), Volume 1, pp. 10
6	*Of a Peculiar Lead-Ore of Germany, and the Use Thereof*（关于德国的铅矿石及其用途）	*Philosophical Transactions* (1665—1678), Volume 1, pp. 10-11
7	*Of an Hungarian Bolus, of the Same Effect with the Bolus Armenus*（匈牙利的土块和亚美尼亚的粘土很相似）	*Philosophical Transactions* (1665—1678), Volume 1, pp. 11
8	*Of the New American Whale-Fishing about the Bermudas*（关于美国人在百慕大捕捞鲸鱼）	*Philosophical Transactions* (1665—1678), Volume 1, pp. 11-13
9	*A Narrative Concerning the Success of Pendulum-Watches at Sea for the Longitudes*（在海上成功应用了钟摆）	*Philosophical Transactions* (1665—1678), Volume 1, pp. 13-15
10	*The Character, Lately Published beyond the Seas, of an Eminent Person, not Long Since Dead at Tholouse, Where He Was a Councellor of Parliament*（业余数学家之王费马的去世，并高度评价费马是时代最杰出的人之一）	*Philosophical Transactions* (1665—1678), Volume 1, pp. 15-16

从上表信息可以看出，第一篇是关于光学眼镜的改善，第二篇是发现了木星星带上的斑点，第三篇是预测彗星的运动，第四篇是感冒的实验史，第五篇描述了一

件非常奇怪的畸形小牛的故事，第六篇关于德国的铅矿石及其用途，第七篇是说匈牙利的土块和亚美尼亚的粘土很相似，第八篇关于美国人在百慕大捕捞鲸鱼，第九篇是在海上成功应用了钟摆，第十篇是关于业余数学家之王费马的去世，并高度评价费马是时代最杰出的人之一。基本上每篇论文的篇幅都比较短小，主要就是叙述和描述，更不会有引用和检索了。

在现代学术论文诞生之前，学术交流主要通过书籍和书信完成。但到了 17 世纪，自然科学的发展使得学术交流需求不断增加，书籍和书信等方式不但低效并且覆盖面不广，逐渐不能适应学术的交流和传播需求，需要一种新型媒介来完成学术交流的使命。由此学术期刊应运而生，英国《哲学汇刊》(*Philosophical Transactions*) 的创办是其中最重要的标志之一，另外还有一本法国的期刊——《学者期刊》(*Journal des sçavans*)，于 1665 年 1 月 5 日出版了第一期，是一本十二页的四开小册子。这两本期刊替代学术通信成为正式的学术交流渠道，虽目标和内容有所不同，但都致力于促进以观察和实验为主的新科学交流。

刚开始发表的论文应该是没有“八股风”的，因为那个时候大家也都不知道怎么写可以使交流足够有效。《哲学汇刊》第二篇文章的全文（见图 2）“The Ingenious Mr.Hook did, fome moneths fince, intimate to a friend of his, that he had, with an excellent twelve foot Telefcope, obferved, fome days before, he than fpoke of it,(videl. On the ninth of May, 1664. about 9 of the clock at night) a fmall spot in the biggeft of the 3 obicurer belts of Jupiter, and that, obferving it from time to time, he found, that within 2 hours after, the faid spot had moved from eaft to weft, about half the length of the Diameter of Jupiter.” 仅 90 个单词而已，只发挥了传播信息的作用。

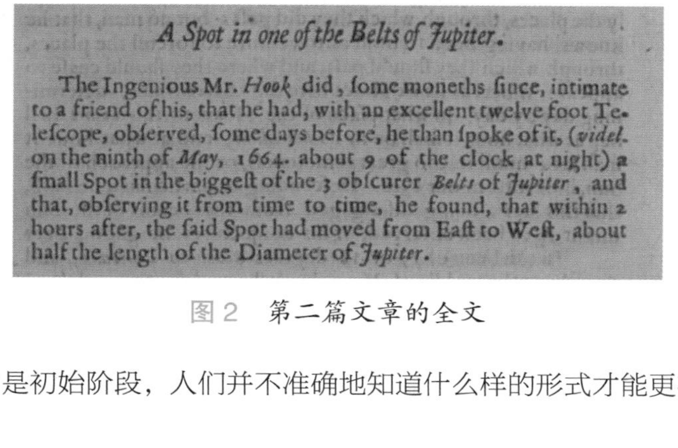
A Spot in one of the Belts of Jupiter.

The Ingenious Mr. *Hook* did, ſome moneths ſince, intimate to a friend of his, that he had, with an excellent twelve foot Teleſcope, obſerved, ſome days before, he than ſpoke of it, (*videl.* on the ninth of *May*, 1664. about 9 of the clock at night) a ſmall Spot in the biggeſt of the 3 obſcurer *Belts* of *Jupiter*, and that, obſerving it from time to time, he found, that within 2 hours after, the ſaid Spot had moved from Eaſt to Weſt, about half the length of the Diameter of *Jupiter*.

图 2　第二篇文章的全文

大概因为是初始阶段，人们并不准确地知道什么样的形式才能更有效地开展科学沟通，就只是把自己认为可以传递信息的文字书写出来。

下面这段文字摘录自一篇写完了之后 30 年才发表在《哲学汇刊》上的论文。您没看错，是 30 年，而不是 3 年，论文的题目是 "*An Account of the Nature and Differences of the Juices, more Particularly, of our English Vegetables*"（Lister M, *Philosophical Transactions,* 1697, Volume 19, pp. 365-383）。作者马丁·李斯特（Martin Lister）是一位医生，在动物生物学和地质学方面颇有建树。看看他给编辑的投稿信（见图 3），是不是有种很飒爽的感觉。大意是这样的：先生，这些是我 30 年前写的一些关于植物的论文，现在我没空儿再管它们了，丢了也可惜，因此扔给你看看。如果你认真对待它们，我还会给你扔更多的稿子。这些论文都是我少不更事的时候写着玩的，但我就是怎么看怎么喜欢，你就见怪不怪啦。下面给出这篇文章的一小部分内容。

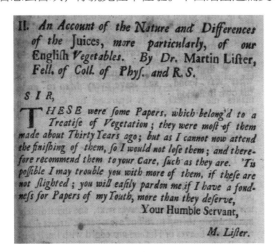

图 3　给编辑的投稿信

The 21st of April, 1665. about eight in the Morning, I bored a hole in the body of a fair and large Birch, and put in a cork with a Quill in the middle; after a Moment or two it [a sap] began to drop, but yet very softly: Some three Hours after I returned, and it had filled a Pint Glass, and then it droped exceeding fast, viz. every Pulse a Drop: This Liquor is not unpleasant to the Taste, and not thick of troubled: yet it looks as though some few drops of Milk were spilt in a Bason of Fountain Water. (Lister M, *Philosophical Transactions*, 1697, volume 19, pp.381)

整体内容，有点儿像现在小学生的实验日记。小编推测，那个时候写论文的状态可能类似于"种豆南山下，草盛豆苗稀"，基本上都是自发状态。最早资助搞科学的人是一帮贵族，贵族嘛，有钱随便玩，科学家们也是为了单纯的求知情怀搞科学。

很多人感慨今天的论文究竟怎么了？特别是今天，中国的论文有大量像注水猪肉那样的灌水"水"文充斥着科技界，论文造假、撤稿事件频发；许多科研工作者把论文当成谋取利益的工具，把它作为获得职称、收入、成果、光环的阶梯，这或许违背了发表学术论文的初心。就连"SCI 之父"尤金·加菲尔德博士也曾表示，SCI是一个国际标准数据库，单纯用这样的标准来衡量科研人员是不合适的，以 SCI 论文数量评价科学水平更是不合适的。

学术论文在诞生之初是怎样的？它演化的原因、目的和逐步演化的过程是怎样的。是什么动力系统推动的呢？研究人员发现，论文的形式是随着科学发展而不断变化的。这个变化的原因之一就是为了满足交流所需要的更多的信息，为在工业化进程中的标准制定发挥作用。学术论文在发展的三百多年历史中，它的形式随着我们探索这个世界的视角和工具的复杂度增加而不断变化。

18 世纪，随着天文学、生物学和地理学等学科的快速发展，学术论文对实验方法的严谨性要求逐步提升，对观察报告或实验结果汇报的系统性要求也不断提高。19 世纪，科学研究开始学科细分化，追求事实准确、体系化和理论化，专业学术期刊和学科术语等应运而生。到了 20 世纪，科学进入高度专业化和全球职业化阶段，实验替代观察成为科学探索的主要手段，学术期刊数量井喷，当代学术论文的模式逐渐成型并保持稳定。

随着科学领域的细分和科研群体的扩大，科研工作者的相互熟悉度、信任度、认知水平和模式之间的差别越来越大，客观性和效率成了论文形式发展的两大推手。客观性是科学研究本身的重要评价指标，在语言表述层面也有所表现。以学术论文的被动语态风格为例，它更深一层的含义是某个动词在更换动作发出者后依然有效。

我们现在所熟悉的 IMRD (introduction, methodology, results & discussion，引言、方法、结果和讨论) 是 20 世纪 50 年代才逐渐固定下来并广泛使用的论文模式。引言部分介绍研究背景和指出需要被进一步研究的科学问题；方法部分介绍研究方法、测量工具和其他用于获得新事实的装备；随后在结果和讨论部分呈现通过所描述方法获得的新事实，并用已有的科学事实和理论解释新事实，如果作者预测新的知识论点具有争议性，则需要在解释结果的时候指出研究的争议点和不足；结论部分重申作者的观点并指出这一观点对学术界的贡献。

　　这样一个论文的宏观结构也是为学术争鸣服务的。结构的相对稳定性相当于将各种不同的研究细节地图化，使得读者可以快速定位他们考察作者争鸣细节所需的信息，其目的是客观和高效地呈现研究者对这个复杂世界的认知的推进。

　　但是，我们的科研界"水军"们直接从形式出发，按照论文的要求，脱离科研直接产生论文，似乎有买椟还珠的味道。而且，"水军"勤勤恳恳、光明磊落、敢作敢当。每次辛苦的"灌水"之后都会在自己的"水文"下方题上自己的官方姓名，争抢着把自己放在作者的第一位或者最后一位，排在第一位往往是拿着水枪亲自作案的人，排在最后一位的一般是给作案者下达指令确定行动目标的幕后老板，科研"水军"甚至还会留下自己的地址、电话等详细的联系方式，以期此次的"灌水"能在现实生活中对自己的工作、事业及生活起到最大的帮助。

　　356 年前的信息，我们动动手指在网上都能找到，我们现在的信息寻找更是轻而易举，找个人，也就是分分钟的事情。"后之视今，亦犹今之视昔"，我们或许很难想象后人怎么看这一场论文竞赛。但是，当小编在网上查阅 1655 年的论文时，也一直在想，若是 356 年后的人看到我们现在的论文，会是怎样的心情呢？

4. 一不小心就"不端"了，投稿前快了解一下吧

《垃圾分类啦！那些学术垃圾，是干垃圾还是湿垃圾》这篇文章在"科技期刊编辑部的故事"专栏上发布之后收到了很多热心读者的反馈，一方面希望小编多多介绍这方面的内容，另外也希望能够提供一些关于论文撰写和投稿方面的"干货"。本文的写作是由中国知网的一份通知引发的，同时也参考了《中国科学》杂志社公众号"编辑微讲堂"的相关文章。

根据"学术不端行为"的定义，可能您觉得违反学术规范、学术道德的捏造数据（fabrication）、篡改数据（falsification）和剽窃（plagiarism）三种行为都离咱们这些堂堂正正的科研工作者都挺遥远的。但是，请注意，一稿多投、侵占学术成果、伪造学术履历等行为也都算作"学术不端"行为！特别是在 2020 年 5 月 6 日，中国知网的《关于学术不端检测系统稿件基本信息的通告》（见图 1）一出，"不端"这个坑好像越挖越大，一下子就在我们眼前了。那么，如何才能避免"不端"呢，投稿前还是快了解一下吧！

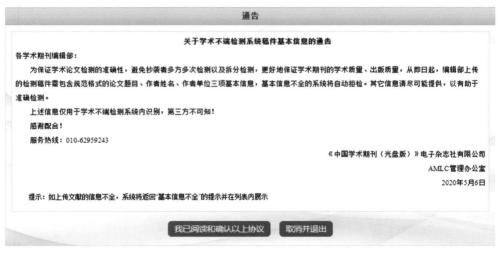

图 1 中国知网发布的通告

这则通告剑指学术成果发表过程中几类常见却容易被忽视的"不端"行为：重复率高、作者署名不当、参考文献引用不当以及"不端检测系统"使用不当等。话不多说，

快看"干货"吧。

（1）重复率高

相信你不会不知道，当前绝大多数期刊（不论中英文）收到投稿的第一步就是进行查重检测！

查重系统会给出一份详细报告，标出重复部分及其出处，给出总重复率和单篇重复率。即使总重复率不算高，小编们也会仔细查看查重报告（要知道训练有素的小编们眼睛可都是雪亮的！）。除了重复率要在合理的范围内，还有如图 2 所示的以下几点需要注意。

不端行为	案例
重复部分没有标示出处	曾有只因两句话重复未引用而被举报
引用了图表，但没有申请授权	文章发表后，在大多数情况下版权已归期刊所有（快查查您是否曾经和出版商签过版权转让协议之类的文件哦）。引用他人或自己发表过的图表，都应向期刊申请授权许可
重复部分是作者自己发表过的内容	抄自己也算是抄（论文一旦发表就由不得自己了）
英文或中文发表过的内容，翻译成中文或英文再次发表	获得第一文种出版商的授权许可后，翻译是被允许的，但您需要在翻译文本显著位置正确引用及标明此为翻译版本！曾有自作主张直接使用译文的作者被举报，导致其入选某人才项目公示后又被取消资格

图 2　重复率高的行为

（2）作者署名不当

作者署名不当也是一类十分常见且很容易被忽视的"不端"行为。著作权观念不强，后果很严重！图 3 给出作者署名不当包含的几种不端行为。

实际上，著作权协议的签署以及校样最终版本的确认，都有关于作者署名的要求，通讯作者应承担起责任，进行文章署名核查，从而避免不必要的麻烦和无意造成的"不端"。

不端行为	案例
未经本人同意，挂上名字悄悄投稿	录用发表后，事前不知情的作者（一般是"大咖"级别的）要求撤稿
为了提高发稿命中率，擅自把该领域大牛列为作者	还好小编谨慎，向大牛求证后……
投稿后或出版后要求更改作者顺序，更改通讯作者。添加或删除作者，一般情况下是不允许的	曾有文章出版后因署名问题要求登勘误，这不是难为小编吗？请确认好再投稿嘛！
A 认为有必要给 B 署名，B 不知道 A 给他署名了，A 不知道 B 不知道 A 给他署名了，或者 A 忘了问 B 是否愿意署名	B 认为没必要署名："这项研究和我没关系，我不愿意署名"出版后 B 发现被署名，要求撤销……

图 3　作者署名不当的行为

（3）参考文献引用不当

参考文献是论文的重要组成部分，正确引用参考文献能体现论文的科学性和严谨性，更能彰显作者承认和尊重他人研究成果及著作权的科学态度与学术品质。但论文的作者、审者和编者在参考文献的实际引用过程中，常常有意或无意、或多或少地暴露出一些不良的学术行为，常见的几种情况如图 4 所示。

不端行为	案例
诱引	为了达到某种目的，诱导或迫使作者在论文中引用特定或某一范围内文献的行为
匿引	论文中使用了他人的论述，吸收和利用了他人的研究成果，却故意不将其作为参考文献列出的行为
转引	没有亲自查阅原始文献，而直接从其他参考文献表中转录这些文献的行为
崇引	为了不正当需要（如抬高自己论文的地位和学术水平，或使论文易于发表）而故意引用或仅引用名人或名刊资料的行为
曲引	根据文中论点的需要，对他人观点断章取义，进行不公正的引用或歪曲性评价的行为
滥引	故意把与论文主题关系不大或无关的文献作为参考文献，以装饰门面的行为

图 4　参考文献引用不当的行为

（4）论文查重检测系统使用不当

为响应国家净化、规范科研学术环境的号召，中国知网在查重方面的管控力度也越来越严格。《关于学术不端检测系统稿件基本信息的通告》想必您已经看到了，从此以后，在学术不端检测系统上进行检测时，必须提供论文题目、作者姓名、作者单位三项基本信息。很多作者可能会说，让提供就提供呗，也不是见不得人，这有什么好说的。小编特别提醒您，以后千万不要随便检测文章，如果检测，也要严格按照系统提供的说明提交待检测的论文！

中国知网论文查重，是以 13 个字符为一个检测片段，连续 13 个字符相同或相似就标红（即认为重复），这里需要特别注意的是，**相同和相似的字符都会标红，这个原理对整篇论文通用**。此外，查重检测系统毕竟采用的是算法，而非人工检测，现阶段算法也没有那么完善，一旦您的文章在技术上被检测为"不端"了，可是连申诉都没有入口啊！

是否被以上"不端"行为惊到了？所以说投稿这件事，千万不要投机取巧、铤而走险！一旦触碰学术道德底线，不但害了自己，损害个人声誉和前程，也坑了合作者啊！署上名字的作者们，可能都会被期刊打入黑名单。因此，抓紧时间，重视起来。

5. 期刊学术不端行为的"七宗罪"，了解吗

近年来，学术不端行为的新闻频频成为热点，连身居国家要职的斯洛伐克总理马托维奇都成了学术不端行为的谴责对象。2020 年 7 月 16 日，斯洛伐克总理马托维奇承认了媒体关于其毕业论文抄袭的报道，称自己在这件事上是一个"小偷儿"，并向所有在学习期间没有作弊的诚实学生表示歉意。

无独有偶，国内类似的学术不端事件也是频频发生，令人瞠目。对此，很多同学心存疑惑：除了抄袭，还有哪些常见的学术不端行为？究竟什么是学术不端行为呢？

学术不端行为通常是指违反学术规范、学术道德的行为，国际上一般用来指捏造数据（fabrication）、篡改数据（falsification）和剽窃（plagiarism）三种行为。此外，一稿多投、侵占学术成果、伪造学术履历等行为也被视为学术不端行为。

学术不端行为违法吗？先说结论：当然可能违法！近年来，教育部、科技部、国家自然科学基金委等科研管理机构，相继出台了一系列规范教学科研人员学术研究行为的部门规章；承担部分行政管理职责的高校、研究机构也陆续出台了查处学术不端行为的相关规章制度。依据这些规章和制度，学术不端行为的行为人可能受到诸如警告、通报批评、记过、降职、解聘、辞退、开除等行政处分。

然而，在实际工作中，编辑们在与作者和审稿专家沟通时发现，学术不端行为的发生，相当一部分是由当事人不知道哪些行为会"越界"所造成的，而非主观故意为之。虽然常言道"不知者无罪""不知法者不为罪"，然而，我们都知道法律是有威严的，不管懂不懂法律、理不理解法律，只要触犯了法律就会受到制裁。在司法界专业人士看来（已经越来越成为社会公民的常识），法律发布之后，就推定所有人都知法、懂法，触犯了法律，就会被指控。所以，你还不学习、不关注？说自己不知法、不懂法、是法盲，就可以无罪？这不是我们科技工作者的风格呀！

现在就让我们一起来学习这个标准规范，了解各种学术不端类型，从我做起，更加主动自觉地杜绝学术不端行为吧！

期刊学术不端行为的界定是有相关规范的，在我国，最新版的《学术出版规范——期刊学术不端行为界定》（CY/T174—2019）（下文简称"规范"）是业内判断

是否学术不端的依据，这个规范由全国新闻出版标准化技术委员会于 2019 年 5 月 29 日发布，并于 2019 年 7 月 1 日正式实施。

这个"规范"的覆盖面可是很全面的！它不仅告诉作者们哪些行为是"不端"的，还提醒了审稿专家们，更有对于期刊编辑们的"不端"行为的解释，够权威吧！这可是小编们开展工作的依据。

下面，就让小编用三张图展示一下期刊学术不端行为的各种类型。先让我们看看对于论文作者的学术不端行为的"七宗罪"（见图 1），"规范"是怎样定义的吧！

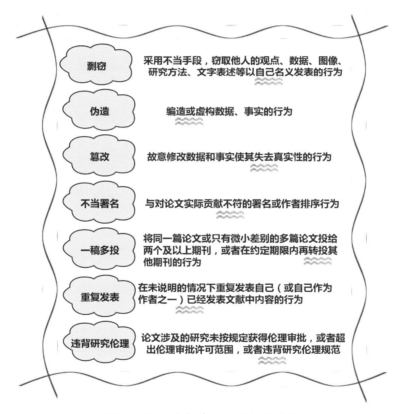

剽窃　采用不当手段，窃取他人的观点、数据、图像、研究方法、文字表述等以自己名义发表的行为

伪造　编造或虚构数据、事实的行为

篡改　故意修改数据和事实使其失去真实性的行为

不当署名　与对论文实际贡献不符的署名或作者排序行为

一稿多投　将同一篇论文或只有微小差别的多篇论文投给两个及以上期刊，或者在约定期限内再转投其他期刊的行为

重复发表　在未说明的情况下重复发表自己（或自己作为作者之一）已经发表文献中内容的行为

违背研究伦理　论文涉及的研究未按规定获得伦理审批，或者超出伦理审批许可范围，或者违背研究伦理规范

图 1　论文作者学术不端行为类型

各位读者，这"七宗罪"的情况都清楚了吗？

在论文作者们看来，审稿专家掌握生杀大权，似乎可以天马行空。这个想法大错特错，净化学术环境，人人有责！"规范"对于审稿专家的学术不端行为也有明确的界定。详细内容见图 2。

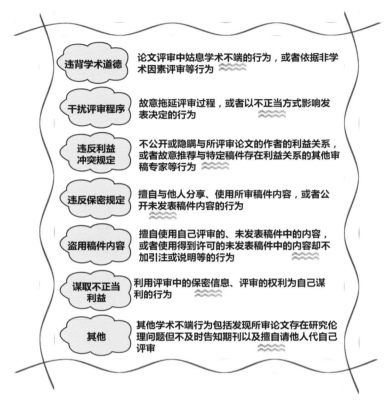

图 2　审稿专家学术不端行为

看到了吗，评审专家也是有行为规范的。那些违反规定的事情，评审专家也不可以做！

以上两张图已经将"规范"中关于"论文作者"和"审稿专家"学术不端行为的规定做了详细介绍。剩下就该小编自我反思了，作为编辑，我们在工作中有哪些红线是不能踩的呢？编辑学术不端行为类型的具体内容（见图3）各位同行也要仔细看！

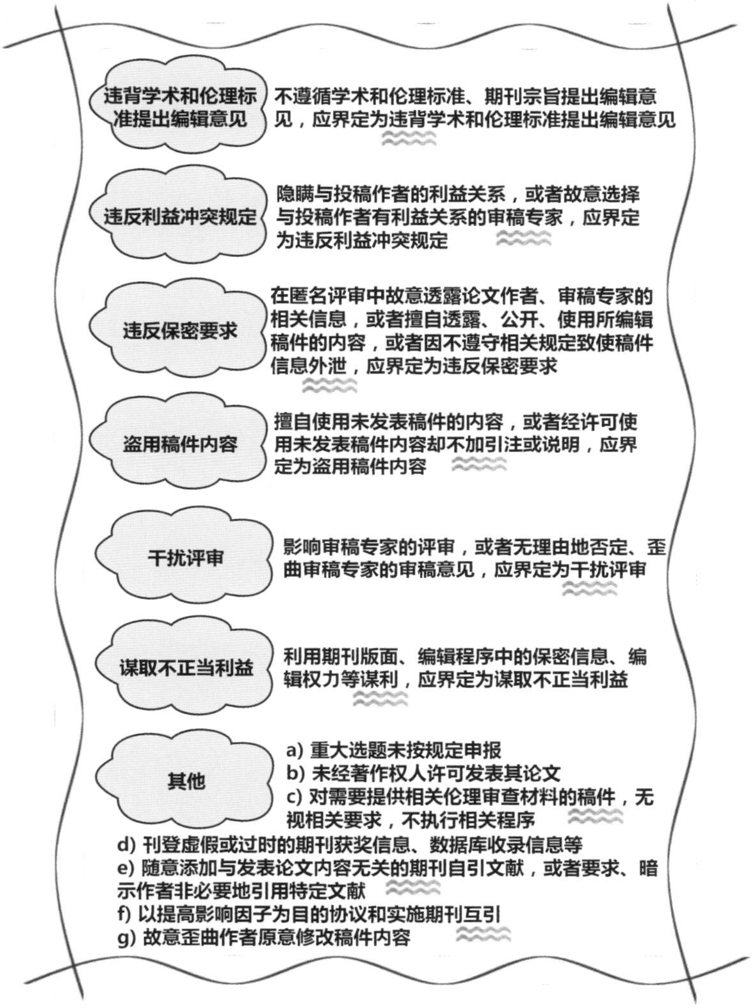

图 3　编辑学术不端行为类型

　　专家指出，学术不端行为不只是个人的道德问题，而且是关系到中国学术研究健康发展和社会发展大局的重大问题。这么大的事情，可距离我们一点儿也不遥远，让我们从小处着手，从点滴做起吧！

　　各位读者，此事你怎么看？

6. 垃圾分类啦！那些"学术垃圾"，是干垃圾还是湿垃圾

自从 2020 年 5 月 1 日北京市实施垃圾分类新政以来，北京市人民见面打招呼的方式已经悄然发生了变化，不再是"您吃了吗？"，取而代之的是这句直击灵魂深处的拷问："您是什么垃圾？"《北京市生活垃圾管理条例》更是引起了网友们的激烈讨论。

对于咱们这些达到学以致用境界的科研学霸来说，不禁会冒出一个问题——那些"学术垃圾"，究竟是什么垃圾？

"学术垃圾"也称为"文献垃圾"，指的是剽窃他人的学术成果，不断发表平庸、无创见的论文。它的特点是把一点儿所谓新意在论文中反复显摆，用新题目炒冷饭。"学术垃圾"大量产生的现象令人忧虑，这折射出深层次的学术道德滑坡、学术规范丧失的问题。"学术垃圾"泛滥不容忽视，其对学术尊严和科研诚信的危害值得深思。

在深思前，我们先科学地给"学术垃圾"分个类吧。首先简单回顾一下北京市生活垃圾分类标准。垃圾分类标准明确将生活垃圾分为厨余垃圾、可回收物、有害垃圾、其他垃圾四大基本品类。这里，我们将学术垃圾也分为四类：有害垃圾、干垃圾、湿垃圾和可回收垃圾。

（1）"学术垃圾"分类之有害垃圾

它是指那些数据造假的论文。这类"学术垃圾"的生产者，通过捏造事实、窜改数据，或借助 Image、PS 等工具随心所欲地创造实验结果，而缺乏实验依据或事实。甚至有些领域的大牛因造假骑虎难下，不得不持续性地编造和输出造假内容，直至东窗事发，身败名裂。

有害垃圾不可分解，会导致后来跟风者不断基于虚假事实编造谎言，导致大量人力、财力和物力的损耗，最终引发坍塌式学术不端的蝴蝶效应，严重危害和污染科研的净土。

曾经的干细胞领域领军人物——哈佛大学终身教授皮耶罗·安佛萨（Piero Anversa）教授，在心肌再生领域的研究成果曾被认为开创了一个新领域。全球许多地方的科研人员都按照安佛萨教授的描述，将大量资源投入到利用干细胞修复心脏的研究中，各国纷纷投入大量财力、人力，无数研究人员前赴后继。然而，这项研

究从一开始就是一场骗局：18 年前提出的概念是人为编造的谎言，研究成果是造假的结果！东窗事发后，哈佛医学院从顶尖期刊撤销了 31 篇心肌干细胞方面的论文，这也是美国有史以来首次发生如此严重的撤稿事件。

有害垃圾的危害究竟有多大？对于此次"心肌干细胞案"造成的影响，按照宾夕法尼亚大学心脏病领域的专家乔·爱泼斯坦（Joe Epstein）的描述，"整个研究领域遭受毁灭性打击，整整一代年轻的研究人员遭受毁灭性打击"。有害学术垃圾，制造很容易，后果很严重！

（2）"学术垃圾"分类之干垃圾

它是指通过剽窃、抄袭等方式窃取他人学术成果堆砌而形成的学术论文。

这类学术垃圾"难以分解"，会对生产者的学业、导师及所投期刊的名誉造成难以估量的危害。近年来，已经有很多论文抄袭事件被曝光，最具讽刺意味的莫过于 2019 年翟天临的博士论文了。翟博士的一句"什么是知网"，让自己查重率 40% 以上的博士论文浮出水面，最终被撤销博士学位和北大博后资格，牵连导师被取消博导资格。

2020 年，"中国 65 篇数学论文涉嫌批量造假"一事再次引发学术界对论文造假的关注。中国科学院院士杨乐在接受记者采访时表示，这种抄袭和造假现象触目惊心、十分恶劣，必须予以杜绝。

（3）"学术垃圾"分类之湿垃圾

它是指为了达到毕业、晋升、申请项目等目的，人为地用换汤不换药的方式所产生的学术论文。

学术湿垃圾的制造者们，往往只是修改了他人研究中的某个实验条件，并没有仔细考虑过这样的研究是否真的有意义，就通过"旧酒装新瓶"的手法发表文章。不过这些伎俩，期刊编辑肯定门儿清。但总有一些期刊，出于各种利益需求，放入大量"灌水"文章，让我们不得不在论文的海洋里"遨游"。不过中国那句古话"路遥知马力"，说得很有道理。近年来，随着"灌水量"的不断增加，期刊的"马力"也逐步遭到了侵蚀，有些知名科技期刊的影响因子已呈现逐年下降的趋势。

（4）"学术垃圾"分类之可回收垃圾

它是指那些被搁置的研究成果。由于研究人员毕业、转行、科研方向的转换或是缺少经费等原因，使之前的学术论文或研究成果难以完成，成为可循环利用的"可回收垃圾"。

例如，因受到某些因素影响而下马的项目，项目研究过程中的数据、研究报告、学术论文以及学术成果本身均具有一定的意义，如果在需要继续研究时，加以"回收利用"，说不定还能发现宝藏！

看到这里，再看看您电脑桌面上被随意堆放的"论文最新稿、论文最最新稿、论文最最最新稿……"，桌面上的分类垃圾桶也可以设置起来了吧？

进一步深思，如何避免自己写出的论文沦为"学术垃圾"呢？小编赞成这个观点：避免"学术垃圾"出现的关键在于创新。2013 年诺贝尔经济学奖得主埃德蒙·费尔普斯（Edmund Phelps）在其著作《大繁荣：大众创新如何带来国家繁荣》中写道："一个民族的繁荣取决于创新活动的深度和广度。"

不制造垃圾，不仅是绝不能做抄袭、剽窃等学术不端之事，更是要在研究中有所创新。当然小编深知，长期进行创新性的学术研究非常艰辛。马克思说："在科学上没有平坦的大道，只有不畏劳苦、沿着陡峭山路攀登的人，才有希望达到光辉的顶点。"作为一名光荣的科研人员，您是在为祖国的科技进步做贡献。"科技强国"之梦变为现实，靠的绝对不是"学术垃圾"，而是咱们的"科学家精神"，以及您的大智慧和长坚守。在此请接受小编深深的敬意！

7. 做到 ABCD，写出"C 位出道"的科技论文题目

读者朋友们喜欢听相声吗？科研工作之余，闲来无事听听相声、喝喝茶，哈哈大笑、乐它一乐，听个热闹、听个喜气儿，给生活平添一缕色彩，多棒！相声是由宋代的"像生"演变而来的，于清朝咸丰、同治年间形成，以"说、学、逗、唱"为主要艺术手段，寓庄于谐，以讽刺笑料表现真善美，以引人发笑为艺术特点。通俗易懂的相声艺术，在现阶段也面临着创新与发展的挑战。

当①《论相声的创新与发展》和②《量子力学和广义相对论在相声表演与创作中的指导及应用》这样两个题目摆在您面前时，您会被哪个题目吸引，继而点击浏览呢？

是不是和小编一样，看到题目②就被吸引了，一定要看个究竟？好的题目对一篇科技论文来说，那可太重要了！作为一篇科技论文是否能被检索到的第一要素，题目是整个文章的"形象大使"，是读者了解论文的最直接窗口，取个好题目四舍五入约等于重新投胎啊！这正所谓"花香蝶自来，题好文一半"。一个好的标题将吸引更多的读者，更重要的是，能吸引那些最需要论文信息的读者。英国帝国理工学院的格拉斯曼·蒂欧（Hilary Glasman-Deal）教授在 SCI 论文标题写作技巧中强调：**阅读标题的人比阅读摘要的多，阅读摘要的人比阅读整篇论文的多**。如果题目没写好，可能您的论文根本没有机会入日理万机的读者之眼。看看，题目是不是相当重要！

小编想了一下检索文献的过程，还真是这样呢。输入关键词，然后扫一下检索结果的标题，根据标题提供的信息判断要不要继续阅读摘要甚至文章全文。

既然题目这么重要，那么我们如何才能写出一个吸引人的标题，同时又避免成为"标题党"呢？先举个例子感受感受吧：The effect of heating the albumen and vitellus of the gallus domesticus contained in calcium carbonate in H$_2$O to 373.15℃（将碳酸钙中的家鸡蛋白和卵黄在水中加热至 373.15℃的效果）。

怎么样，是不是感觉很高端（看不懂）、很烧脑（被绕晕）、智商堪忧，很决然地划清了你与学霸之间的最后一丝界线，然后否定自己、怀疑人生？当你像本例的作者一样，错误地以为看不懂的标题才是好标题时，你会发现本期文章对于你来说是何其重要。

　　其实，像这篇文章这样复杂烧脑（故作高深）的标题会实力劝退一大批读者，小编并不推荐！当我们把这个标题改为"boiling a chicken egg in water"（在水中煮鸡蛋），是不是惊喜地发现小学生的英文词汇量已经完全可以控制住了场面！是的，没错！学术论文的标题就应该这样：直击要点，避免啰嗦，拒绝高冷（以上例子来自Elsevier 的投稿指南）。

　　小编觉得，一个魅力十足又能"C 位出道"的论文标题，应该有"ABCD"这些特点：accurate（准确）、brief（简练）、clear（清楚）、declarative（陈述式说明问题）。下面小编用图 1 详细解释它们的含义。

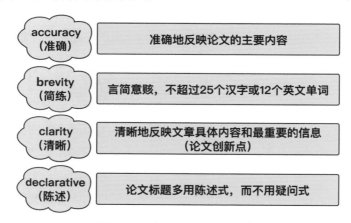

图 1　论文题目的撰写要求

　　论文题目就是"摘要中的摘要"。英国华威大学艾德里安·莱奇福德（Adrian Letchford）等曾专门研究过论文题目与被引频次的关系。他基于对 Scopus 数据库中 2007 年到 2013 年之间 14 万篇高引用论文的题目分析，通过对论文题目的长度和引用次数进行比较发现，**论文题目越短，被引用的次数越多**。其实，大文豪莎士比亚早就谙熟此道："简洁是智慧的灵魂，冗长是肤浅的藻饰。"看来，这些"ABCD"还真要好好琢磨琢磨呢。

　　这里小编在表 1 中准备了一些例子，相信通过对比，聪慧的读者一眼就能看出"C 位出道"的论文题目是哪个。

表 1　修改前后的题目对比

序号	原稿	修改稿	效果
1	The effect of heating the albumen and vitellus of the gallus domesticus contained in calcium carbonate in H_2O to 373.15℃	Boiling a chicken egg in water	*Elsevier* 投稿指南推荐案例
2	Policing plagiarism in China is helped by innovative software	Chinese journal finds 31% of submissions plagiarized	*Nature* 467, 153 (2010). 引起我国科学界的广泛关注和热议
3	抗生素对细菌的作用	链霉素对结核杆菌生长的抑制作用	符合 "ABCD" 的要求

除了注意题目撰写的内容要求，在确定英文论文的题目时还需要注意以下语言细节：

（1）单词拼写、标点符号、句子排序等方面，不能有硬伤。标题可以包含冒号、逗号、括号和引号，但不应使用分号和斜线。

（2）阅读目标期刊的作者指南（author guidelines）来确定标题的大小写区别。目前有三种格式：①除去 "a" "of" "and" "in" 等非关键词以外，所有标题单词的首字母均需大写；②所有标题单词的字母都大写；③标题中第一个单词的首字母大写，其余都小写。期刊常见的格式为第一种。

一个十几个单词的题目都有如此多的注意事项和技巧，更不要说让大家都十分头疼的引言（introduction）、结果与讨论（results and discussion）了！这其中有更多需要大家伙儿注意的地方，这些内容小编会在后面的文章中逐步向大家介绍。怎么样，期不期待？

"ABCD" 介绍完了，读者朋友们赶快看看自己正在撰写的文章，给它取个好名字 "C 位出道" 吧！

8. 关键词真有这么关键吗

"好好爱自己，就有人会爱你，这乐观的说辞，幸福的样子，我感觉好真实，找不到形容词……"用全新《关键词》，定义新时代的中国风流行情歌，林怡凤以细腻的词句雕琢出温暖的爱情，林俊杰的曲将词作的优美谱上浓浓中国风，仿佛闭上双眼就看到一幅高雅的山水画，音乐如涓涓细流般流过双耳，洗涤对爱情的迷惘，带给人幸福的力量。等等，小编你在说什么呢？这与关键词有什么关系呀？哈哈，这就是《关键词》呀，缠绵动听的乐曲，让我们在茫茫人海中不再苦苦搜寻。

那么，关键词是什么？关键词，英文为"keywords"，是指使用索引时用到的词语，能够直接反映关键词对检索排名产生重要影响的是搜索引擎排名。选好网站核心关键词，直接提升检索排名，您说是不是至关重要？网站的核心关键词一般都是按照搜索量、精准度、竞争度以及商业价值来选取的。其中，关键词的搜索量很重要，如果在搜索引擎上选择了一个没有搜索量的关键词，就算排在第一位，也是没有效果的，知道不？

哈哈，开个玩笑。这些关键词虽然很关键，但不是读者们最关心的。小编知道大家伙儿上下求索、念念不忘的还是科技论文的关键词。那是当然了，期刊论文的关键词是文章核心内容的反映，虽寥寥几词，但意义重大。准确描述论文核心内容的关键词可以增加论文的可见度，提高论文的检索率和被引频次。关于科技论文的关键词，中国科协的相关规定如图 1 所示。

小编知道，作者们肯定希望感兴趣的研究人员在查找本领域文章时，能够从众多的科研论文中发现自己的文章。那么怎样才能更有效地做到这一点呢？为了说明这个情况，我们需要对搜索引擎优化算法有一定的了解。搜索引擎优化（search engine optimization，SEO）是一种算法，它可以利用搜索引擎的规则，对网站进行内部及外部的调整优化，有效提高目标网站的自然排名，获得更多流量，从而达成网站销售及品牌建设的目标。

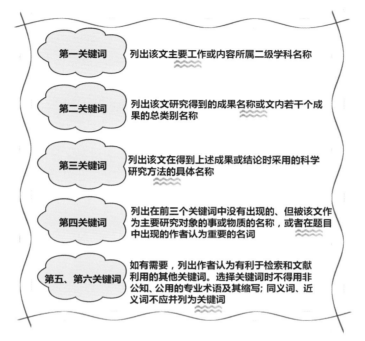

第一关键词　列出该文主要工作或内容所属二级学科名称

第二关键词　列出该文研究得到的成果名称或文内若干个成果的总类别名称

第三关键词　列出该文在得到上述成果或结论时采用的科学研究方法的具体名称

第四关键词　列出在前三个关键词中没有出现的、但被该文作为主要研究对象的事或物质的名称，或者在题目中出现的作者认为重要的名词

第五、第六关键词　如有需要，列出作者认为有利于检索和文献利用的其他关键词。选择关键词时不得非公知、公用的专业术语及其缩写；同义词、近义词不应并列为关键词

图1　中国科协对科技论文关键词的相关规定

　　这么想一下就可以获得相关的线索：当科学家们搜索自己学科领域的科研论文时，会在谷歌学术搜索（Google Scholar）或期刊网站上输入些什么词呢？浏览一下与各位研究领域相似的科研论文，了解它们的文章标题和摘要中常用的关键词组，筛选频率最高的关键词组，并为您的科研论文创建一个关键词组候选列表，然后从中选择与自己论文内容最贴近、对自己论文最重要的关键词组。

　　目前，网络上可检索到的研究成果数量非常庞大，以爱思唯尔（Elsevier）公司的文摘索引数据库 SCOPUS 为例，它收录了 13450 种经同行评议的出版物（主要为期刊），学科覆盖数学、物理学、化学、生物学、生命科学、农业、地球和环境科学、工程、心理学、社会科学等领域。

　　在这浩如烟海的研究成果中，如何才能让您的文章脱颖而出进入读者视野，增加您文章的可见度呢？也就是说，如何才能确保您的文章及时送达最需要它的读者手中呢？这就需要通过搜索引擎优化算法提高文章的可发现性和搜索排名，这其中最重要因素之一就是关键词组。把关键词组想象成文章的标签，最合适的标签有助于读者判断它们是否与自己所需内容相关，同时也有助于搜索引擎理解文章的内容。

现在是不是顿时感觉到了设好关键词真的很关键，"选取关键词"这件事不再是编辑部催着做选词填空了吧！精准、合适的关键词，不仅有利于图书情报机构快捷、有效地检索和引用，还可以有效提高论文检索量和引用次数呢！

此时的您可能会若有所思：看来准确的关键词还真是好论文不可或缺的一部分呢，我也要重视关键词在论文中的作用，下次发文章时，试试这个方法。

9. 让你写摘要，你非得写成电视剧预告

大家伙儿对第一次写论文摘要的经历还记忆犹新吧！挠挠头、叹口气，是留着这句话呢，还是留那句话？哪句都看着挺顺眼，实在是太纠结啦！小编看了许多投稿论文的摘要，发现很多作者写着写着，就越来越像电视剧预告，简直跌宕起伏、一波三折，自我感觉很吸引眼球。不信？小编马上在表 1 中并排对比 2020 年热播电视剧《三十而已》的预告和一个科技论文的摘要给您看看。

表 1　电视剧预告和论文摘要的对比

对比	电视剧预告	论文摘要
写法	你今年也有三十了吧，那是时候看看《三十而已》了。该剧以三位三十岁女性视角展开，讲述了都市女性在三十岁这一重要年龄节点，经历多重压力的故事。王漫妮是一个特立独行的叛逆者，在遭遇"完美先生"梁正贤后，错爱分手，后被父母叫回老家工作相亲。等待她的未来会是什么呢	位于脊椎动物骨骼肌中的肌红蛋白在生命过程中扮演着重要角色，其折叠过程依赖于血红素的绑定。本文着重于肌红蛋白在力的作用下折叠过程的全原子统计分析，揭示了肌红蛋白力致去折叠的一般机制
效果	这是电视剧预告，没错吧？看了之后，是否有想看电视剧的冲动？欲知后事如何，且追且珍惜	这也是预告吗？究竟是怎样的机制呢？不清楚呀，那这篇论文就算了，再看看其他的论文吧

看看，是不是一个套路：先揭示一个背景，然后告诉你接下来要看到什么。比如，**三位三十岁女性经历多重压力的故事**，对应的是，**位于脊椎动物骨骼肌中的肌红蛋白在生命过程中扮演着重要角色**。而且，二者都是只告诉你将要看到什么，但就不告诉你最终怎么样了。看完二者，你既不知道三位的结局如何，也不知道肌红蛋白力致去折叠的一般机制是什么。

电视剧的剧情介绍写成这样没问题。毕竟，电视剧讲究个悬念，拒绝剧透，吸引观众跟着剧情走才是正道。而论文不是啊！科技论文摘要是论文的重要组成部分，摘要质量的高低直接影响文章的检索结果和被引频次。小编告诉您一条准则：**凡是提供不了有效信息使读者一目了然的摘要，都不是好摘要！** 特别要说的是，有些论文

的学术价值很高，但因其英文摘要写得不好，极大地影响了被相关论文检索机构收录的概率，传播不畅，学术价值大打折扣，实在可惜呀！不好好写摘要的后果是不是很严重？

别急，小编这就和您一起学习摘要的方方面面，还有"摘要写作万能模板"大礼包相送呢！

（1）定义

摘要又称概要、内容提要，是以提供文献内容梗概为目的，不加评论和补充解释，简明、确切地记述文献重要内容的短文。

（2）类别

摘要根据内容可分为报道性摘要、指示性摘要、报道—指示性摘要三类，它们的适用范围和字数如图 1 所示。

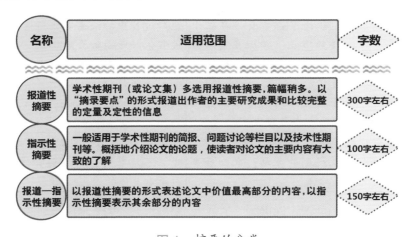

图 1　摘要的分类

（3）基本要素

摘要的基本要素有四个方面的内容：研究目的、研究方法、研究结果和结论。在摘要中要说明研究工作的主要对象和范围，采用的研究手段和方法，得出的研究结果和重要的结论，有时还包括具有情报价值的其他重要信息。

摘要具有独立性和自明性，拥有与文献同等量的主要信息，也就是说，即使不阅读全文，也能从摘要中获得文章的必要信息。

（4）摘要写作常见错误

在进行摘要写作时，常遇到很多错误的写作方式，具体如表2所示。

表2　摘要写作的常见错误方式

序号	错误方式	错误原因及影响
1	重复文章题目和标题的信息	有的作者认为，将论文的大小标题综合在一起就是论文的摘要，这导致摘要出现了很多套话，理论价值降低，没有实质性内容，可读性差
2	语言缺乏学术性色彩	使用比喻的修辞方法，甚至还有口语式的语言，影响论文的严谨性和科学性
3	信息量太少，没有反映文章的创新之处	只有一两句话，无法发挥摘要的应有作用
4	含义模糊	学术论文摘要应该用最简洁、最精练的文字，表达文章的研究内容。但在有的论文摘要中，出现了含义很不确定的句子
5	对自己的文章评价过高，缺乏客观性	摘要一般不应该对论文的理论意义和实践价值进行评价，但是有的作者在摘要中过高地自我评价，出现了像"本文在理论上有重大突破""国内首创，国际领先""作者提出的理论新颖，具有重要的使用价值"的评语
6	重复某学科领域已成为常识的内容	许多学术刊物的读者可以称之为同行专家，所以摘要就不必介绍众所周知的背景知识。例如，上文例子中的"位于脊椎动物骨骼肌中的肌红蛋白在生命过程中扮演着重要角色"为专业常识，这一描述可以不出现在论文摘要中
7	描述文章的背景知识	有的摘要描述当前某个问题的研究现状，甚至把论文的引言或者前言写入摘要。从篇幅上看，超过一半以上的文字介绍相关的研究现状，而作者的观点只用了一句话来阐述
8	描述文章的写作过程	为了赢得审稿人、编辑、读者的同情，有的作者在摘要中描述文章的写作过程，强调自己写作的艰辛，忽视了对研究目的、方法、结果、结论的介绍。要知道，写作过程的描述和文章的新观点、新方法没有什么关系
9	谦辞	出于谦虚心理，有的作者在摘要中使用了一些不必要的谦辞，出现了如"谈谈自己的粗浅看法""对某个问题的一点尝试"等没有丝毫信息价值的词语

这样看来，摘要的"坑"还真不少，不要怪小编喋喋不休。最后还要再唠叨一下摘要写作的注意事项，为了方便大家记忆，特地编成如下的摘要写作小口诀：

四个要素不可少，

慎用长句简明了，

规范术语无引文，

第三人称述摘要。

说好了的"摘要写作万能模板"大礼包呢？小编这就在图 2 中呈上相关内容，也是四句箴言哦。

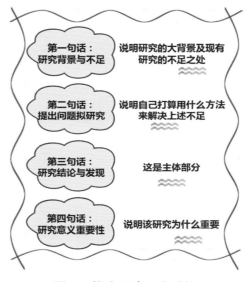

第一句话：
研究背景与不足　　说明研究的大背景及现有研究的不足之处

第二句话：
提出问题拟研究　　说明自己打算用什么方法来解决上述不足

第三句话：
研究结论与发现　　这是主体部分

第四句话：
研究意义重要性　　说明该研究为什么重要

图 2　摘要写作万能模板

综上，摘要是论文重要信息的浓缩，不是路径介绍，更不是卖关子。读者知道您走哪条路固然重要，但是您得让读者沿着路看过去，一眼看到路旁边都是西瓜。想吃"瓜"？来看论文啊！

看完这篇文章之后是不是有种醍醐灌顶、恍然大悟的感觉，特别有一种摩拳擦掌、跃跃欲试的冲动呢？赶快行动，写一份出彩的论文摘要吧！毕竟，论文摘要是了解论文的窗口呢！

10. 连表格怎么画都有行业标准，咱期刊编辑要动真格的了

看看图 1，听说你写每一篇论文的过程都是这样的，从想写到完稿，满是辛酸的心路历程啊。写作是科技工作者表达学术思想、交流学术成果的重要武器，那么如何才能提高写作效率呢？表格是一个法宝。

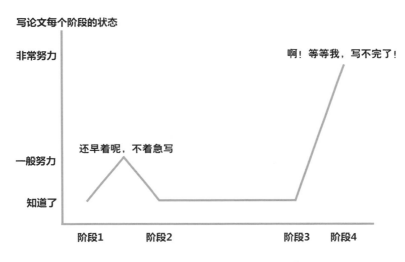

写论文每个阶段的状态

	啊！等等我，写不完了！

图 1　写论文的阶段和对应的状态

在撰写论文过程中，表格是记录数据或事物分类的一种有效表达方式。由于表格具有简洁、清晰、准确的特点，同时具有较强的逻辑性和对比性，往往能直观表现出要分析和解释的内容，因而被科技论文作者广泛采用。

可是长期以来，出版界对表格的结构及其各构成部分的名称众说纷纭，不同期刊对表格的要求也不尽相同，每次都要改改改。这里，小编告诉您一个好消息，可以说从现在开始，在本土期刊发表论文，表格的事情就"一站通"了。2019 年 5 月 29 日，国家新闻出版署发布了适用于学术图书、学术期刊的表格行业标准——CY/T 170—2019《学术出版规范　表格》（以下简称"新标准"）。这个标准的具体内容呢，下面就由小编一一为大家介绍。

（1）表格的结构

"新标准"通过"表格的构成"示例（见图2）指出，表格一般由表号、表题、表头、表身和表注构成，表头和表身构成表格的主体。

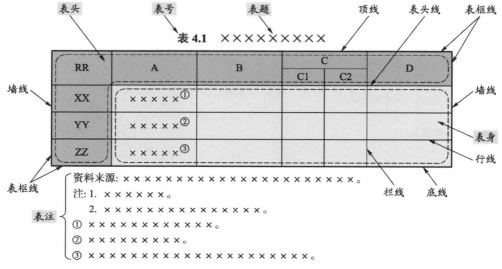

图2 表格的构成

这么一看还挺复杂，为了更直观清晰地展示表格的结构，小编在表1中给出它们的定义与内涵。

表1 表格的构成

序号	名称	定义及内涵	常用名称
1	表号	表格在文中的编号	表序
2	表头	对表格各行和各列单元格内容进行概括和提示的栏目，其中横向排列的栏目叫横表头，纵向排列的栏目叫纵表头	栏头、横向栏目、竖向栏目
3	表身	表头之外的单元格的总体	表体
4	表注	对表格或表格中某些内容加以注释或说明的文字	表格说明
5	表题	表格的名称，应采用简练的文字确切地反映表格的特定内容	表名

（2）必须执行的要求

小编将"新标准"中必须执行的要求性条款整理了一下，主要有以下内容。也就是说，这些是必须做的规定动作，如果没做到位，编辑们还是要请您修改的！

① 表格应有表号

"新标准"规定：表格应有表号并应在正文中明确提及。当整篇论文只有一个表格时仍应编号，可编为表 1。表号应置于表题之前，并与表题之间留一字空后，整体置于表格顶线上方，通常采用居中排格式。

② 表格应有表题

"新标准"明确要求：表格应有表题。有些科技学术期刊中，表格只有表号而没有表题的做法是错误的，应予以纠正。

③ 表头中不应使用斜线

"新标准"规定：表头中不应使用斜线。过去，在科技学术期刊中有相当数量的表格，尤其是全线表，在表头中使用了斜线，有的表中斜线还超过 1 条。根据新标准，应将表头中原有的斜线删除。

④ 表头中的量和单位应标示为量 / 单位

"新标准"以要求性条款明确提出：表头中量和单位的标注形式应为量的名称或符号 / 单位符号。怎样正确标注表头中的栏目所涉及的量和单位的问题，科技编辑界一直存在争议，不同的期刊对于标注形式的要求也各不相同，这给作者带来很多困惑。过去，科技学术期刊中惯用的标注形式有：

a. 括号法，即"量名称或量符号（单位符号）"，如"PM 2.5 质量浓度 (mg/m^3)"，或"$\rho(\text{PM 2.5})(\text{mg/m}^3)$"；

b. 逗号法，即"量名称或量符号，单位符号"，如"PM 2.5 质量浓度，mg/m^3"，或"$\rho(\text{PM 2.5})$，mg/m^3"。

⑤ 表格中的连续数分组应科学

"新标准"指出：表格中连续数的分组应科学，不得重叠和遗漏。这是一条针对性很强的要求性条款。当下表格中连续数分组不科学的问题是普遍存在的，小编也特别提醒您注意这一要求。

⑥ 表注的注末应用句号

"新标准"把表注分为出处注、全表注和内容注三类，并对它们的引出、摆放位置、排列顺序提出了建议。依据"新标准"，2019 年 7 月 1 日以后出版的科技学术期刊中表格的表注末尾都应采用句号。

⑦ 正确使用表线

"新标准"规定：表框线用粗线，其他用细线。常见的错误主要包括三类：一是不注意区分粗细而使用同一种表线，二是将表头线（以前称栏目线）用成了粗线，三是把底线排成细线。

各位读者，根据"新标准"的规定，以上七类表格使用中的错误一定要纠正，记住了吧！

（3）推荐执行的要求

如果说必须执行的要求是规定动作，那么推荐执行的要求就相当于自选动作了。在"新标准"中，非要求性条款，包括用"宜""不宜"等助动词表述的推荐性条款和用"可""可以"等助动词表述的陈述性条款。小编结合《计算物理》期刊的编校实际，将这两类条款整理成如图 3 所示的五个方面的内容，以便于读者们掌握这些情况。

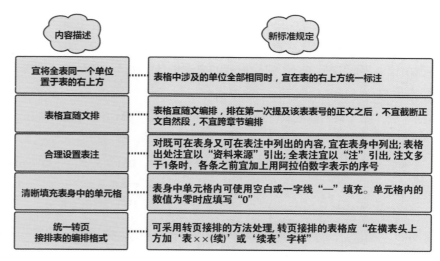

图 3　"新标准"推荐执行的要求

看完以上内容，关于科技论文中表格该如何画，您的疑问是不是得到了解答呢？如有疑问及困惑，请您去仔细研读一下最新的标准。

11. 一篇论文到底可以有多少署名作者？这篇《自然》期刊论文署名了 57000 多位

随着科学研究全球化倾向的日趋普遍，大家一定也发现了一种趋势——科技论文的作者是越来越多。据“热心人”调查统计，在近一百年的时间里，科技论文的作者数量从 1913 年的平均每篇论文一个作者暴增到 2013 年的平均每篇论文超过五个作者。近年来，随着大型科研项目的开展，如脑科学研究、人类基因组学、全球气候变化研究等，国内外科学家和学术团体之间的合作更是成为常态。

这样由很多人、很多团体共同研究而得出的成果，署名作者相应也必然很多，论文的署名人数有几十人甚至几百人已经不是新鲜事了。近年来“超多作者”（hyperauthorship）的做法更是激增，有一篇论文竟列出了 **5154 位**作者！公众号“高神经”原创文章《一篇论文到底可以署名多少位作者？ 57000 位作者的，你见过没》引起了小编的兴趣。根据线索一查，果然，这篇发表在自然期刊上的论文 *Predicting protein structure with a multiplayer online game* 竟然署名了 57000 多位作者（见图 1）！

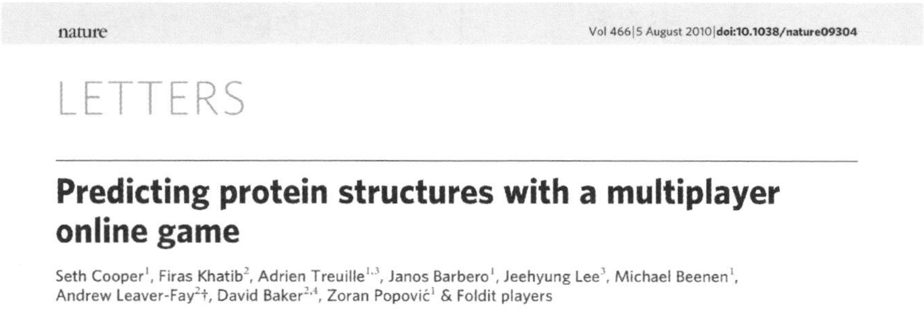
nature　Vol 466 | 5 August 2010 | doi:10.1038/nature09304

LETTERS

Predicting protein structures with a multiplayer online game

Seth Cooper[1], Firas Khatib[2], Adrien Treuille[1,3], Janos Barbero[1], Jeehyung Lee[3], Michael Beenen[1], Andrew Leaver-Fay[2]†, David Baker[2,4], Zoran Popović[1] & Foldit players

图 1　署名 57000 多位作者的论文

跨学科和跨地域的合作导致多作者论文的数量不断增加，这也使得如何给文章正确署名成了一个重要议题。那么，在何种情况下我们可以在论文中署名呢？

小编查阅了一下关于论文作者的规定，参考国际医学杂志编辑委员会（ICMJE）的建议，如果**同时满足**图 2 的四个条件，可以确定为具有“作者”资格。

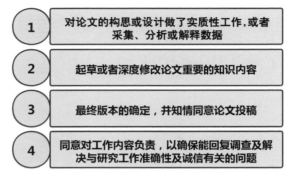

图 2　具有"作者"资格应同时满足的条件

　　为更直观地展示上图的内容，小编采用了四象限分析法，根据有无署名和对论文有无做出贡献，列出了四种情况，如图 3 所示。看起来，除了"无贡献，未署名"这种情况之外，其他三种情况都可能存在**署名与贡献度不匹配**的问题。根据图 4 的统计结果，65% 的人曾经"有贡献，未署名"，16% 的人则是"无贡献，有署名"（疑似学术不端警告！）。

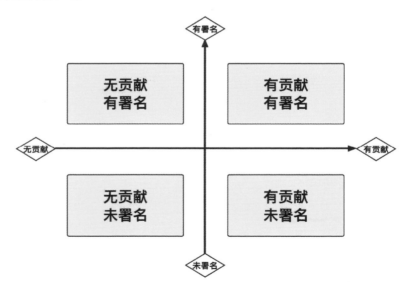

图 3　根据有无署名和贡献列出的四种情况

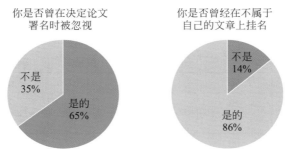

图 4　是否在论文署名的统计结果

　　甚至，即使在"有贡献，有署名"的情况中，也存在着署名排序先后的问题。之所以存在这样的困境，小编认为这与科学研究的复杂度有着密不可分的关系。此外，科学研究工作是一种隐性的创造性劳动，如果没有准确的记录和对创造性工作的可量化标准，还真是不太好区分每个参加人员的贡献度。

　　不过，这也难不倒擅长研究的科学家们，他们早就根据各种情况做了相应的规定。早年间，由于论文署名的排序并不与各种利益挂钩，各位研究人员也就不是非常在意这个排名。有时候，作者们甚至会采取一些"清新脱俗"的方式决定作者署名的顺序。一篇 1974 年发表的论文公开说明其作者次序是根据 1973 年夏季在帝国理工学院野外举行的 25 局槌球比赛的结果决定的（the order of authorship was determined from a 25-game croquet series held at Imperial College field station during the summer of 1973）。

　　除了上述"脑洞大开"的论文署名次序决定方式之外，科学家们也研究出了不少决定论文署名次序的正经方法。1985 年，美国一教授曾提出了量化论文作者贡献度的方法，他以一个数据分析类项目的给分方式作为例子（见表 1），该方法至今仍然被很多实验室所采用。此外，哈佛大学斯蒂芬·科斯林（Stephen Kosslyn）教授也曾提出一种满分 1000 分的积分制度，论文作者根据内容计算出对文章的贡献积分，他希望借此减少作者排名引起的争议，同时又能打破所谓指导教师即自动享有作者署名权的潜规则。目前，为了更清楚地显示作者的贡献和责任，**越来越多的杂志要求投稿论文的作者填写"作者贡献"（author contributions）并签名**。其中最为科学界所认可的是由哈佛大学和惠康基金会（Wellcome Trust）联合提出的 CRediT（contributor roles taxonomy）作者声明。

表 1　数据分析类项目的评分方式

贡献	总分	项目参与人员			
		学生 A	教授	学生 B	博士后
提出研究思路	50	30	20	0	0
文献调研	20	15	3	2	0
实验设计	30	5	20	5	0
实验设备选择	10	2	8	0	0
数据收集	40	28	2	10	0
选择统计分析方法	10	0	2	0	8
统计分析与计算	10	0	0	10	0
数据解读	10	2	3	0	5
第一版草稿	50	30	15	5	0
第二版草稿	30	30	0	0	0
后期编辑	—	—	—	—	—
定稿	10	0	6	0	4
最终得分		142	79	32	17

对于那些不够署名条件，但对研究成果确有贡献的人，可采用在"致谢"(Acknowledgements) 或"脚注"中感谢的方法表明他们的贡献。不能列为作者，但可作为致谢的对象通常包括：

（1）协助研究的实验人员或直接参与临床观察的护理人员；

（2）提出过指导性意见的人员；

（3）对研究工作提供方便（仪器、检查等）的机构或人员；

（4）资金资助项目或类别（但不宜列出得到资助的经费数量）；

（5）在论文撰写过程中提出建议、给予审阅和提供其他帮助的人员（但不宜发表对审稿人和编辑过分热情的感谢）。

说到这里……且慢！即使是表达感谢，但科技论文中对他人的致谢也通常需要投稿人获得被致谢人的书面许可。所有署名作者都要对论文负责。与署名作者不同的是，致谢中的被感谢者不对论文内容承担任何责任。

虽然科学界已经对何人才能在论文中署名，以及如何决定署名排序有了较充分的研究，但现实生活中，论文署名不当的问题还是屡屡发生。

图 5 是某网站上戏说论文排名的"潜规则"，虽然文字戏谑幽默，但反映的现象

却十分严肃写实。

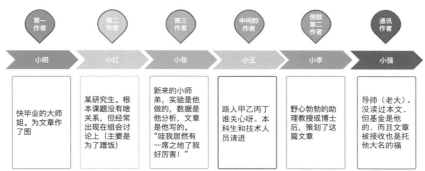

图5 论文排名的"潜规则"

在我国，全国政协委员、中国科学院物理研究所研究员聂玉昕于2007年已经指出，科研论文作假、署名混乱等现象普遍存在。他呼吁必须改革现行的以论文数量为主要指标的科研评估体系。

国家有关部门对科研成果署名不当及其所带来的负面影响也十分重视并积极出台有关政策纠正这些"潜规则"。例如，2019年国务院办公厅印发了《关于进一步弘扬科学家精神加强作风和学风建设的意见》（以下简称《意见》）。《意见》明确指出，要按照对科研成果的创造性贡献大小据实署名和排序，反对无实质学术贡献者挂名，导师、科研项目负责人不得在成果署名、知识产权归属等方面侵占学生、团队成员的合法权益。

第40号教育部令《高等学校预防与处理学术不端行为办法》中，也采用一般性概括与列举式规定相结合的表述方式详细界定了学术不端行为，并于2016年9月1日起施行。其中涉及署名的不端行为包括：未参加研究或创作而在研究成果、学术论文上署名，未经他人许可而不当使用他人署名，虚构合作者共同署名，或者多人共同完成研究而在成果中未注明他人工作、贡献。

2019年5月29日，国家新闻出版署正式发布我国首个针对学术不端行为的行业标准——《学术出版规范——期刊学术不端行为界定》（CY/T 174—2019）（以下简称《标准》），并于2019年7月1日正式实施。《标准》详细规定了不当署名的表现形式，包括：

（1）将对论文所涉及的研究有实质性贡献的人排除在作者名单外；

（2）未对论文所涉及的研究有实质性贡献的人在论文中署名；

（3）未经他人同意擅自将其列入作者名单；

（4）作者排序与其对论文的实际贡献不符；

（5）提供虚假的作者职称、单位、学历、研究经历等信息。

除国家主管部门的正式政策文件之外，科学共同体也早已就论文署名问题进行了殷切呼吁与自我监督，并对学术论文署名中的常见问题或错误给出了一些提醒，具体内容见表2。

表 2　学术论文署名中的常见问题或错误

> **《关于在学术论文署名中常见问题或错误的诚信提醒》**（中国科学院科研道德委员会 2018 年 4 月发布）
>
> 　　提醒一：论文署名不完整或者夹带署名。应遵循学术惯例和期刊要求，坚持对参与科研实践过程并做出实质性贡献的学者进行署名，反对进行荣誉性、馈赠性和利益交换性署名。
>
> 　　提醒二：论文署名排序不当。按照学术发表惯例或期刊要求，体现作者对论文贡献程度，由论文作者共同确定署名顺序。反对在同行评议后、论文发表前，任意修改署名顺序。部分学科领域不采取以贡献度确定署名排序的，从其规定。
>
> 　　提醒三：第一作者或通讯作者数量过多。应依据作者的实质性贡献进行署名，避免第一作者或通讯作者数量过多，在同行中产生歧义。
>
> 　　提醒四：冒用作者署名。在学者不知情的情况下，冒用其姓名作为署名作者。论文发表前应让每一位作者知情同意，每一位作者应对论文发表具有知情权，并认可论文的基本学术观点。
>
> 　　提醒五：未利用标注等手段，声明应该公开的相关利益冲突问题。应根据国际惯例和相关标准，提供利益冲突的公开声明。如资金资助来源和研究内容是否存在利益关联等。
>
> 　　提醒六：未充分使用志（致）谢方式表现其他参与科研工作人员的贡献，造成知识产权纠纷和科研道德纠纷。
>
> 　　提醒七：未正确署名所属机构。作者机构的署名应为论文工作主要完成机构的名称，反对因作者所属机构变化，而不恰当地使用变更后的机构名称。
>
> 　　提醒八：作者不使用其所属单位的联系方式作为自己的联系方式。不建议使用公众邮箱等社会通讯方式作为作者的联系方式。
>
> 　　提醒九：未引用重要文献。作者应全面系统了解本科研工作的前人工作基础和直接相关的重要文献，并确信对本领域代表性文献没有遗漏。
>
> 　　提醒十：在论文发表后，如果发现文章的缺陷或相关研究过程中有违背科研规范的行为，作者应主动声明更正或要求撤回稿件。

已经有如此多的部门和渠道对论文署名不当问题进行了详细界定，但是还是有一些学者或者导师不明其理，竟然不知署名不当，不仅属于违背科研道德规范，还涉嫌违反相关的法律（见表3）。

表3　署名不当涉嫌违反的法律

序号	法律	条款
1	《中华人民共和国著作权法》	第13条　两人以上合作创作的作品，著作权由合作作者共同享有。没有参加创作的人，不能成为合作作者 第47条　剽窃者应当承担停止侵害、消除影响、赔礼道歉、赔偿损失等民事侵权责任
2	《中华人民共和国刑法》	第217条　个人犯侵犯著作权罪，处3年以下有期徒刑或者拘役，并处或者单处罚金；违法所得数额巨大或者有其他特别严重情节的，处3年以上7年以下有期徒刑，并处罚金。《刑法》第220条规定，将对单位判处罚金，并对其直接负责的主管人员和其他直接责任人员，依照个人犯该罪的规定处罚

有了完善的规则和法律的约束，科研人员从观念上会更加自律。此外，科技的进步也可以帮助研究人员和资助者完成确认"贡献度"这项艰巨的任务。这些工具中就包括开放研究信息框架——OpenRIF。这是一个开源组织，致力于开发并促进可以帮助科学界连接和分类学术研究数据及其对研究贡献的基础实现，同时与其他计划（如 ORCID, SHARE 或 DataCite）相结合，为学术界创建一个更加透明的信息平台。

看来，该有的必须有，不该有的不能要，是到了正本清源的时候啦！

12. 摘要、结论分不清？那是因为结论的核心在此

　　小编曾接到过一些读者的反馈：专栏"科技期刊编辑部的故事"一期稿件《让你写摘要，你非得写成电视剧预告》中关于论文摘要的写作方法非常实用。现在我们对于如何写摘要已经是成竹在胸了，小编这里再展示一次"摘要写作万能模板"（见图 1）。但是问题又来了，万事俱备，只欠结论，这结论和摘要怎么长得这么像？如何才能写好论文的结论呢？

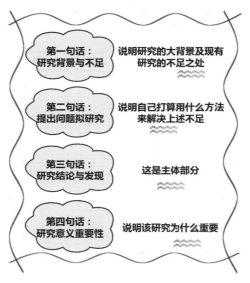

图 1　摘要写作万能模板

　　是啊，历经千辛万苦，一路从"C 位"题目到关键词，从摘要到署名，从正文到表格，连参考文献都刷得很整齐了，总算接近文章尾声，快要大功告成，然而此时却发现还有写结论的环节，甚至还有点小挑战。起初觉得这前因后果都已经说清楚了，写个结论还不简单，可写着写着，就好像又有些困惑了：这结论写起来，怎么看着跟摘要差不多呢？我们想要给论文来一个画龙点睛、锦上添花的结论，到底该如何写？毕竟"行百里者半九十"，结论毕竟影响着读者对论文的最后观感，我们要以鲜明的特征让读者印象深刻。

小编这里总结了几种常见的论文结论类型，希望能为各位读者写作时提供一些参考。

（1）分析综合型：对正文内容重点进行分析、概括，突出作者的观点。

（2）预示展望型：在正文论证的理论、观点基础上，将理论、观点的价值、意义、作用推导至未来，预见其生命力。

（3）事实对比型：对正文阐述的理论、观点，最后以事实做比较形成结论。

（4）解释说明型：对正文阐述的理论、观点做进一步说明，使作者阐发的理论、观点更加明朗。

（5）提出问题型：在对正文论证的理论、观点进行分析的基础上，提出与本研究结果有关的有待进一步解决的关键性问题。

既然结论的类型弄明白了，那么下一个问题就来了：结论一般应写多少字呢？通常情况下，结论的长度应占论文总字数的 5%~7%，具体的字数就取决于论文的篇幅了。

然而可能有读者又会问了：知道了摘要和结论在论文中的位置和类型特征，可还是有点分不清这两"兄弟"呀！好的，为了将这两位"兄弟"分得更清楚，小编这就在表 1 把他们放在一起，从逻辑架构、位置、作用等方面给读者们仔细对比看看，这样一来您可能一眼就能看出其中的差别了。

表 1　结论与摘要的对比

对比内容	结论	摘要
逻辑构架	重述今天（强调发现、问题与改进），展望明天（下一步工作）	涵盖昨天（背景），今天（结果），和明天（外延）
位置	论文末尾	论文前部
存在目的	强调发现；自爆局限、提出改进；展望未来；功利性降低的同时，学术性比重显著升高	投稿时，编辑判断与期刊是否相关；刊文后，读者判断是否与自己研究相关；数据库索引
整体效果	大结局的清晰度和可能的续集引子	体现从未知到已知的差距"诱惑"，表面成分较多，用于引起读者继续读下去的情绪
共同点	争取跳出数字和艰涩的知识，想要为更宽口径的科技提供建议	

学术论文结论的语言应严谨、精炼、准确、逻辑性强。凡归结一个认识、肯定或否定一个观点，都要有理有据，切忌使用捉摸不定、飘飘悠悠的语言，或者使用"爽言爽语"让人读起来不明所以；也不能用"大概""或许""可能是"等模糊词语。在写论文时，要时刻提醒自己，对论文理解最好的只有自己，所以如果希望论文能够更广泛且准确地传播，就要在写作时换位思考，更多考虑所选用的词句能否准确传达真实想法，且更多考虑别人的感受尤其是编辑和审稿人的感受。毕竟艰苦卓绝的论文主体写作过程都啃下来了，如果在写作结论时掉以轻心，使用含义模糊、确定性低的词语，导致读者对研究结果的真实性和科学性产生疑虑，那岂不是对前面洋洋洒洒下笔千言论文的通篇否定？罪过罪过呀！

在小编看来，每一篇文章都在同时做两件事：提出问题＋解决问题。所以，结论的写法，也可以按照这个思路层层推进，把握六个要点，就可以给论文结论"定乾坤"。这"六要点搞定论文结论"的结构长什么样呢？请看表2。

表 2　六要点搞定论文结论

序号	内　容
1	提出宏观问题，或者描述困难
2	给出解决上述问题的工具、方法
3	在专业范围讨论起因问题及解决方案
4	回到宏观说明：总结研究展示结果
5	给出解决宏观问题的可行方案及验证
6	给出这种方案产生的实际价值

怎么样，是不是清晰明了，看完也想立刻写一写结论试试看？小编还想多说一句，所有吸引读者的、故事性强的叙事载体，如小说、电影等，也都是对上述结构的天才应用。

可能会有读者认为上述理论太枯燥了，要求小编举个例子。好的，小编这就从《计算物理》发表的论文中随机抽选一篇论文的结论，作为例子加以分析。

论文题目：适用于等熵流动的交错拉氏 Godunov 方法。

结论共计五句话，每一句话都同时完成了内容和结构的功能。为了方便非计算物理专业的读者理解这其中的逻辑，这里简要解释一下该论文结构是如何应用上述结构。

第一句话：为解决等熵流动计算的过热问题，并同时保持精确的激波捕捉能力，发展了一种基于交错拉氏离散的 Godunov 方法，并通过数值实验进行检验。

这句话综合了第一步和第二步的内容：提出宏观问题（描述困难），并给出解题的工具和方法。一句话切入背景，提出表观问题"为解决等熵流动计算的过热问题，并同时保持精确的激波捕捉能力"；同时，给出解题工具和方法："发展了一种基于交错拉氏离散的 Godunov 方法"。

第二句话：由于动能耗散是造成内能增加或温度过热的主要原因，该方法通过将速度和热力学变量进行交错数据分布，避免了传统方法中单元内速度平均带来的动能耗散。

在专业范围讨论问题起因及解决方案——动能耗散是造成内能增加或温度过热的主要原因，并再次说明解决方案是如何实现的。

第三句话：为满足热力学关系式，将子网格边界黎曼求解器得到的人工粘性部分在求解稀疏流动时予以去除，而在求解激波问题时予以保留，从而在消除稀疏波计算中过热现象的同时，能保证与传统方法相同的激波捕捉能力。

回到宏观层面从"满足热力学关系式"的出发点，说明解决方案的做法，是在"求解稀疏流动时"和"求解激波问题时"分别采取去除或者保留"子网格边界黎曼求解器得到的人工粘性部分"的措施，实现"保证与传统方法相同的激波捕捉能力"，这是总括研究和展示结果的环节。

第四句话：数值实验结果与参考解符合较好。

简单的一句"符合较好"，说明了解决问题的可行方案及验证结果。

第五句话：该方法几乎能完全消除稀疏波的过热现象和多余的粘性；而在求解激波问题时，又能表现出良好的激波捕捉能力。

这句话给出了这种方案的效果和实际价值。在更宽泛的专业知识框架中，指出本论文为解决该问题的价值贡献"几乎能完全消除稀疏波的过热现象和多余的粘性"。

通过这样的实例分析，对于结论的写法，想必读者已经了如指掌了。当对着屏幕工作了几个小时，终于该写结论时，记得用好这些秘籍！

13. "文献综述"成"文献堆砌"了，怎么办

    说起文献综述，读者们朋友们心里长出了一口气：简单，那不就是网上下载几篇相关的研究，看一看摘一摘，梳理一下就可以了，有什么难的呢？这里小编还想透露一个秘密：在编辑们看来，文献综述是一件非常考验和体现论文作者学术功底的事情。火眼金睛的资深编辑一眼就能看出哪篇文献综述是刚入科研之门的同学写的，哪篇出自学术大咖之手。一看完文献综述，论文作者的科研能力和水平如何，编辑们心中自然已经有杆秤了。

    话说回来，大家伙儿可能也有这样的经历和印象：查阅文献综述时，经常看到的是对前人研究成果的罗列，而有见地思考与分析的是少之又少。所以面对科研圈中这样的窘境，有理想有追求的科学家们一定不会坐视不理的。

    在科学研究的道路上，伟大的前浪们总是甘为人梯，希望后浪站在巨人的肩膀上，乘风破浪、薪火相传。大部分科研入门者的文献综述，大多是基于对前人研究结果的系统梳理与总结后的分析，但这万万不是文献综述的重点。它的重点是要在总结前人研究结果后，得出作为点睛之笔的结论，即在前人已经做的工作中，发现不足之处，并找到新的突破点，找到未来在这一领域继续研究的新方向。是的！这才是重点！

    既然这么重要，那么怎样才能写好文献综述呢？小编准备了值得收藏的必备信息和写作思路，快来围观吧。

    先说说到哪里去找文献吧！对于读者朋友们这样的专业研究者而言，文献自然是来自于专业出版物，主要包括期刊、图书以及部分报纸的理论版等。表1列出的是常见的（但不仅限于）中英文数据库的信息，需要的读者们可以收藏了。

表 1　常见的中英文数据库

常见的中文数据库	常见的英文数据库
• 中国学术期刊网络出版总库（中国知网 CNKI） • 中国学术期刊数据库（万方数据，含期刊、学位论文、会议论文、科技报告、专利、成果等）	• Web of knowledge 平台（含 SCIE、SSCI、AHCI、INSPEC、BCI 等） • Elsevier Science Direct • Wiley-Blackwell • EBSCO 总平台（含 ASP、BSP、PsycInfo、PsycArticle、ERIC、Ebooks 等）

续表

常见的中文数据库	常见的英文数据库
• 维普中文科技期刊数据库 • 中国期刊全文数据库（世纪期刊） • 中国博士学位论文全文数据库 • 中国优秀硕士学位论文全文数据库 • 中国重要报纸全文数据库 • 中国重要会议论文全文数据库 • 中国图书全文数据库 • 读秀学术搜索 • 超星数字图书馆 • 中国高等教育文献保障系统 • 百链数据库 • 中国人民大学复印报刊资料	• SpringerLink Journals • JSTOR • Nature 全文数据库 • Science online • SpringerLink Books • Reaxys • ERIC • ProQuest 学位论文全文库 • Oxford Journals • Cambridge Journals • Royal Society of Chemistry（RSC，英国皇家化学学会） • American Chemical Society（ACS，美国化工学会期刊库） • ASME（美国机械工程师学会全文数据库） • Highwire · Pubmed　Wiley　Springer · Reaxys　Scifinder　Kluwer · Proquest　Embase　ScienceDirect · ISI Web of Knowledge　Highwire　Jstor · Karger　ACS　NetLibrary　OVID　AIP · IEEE/IEE　EI Village　SAGE · ACM（Association for Computing Machinery） · MathSciNet　Westlaw　LexisNexis · Heinonline　Taylor & Francis　BMJ　万方医学网　百度文库账号 · CELL PRESS　Emerald　thieme · AIP 美国地球联合会全文期刊数据库 · AGU 美国地球物理学会全文数据库 · APS 美国物理学会全文数据库 · IOP 英国物理学会全文数据库 · SIAM 工业和应用数学学会电子期刊数据库

上述每一个数据库都有自己专属的特色，这些特色既有可能体现在学科或主题上，也有可能体现在文献年代上。大家可以根据不同数据库文献的特色，选择能够有效服务自己研究领域或主题的特定数据库。

有了这些数据库，仅仅表明找到了蕴含所需文献的"矿山"，但矿藏究竟在哪个具体位置，**还需要进一步借助搜索工具来确定**。在电子资源数据库中，一般都提供多种形式的检索方式，如"主题""篇名""关键词""作者""单位"等。任何一种检索方式都可以帮助你找到想要的文献或论文，究竟使用哪种检索方式，取决于你的检索需要或使用习惯。**一般而言，"主题"和"关键词"是人们最常使用的检索方式**，因为使用这两种检索方式可以搜索到尽可能多的与你研究领域或主题相关的论文。**使用"关键词"检索方式的另一个优势在于所检索到的论文精准度相对较高，因为每篇论文在发表时都标有关键词**。像类似"作者"这样的检索方式的使用机会就很有限，除非我们事先就知道谁在该领域发表过论文，但往往很多时候我们是根本不知道的。**为此，关键词的选择或确定就成为有效检索时必须要做好的一项工作**。

精挑细选之后，大家伙儿可能还是惊呆了：足足有上百篇文章，这可让我怎么看呢？小编建议优先查阅被列入有一定影响力的引文索引库中的期刊，再依据所研究的主题缩小论文发表的时间，如近五年之内或三年之内，因为通常情况下后续的研究往往会覆盖并反映之前的研究成果，当然了，对于文中综述部分经常提及的几篇文章，那是一定要细细研究一番了！

再接下来，就是一段时间的沉默。"沉默呵！沉默呵！不在沉默中爆发，就在沉默中灭亡。"多数情况"才高八斗、学富五车"的科学家们经历了显性知识到隐性知识的创造性内化之后，就会再经历从隐性知识到显性知识的再创造外化过程，然后就是"会当凌绝顶，一览众山小"的至臻境界，关于该研究领域的研究现状在脑海中清晰呈现，下笔如有神，欣欣然一气呵成。

当一段井然有序的综合分析跃然纸上时，作者们的成就感都是满满的：本人对于所研究领域目前各类学术观点了如指掌，对于现阶段取得的研究成果如数家珍，对于我国研究水平在全球的状况心中有数，对于目前存在的问题及可能的原因洞察深刻，对于发展动态和前景高瞻远瞩，更有一番真知灼见。在对综合整理后的文献进行专门、全面、深入、系统的论述和相应的评价后，还形成了科研工作的清晰思路。

哇，这真让小编"不明觉厉"，钦佩之情油然而生！

14. 论文致谢，曾经有一个机会摆在我面前

"等我的实验做好了，发了影响因子为 10 的论文，我就买房和你结婚"，他暖暖地说。听完后，她心里拔凉拔凉的！她想，这大概是最婉转的分手了。

——2017 年最佳微型小说提名奖

看完这则微小说，科研"扫地僧"们是不是纷纷露出了悲伤的笑容？毕竟，对于大多数科研人员来说，发个影响因子为 10 的文章那是比登天还难啊。发影响因子为 10 的论文太难，但是在论文致谢里求个婚定下终身，还真不是稀罕的事儿。

这不，2018 年中国小伙儿 Rui Long 在他以第一作者身份发表在期刊 *Physica A* 的论文 *Performance analysis for minimally nonlinear irreversible refrigerators at finite cooling power* 的致谢部分，向相恋多年的女友求婚（见图 1），引发了网友的一阵羡慕嫉妒：谁说理工男都不浪漫？这浪漫起来也太甜了吧！在论文里求婚永久存档，后人查阅，谁都知道我爱你。

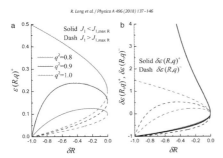

Fig. 6. The upper bound for coefficient of performance (a) and the bounds for relative gain in coefficient of performance (b) at any arbitrary cooling powe with different coupling strengths. The Carnot coefficient of performance is 0.5.

Acknowledgments

We acknowledge the support received from the National Natural Science Foundation of China (51706076, 51736004). In addition, Rui Long wants to thank, in particular, the patience, care and support from Panpan Mao over the passed years. Will you marry me?

图 1 致谢部分求婚

那这则浪漫的论文致谢究竟是怎样的呢？让我们来围观一下吧！原文致谢（acknowledgments）部分是这样的：We acknowledge the support received from the National Natural Science Foundation of China (51706076, 51736004). In addition, Rui Long wants to thank, in particular, the patience, care and support from Panpan Mao over the passed years. Will you marry me?（感谢中国国家自然科学基金项目（51706076, 51736004）的资助。此外，Rui Long 在此特别感谢 Panpan Mao 在过去的几年里对我的包容、关心和支持。你愿意嫁给我吗？）

凝结了无数心血而写成的论文，在致谢部分小小放飞自我一下，感谢相伴多年、坚定支持的恋人（顺便求婚），自然是极好的。不过可能读者们要问了：除了求婚，论文致谢还能有哪些玩法呢？多年前，曾经一条"医学生论文致谢林俊杰"的话题被推上热搜，引发热议。《你在毕业论文里致谢了谁》之类的文章在知乎和"募格学术"等公众号上也成为热帖。虽然审稿人可能根本来不及看致谢的内容，但是大多数学术论文的致谢部分除了科研项目的资助方作为必须出现的内容，其他方面的内容也是丰富多彩的：有感谢指导教师和导师多年栽培的；也有感谢研究团队的，特别是若一位硕士研究生的毕业论文是在其他博士研究生的帮助下完成的，对研究团队的致谢往往会出现；还有感谢实验室工作人员或在研究项目过程中承担部分次要工作的学生的；也有感谢管理人员（文章提交过程中会遇到很多管理人员）、帮助过作者的审阅人以及任何合作过的企业和共事过的朋友、同事、家人；等等。

当我们浏览一篇学术论文时，如果需要查看一下参考文献的内容，通常也会顺便看一眼致谢。既然致谢的写法五花八门，那么小编就有点好奇了：致谢这部分的写法上究竟有什么要求和特点呢？是否有人专门研究一下呢？小编动了动手指，还真的查到了两篇文章，如表 1 所示。

表 1　研究致谢部分写法的论文

作者	时间	期刊	题目
Ken Hyland 和 Polly Tse	2004	*International Journal of Applied Linguistics*	"I would like to thank my supervisor". Acknowledgements in graduate dissertations（我要感谢我的指导者。毕业生学位论文的致谢）
Paul-Hus A	2019	*PLOS ONE*	Acknowledgements are not just thank you notes: A qualitative analysis of acknowledgements content in scientific articles and reviews published in 2015（致谢可不仅仅是感谢信：对 2015 年发表的科学文章和评论中的确认内容进行定性分析）

研究人员通过对 240 篇硕士学位、博士学位论文以及原始语料库中总共 1009411 篇论文的致谢进行研究，得到了一些有意思的结果：约 90% 的学位论文结尾有致谢

部分，约 67.1% 的科技论文有致谢部分；按学科分类，生物类的文章致谢部分最多，约占 83.6%。此外，科技论文中的致谢还挺复杂的，一部分涉及财务报表、利益冲突、免责声明、道德规范以及有关人员的贡献，还有一部分涉及个人的"私人空间"，让作者可以以自己的名义，就他们认为值得一提的问题发表自己的看法。"分析""收集""决定""设计""解释""准备"和"写作"这些词为通用词汇，各个类型的致谢都可以使用。

研究显示，在过去的几十年里，致谢已经成为"科技论文的组成部分"。不过致谢并不是一篇科技论文的强制性部分，其内容也随着时间的推移而演变。致谢部分或许是科研论文中最容易撰写的，毕竟身为作者的你一定知道谁帮助了你、提供了什么帮助。

当然了，也有许多人认为致谢部分无关紧要。然而在中国这样的礼仪之邦，常怀感恩之心、更多得看到别人的优点可以让人感到更加满足与快乐；此外，在感谢他人的同时，作者也可以帮助他人提高他在学术界的知名度，并使自己和他人的学术生涯同时受益。既然致谢是一件如此让自己、让他人都能收获美好与快乐的事情，那么为什么不致谢一下呢？

话虽如此，等到落笔时却发现写好致谢并不是那么简单。在撰写致谢时，依然有不少注意事项和写作规范。

在注意事项方面，提笔写作时要注意以下两点。

（1）确认符合期刊的投稿须知要求；

（2）符合基金资助单位的要求。

在写作规范方面，小编建议作者们注意以下三个方面。

（1）致谢内容和致谢词要征得被致谢人和被致谢单位的同意，因为他们对自己参与的工作部分是有社会责任的。

（2）致谢内容应表述清晰，实事求是，既不要任意取舍也不要夸张渲染，更不要为装点门面而强拉名人助威，更不应该成为资助单位的宣传广告。

（3）致谢用词要简短、真诚、恳切礼貌，通常仅用较少的语句表达，并不需要对被致谢的人和单位做详细介绍。

看到这里，估计有读者已经迫不及待地想提问了："致谢部分查重吗？"利用目前国内的查重软件查重论文时，致谢部分也是要进入数据库查重的。这就是为什么学校说，"学位论文抄袭'最严重'的部分就是致谢"。不能怪学校老师痛心疾首：许多论文的致谢部分竟是从师哥师姐论文里几乎原封不动抄过来的，错别字抄了也罢，连别人的亲朋好友都一起抄了过来！

与科技论文的审稿方式不同，对于学位论文，有的论文评阅专家表示，翻开学位论文，一般先看致谢部分，如果发现对导师虚夸吹捧、歌功颂德，满篇都是过誉之辞，就要特别注意这篇文章的绪论是否有不实之处。毕竟，以小见大、一叶知秋，致谢部分都如此浮夸不实，论文其他部分难免会有失真之处啦！那么看来，论文的致谢部分，还是能看出很多信息的。子曰："巧言令色，鲜矣仁。"不多说了，您懂得！

致谢作为一个常常被人忽视的部分，往往还藏着一些作者想说但又不能直说的"彩蛋"。大多时候，不论是对虚拟人物的感谢、还是自己所养宠物的致谢，论文的致谢部分可能都包含诚挚的感谢。但是有时，在致谢背后也悄悄藏着作者对编辑、审稿人、基金委员会、导师甚至实验室成员的吐槽！不过，这类致谢中，当作者以戏谑口吻说出"槽点"之后，往往也跟着有趣的"彩蛋"。这里，小编给大家收集了一些有趣的论文致谢。

案例一，对基金委员会的吐槽。"我感谢美国国家科学基金委定期拒绝我真诚地关于实践工作的申请，从而迫使我转行进入理论工作。"作者吐槽基金委不给予支持，只能转向理论研究。不过，这转行却也转出来了惊喜，这篇理论研究的文章，被引用了 2500 多次！

案例二，对虚构人物的感谢。"我们感谢乔恩·弗鲁姆（Jon Frum）在论文写作时给予的灵感"

注：乔恩·弗鲁姆是一个邪教人物，自然不会对论文有啥贡献啦，这就是作者的恶作剧！乔恩·弗鲁姆的介绍见维基百科。

案例三，对歌手或乐队的感谢。"我们感谢 Slayer 不断的建议和启发。""感谢歌手林俊杰，在过去十年里，林俊杰的歌曲给了我强大的精神支持。"（见图 2）。

注：Slayer 是美国著名的激流金属乐队。

> Thus, more research is needed on the cell signaling pathways of autophagy that is generated by TBP-2. More-over, the fact that TBP-2 acts as an antitumor gene and a facilitator of cell death could be utilized to develop novel strategies for the treatment of cancer and diabetes.
>
> **Conflicts of Interest**
>
> The authors declare that there is no conflict of interest regarding the publication of this paper.
>
> **Acknowledgments**
>
> This work was supported by the National Natural Science Foundation of China (Grant nos. 81470612 and 81670832). In addition, Jianghua Hu especially wishes to thank JJ Lin, whose songs have given her powerful spiritual support over the past decade.

图 2　论文致谢歌手

案例四，对宠物的感谢。"真诚地感谢莫·格雷戈里（Moe Gregory）提供了血液样本。"这里的莫·格雷戈里是作者养的宠物。不过这不算啥，要知道宠物猫在期刊 *Physical Review Letters* 都是发过文章的！（详见《搞科研干吗一定要那么正经？减压必读》一文）

案例五，对同行们和家人们的嘲讽。"我们要感谢卡拉米勒某个早晨睡迟了，这让蒂姆和史蒂夫有些无聊。"还有感谢人早晨睡懒觉的这种操作吗？ "我们不感谢蒂埃里·阿普尔肖（Thierry Appourchaux）的无用的、非常齿蔷的评论。"一言不合就开撕，科研人果真真性情啊！ "感谢我的妻子和两个孩子，若不是他们，我的这篇论文应该在 2 年之前就发表了。"敢这么写，胆子有点大哦！

案例六，那些被科研耽误的诗人作家也会借此机会抒发情感。"子在川上曰：'逝者如斯夫，不舍昼夜。'自吾去蜀入秦，凡五年矣。昔之来者，翩翩素衣，白马银鞍，谈笑无忌。今将去也，堪堪而立，褐面黄须，肱股生腴。不得少瑜之梦笔，唯学祖狄而闻鸡。心高气傲以格钛二铝铌之物，智短才疏稍致材料加工之知。为此浅陋之文，以资博士之谋，诚不胜惶恐也。"

怎么样，读到这里，是不是也想给您的文章写一个天马行空的天才论文致谢啦？

论文的致谢部分确实是一个可以展示才华的地方，那些被科研耽误的诗人、歌手和文学家们可以尽情地在这里发挥自己的才华；有男朋友或女朋友的科研工作者们也可以花式秀恩爱！但是，这一切都有个前提，那就是要先把文章写好哦！

15. 引用不规范，撤稿两行泪！编辑"喊"你关注参考文献

小编悄悄告诉你，要不是在《计算物理》编辑部工作，小编应该和您的想法差不多：稿件正文终于搞定了，参考文献随便列举几篇，"差不多"就行了！非也，非也，在编辑们眼中，参考文献是论文的重要组成部分，同时也是衡量论文质量的重要标准之一。业内传闻"有些参考文献一看就不行！参考文献都不行，还指望这论文写得有多好，那是绝对不可能发生的奇迹！"引用不规范，撤稿两行泪！你说不"喊"你关注参考文献能行吗？

接下来，小编就要告诉你几个必须知道的秘密，一定要好好阅读哦！

（1）国家标准

是的，您没看错，参考文献著录规则是有专门的国家标准的！2015 年 5 月 15日国家质检总局和标准化管理委员会联合发布了 GB/T7714—2015 号国家标准，明确规定参考文献著录项目、顺序、符号、文字以及在正文中的标注法。看到此处，有心的读者们已经默默地记下了国家标准的编号，赶紧去查阅了。

（2）典型特征

什么样的参考文献是编辑们眼里可靠的参考文献呢？您只需记住表 1 中的这四个特征：全面性、权威性、即时性和针对性。

表 1　参考文献的四个特征

序号	特征名称	要求	错误做法
1	全面性	尽量的大数据采样	只选择非典型代表性的几篇，或者建立在偏颇数据基础之上的文章是不会有创新性的，甚至观点都是偏颇的
2	权威性	各行各业都有标准，尽量选择 CSSCI 上面的文章吧	未援引一些经典类文献，会被质疑：经典文献都没有，你这文章怎么保证观点是正确的呢

续表

序号	特征名称	要求	错误做法
3	即时性	文献应包含最新的研究成果	只参考了十年前的文献，领域内最新进展一个都没有，基本上可以被编辑归入初筛退稿范围了
4	针对性	应当与论文的核心关键字有直接关联	故意把一些与论文主题关系不大或无关的文献作为参考文献，以装饰门面的行为是"滥引"

（3）常见不当行为

那么，在引用参考文献时，有哪些不当行为呢？表2中的内容是专业人士归纳整理的参考文献引用不当行为的分类大全，一起来看看吧！

表2　常见的参考文献引用不当行为的分类

序号	名称	定义	说明
1	诱引	指为了某种目的，诱导或迫使作者在论文中引用特定或某一范围内文献的行为	分为期刊编辑部诱引和审稿人诱引两类。因引用的动机和目的不纯，诱引是学术界和期刊界的一种造假行为，属于学术不端行为范畴
2	匿引	论文中采纳了他人的论述，吸收和利用了他人的研究成果，却故意不将其作为参考文献列出的行为	是文献计量学中漏引（或暗引）的一种行为，反映了作者的科学态度欠严谨和不诚实，对他人研究成果不尊重，破坏了学术研究的道德规范，且违反了《著作权法》
3	转引	指作者没有亲自查阅某些原始文献，而直接从其他参考文献表中转录这些文献的行为	反映了作者对科研的敷衍态度和对文献引用的不负责任，是一种学术偷懒行为。转引是一种危害严重的学术不端行为，理应受到谴责和制止
4	滥引	指故意把一些与论文主题关系不大或无关的文献作为参考文献，以装饰门面的行为	以装饰论文门面为目的，无视相关性，堆砌参考文献是典型的滥引行为
5	崇引	为了某些需要(如抬高自己论文的地位和学术水平，或使论文易于发表)而故意引用或仅引用名人或名刊资料的行为	为了提高自我学术影响力，不顾客观实际，名人崇拜的表现，也是产生诱引行为和影响因子严重失真的根本原因

续表

序号	名称	定义	说明
6	曲引	指根据自己论点的需要,对他人观点断章取义,进行不公正的引用或歪曲性评价的行为	伪造、歪曲他人观点的行为,不仅直接造成引文误差,而且违反了《著作权法》中"保护作品不受歪曲、篡改的权利"的规定,是一种严重的学术不端行为

（4）事关重大

事关重大？这事到底有多大呢？小编请您一定仔细阅读这段内容。

参考文献确实事关重大,它不仅反映了您的写作态度和素养,还透露出所写论文的科学性和严谨性,体现了您的学术研究水平,以及承认、尊重他人研究成果及著作权的科学态度与学术品质。您说,规范引用参考文献的意义重大不重大呢？如果您觉得这些都是无关痛痒的"软"性意义,那**事关出版伦理和学术道德**就真**的不容含糊**了。这方面,编辑们见的惨痛例子不算少,所以对待参考文献也越来越敬畏。没有最谨慎,只有更谨慎。

小编再次提醒您,参考文献标注时,如遇表 3 中的四种情况,一定要注明出处哦。这些坑,千万别踩。

表 3 务必注明出处的四种情况

（1）引用文献资料
（2）借用他人的思想、概念、结果和结论
（3）总结和改写他人的著作
（4）直接拷贝自己已经发表的论文内容

上述情况如果未注明出处,就直接跨入了剽窃（plagiarism）的范畴！特别不要忽略第 4 点,因为抄袭自己的论文内容也算抄袭啊,这属于自我剽窃！一旦论文公开发表后再被别人举报出来上述行为,那就可能会被认定为"剽窃"行为。按照国际出版伦理委员会（COPE）的相关规则,一旦发生剽窃行为,期刊是要针对问题文章做出**撤稿**处理的,后果很严重！

看到这里,"参考文献事关重大"这句话在您看来已经不是噱头了吧？最后,还是一句大实话:要想顺利发表您的论文,编辑们所关心的,您也一定要关心哦！相信您也觉得这话很有道理。

16. 学术江湖走，拒稿常常有：是不是从来没人告诉过你，论文被拒了怎么办

科技工作者们应该都有体会，科技论文的发表之路常常不是一帆风顺的，而是充满了坎坷与打击，稿件被拒更是家常便饭了。那么被拒稿后，到底要怎么做呢？

作者吕西·泰勒（Lucy Taylor）以 *"Three ways to turn the page after your first paper rejection"*（在你的第一篇论文被拒后，三种方法翻篇）为标题在 2020 年 4 月 28 日的《自然》期刊职业版块发文分享了自己被拒稿后的做法。遇到这种情况，他的建议是：Try boosting your mood and self-esteem by listing your strengths and things you are grateful for, or reviewing your small accomplishment（试着通过列出你的优点和你感激的事情，或者回顾你的小成就来提升你的情绪和自尊）。这也就是鼓励我们要"愈催愈坚"，练就强大的心智，坚信"我命由我不由天，是魔是仙，我自己说了算！"

您可能要说了，我们理解作者的用心，不过这说法也太幼稚了，从小说到大的话，听着真没新意，真把我们都当成小孩子了。且慢，咱们搞科研的用数据说话，用数据证明吕西·泰勒的经验是对还是不对！小编这厢就为您备上：据统计，世界上绝大多数的人都处在焦虑之中，在投稿这条路上，得意者不超过 5%。剩下 95% 的人里，有 90% 的人在自怨自艾后放弃。如果您选择了投稿悲剧后失意但却继续前进，那您就肯定属于"决定挣扎绝不退缩"的那一类，就属于少数的 10% 啦，小编真的佩服！这不，您已经都超过了 90% 的人，还有什么可悲伤的呢？您要做的是"拍拍身上的灰尘，振作疲惫的精神"，哭一会儿就得了，哭完还要接着去做！世界上怕就怕坚持二字，一旦坚持下去，基本上没什么是干不了的。

怎么，您对此还有疑惑？小编马上摆事实。

案例 1

2011 年诺贝尔化学奖授予以色列材料科学家丹尼尔·舍特曼（Daniel Shechtman），以表彰他对准晶（quasicrystals）的发现。他在 1982 年发现了准晶这一奇特现象，这在当时引起了极大争议。他所在实验室的老板非常反感这种"离经叛道"

的"假说"，舍特曼因此被迫离开所在的研究组回到老家以色列。然而舍特曼属于绝不退缩的那类人，他不甘于同行的漠视，也对自己的新发现充满信心，于是就将这"自命不凡"的发现精心准备了一篇论文，投稿给 *Journal of Applied Physics*，结果却很利索地被拒稿了。但他还是不甘心，又将文章转投给了 *Physical Review Letters*，这次终于有贵人"慧眼识珠"，文章顺利被接收并发表。有了期刊 *Physical Review Letters* 的接收发表，舍特曼的重要发现看似盼来出头之日，不曾想还是被同领域的权威——诺贝尔化学奖获得者莱纳斯·鲍林（Linus Pauling）公开斥责："简直胡扯！没有准晶，只有准科学家！"

不过舍特曼坚信，时间可以证明一切，那就让子弹多飞一会儿吧。果然，随着时间的推移，越来越多的实验证实准晶确实存在。舍特曼虽然很委屈地感慨"当我告诉人们，我发现了准晶体的时候，所有人都取笑我"，但是他的坚持还是帮助他幸运地成为了那个笑到最后的人。

案例 2

2010 年英国两位物理学家安德烈·海姆（Andre Geim）和康斯坦丁·诺沃肖洛夫（Konstantin Novoselov），凭借对石墨烯（graphene）研究的贡献摘得诺贝尔物理学奖桂冠。然而 2003 年，当他们将该研究成果投稿至 *Nature* 期刊时，却被审稿人提出了一大堆问题，并惨遭拒稿。这两位科学家也属于绝不退缩、意志坚强的"战士"，被拒稿丝毫没有影响情绪，更不能阻止他们前进的脚步，立刻将文章转投至 *Science* 期刊。这次又遇贵人"慧眼识珠"，文章迅速被接收并发表。文章一经刊出，"石墨烯"横空出世，石破天惊，仅仅 6 年后，诺贝尔物理学奖就眷顾了这项有趣且极具应用前景的科学发现。

至今，诺沃肖洛夫想起那次拒稿经历仍然耿耿于怀："文章被拒了，我实在难以理解啊！审稿人称研究结果有趣，但需要我们补充这样、那样、其他样的各种研究内容才可以考虑发表。到现在几年时间都已过了，评审人最初提出的那些要求我们还是根本无法完成啊！"看来，即使是能拿诺贝尔奖的成果，也要经受这样曲折而委屈的"被嫌弃"的经历啊！

案例 3

1937 年，德国科学家汉斯·克雷布斯（Hans Krebs）在英国谢菲尔德大学（University

of Sheffield）发现了"柠檬酸循环"，这对生物新陈代谢研究具有重要的指导意义和推动作用。他先将成果投给 *Nature* 期刊，和前两个案例一样，也惨遭无情拒稿。和前两个案例的主人公一样，克雷布斯也属于绝不退缩的那类人，他想总会有人"慧眼识珠"的，拒稿的人只是"不识货"，他相信专业人士会看到这项发现的价值所在。于是，他选择了将文章转投给荷兰的一个生物领域内专业期刊 *Enzymologia*，果不其然，文章顺利发表。1953 年，克雷布斯凭借这一重要贡献获得诺贝尔生理学医学奖。据说前几年，有位 *Nature* 期刊的编辑也谈及此事，说道："对克雷布斯诺贝尔奖论文的拒绝，是 *Nature* 期刊发展历史上的一个重大失误。"

西班牙物理学家胡安·米格尔·坎帕纳里奥（Juan Miguel Campanario）曾整理了一份曾拒稿诺贝尔奖成果的期刊名单[1]，这些期刊曾拒绝发表了 19 位未来诺贝尔奖获得者的论文。其实这 19 个期刊只是"批评打击天团"里的沧海一粟，这些诺贝尔奖获得者还有更多、被同行拒绝的经历，而他们，面对这些拒绝却一一坚持了过来。

小编心想，这么看来，即便是一项真正有创见的研究工作，重要到可以获得诺贝尔奖的论文，也难免有被错杀的命运。那么推及更普遍的研究工作、更广泛的学术期刊，更是难免遭遇不恰当评审的经历。这样的故事，在过去、现在、将来都曾经、正在，或即将在整个科学出版世界中轮番上演，大概就是"历史不会简单地重复，但总是压着相同的韵脚"之意吧！

看到这里，您的心情是不是已经没那么沮丧了？还不振奋精神，给自己注满信心和希望！哦，都好了！那还不快干活去！

---

[1] Campanario, J M. Rejecting and resisting Nobel class discoveries: accounts by Nobel Laureates[J]. Sciento metrics, 2009, 81(2): 549-565.

三、科学研究篇

对于科研"萌新"们来说，他们心中的科研生活是怎样的？

对于科研"大佬"们来说，他们心中的科研工作又是怎样的？

科研会不会很苦、很枯燥？还是说科研其实很酷、很有趣？

好的科研品位是怎样的？

我该如何进行时间管理才能提升科研工作效率？

如何面对让人又爱又恨的截止日期？

该如何保持自己的科研直觉与灵感呢？

学术报告与答辩中，如何才能从容应对、谈笑风生？

为了搞好科研，大佬们到底有什么"武林秘籍"？

对这些问题你好奇吗？也许，科学研究篇就可以解答你心中的这些疑问。

1. 曾经充满奇思妙想的我哪里去了

当一层又一层的新风景映入眼帘，当一个又一个的新发明给生活带来便利，当山洞不复存在，原始人从自己内心的山洞——那个对世界保守而停滞的认知中解脱出来的时候，他们领悟到一个观念：突破过去的束缚，创新才是真正的出路！这就是《疯狂原始人》带给孩子们的启迪，当然了，也包括正在用心陪孩子看动画片的我们。

确实如此啊，创新才是真正的出路！纵观科技发展脉络，我们看到，科技改变着我们生活的轨迹，科技正将"天涯"变成"比邻"，一幅关于"诗"和"远方"的美丽画卷已描摹成形。

"创新是一个民族进步的灵魂，是一个国家兴旺发达的不竭动力，也是中华民族最深沉的民族禀赋""在激烈的国际竞争中，唯创新者进，唯创新者强，唯创新者胜"。然而随着年龄的增长，大家却发现，当我们最需要创新的时候，那个曾经满脑子充满奇思妙想的自己竟然不知道哪里去了，眼前的这个思维僵化、才思枯竭的人究竟是谁？我的灵感是被时间偷走了吗？

千万不要着急！这种情况是我们人类共同面临的困境，也早已引起科学家们的关注。其中，卡尼曼（D. Kahneman）教授的研究结果就格外令人兴致盎然。作为一名心理学家，卡尼曼因"把心理学研究和经济学研究结合在一起，特别是与在不确定状况下的决策制定有关的研究"荣获了2002年度的诺贝尔经济学奖。卡尼曼在其著作《思考，慢与快》中，为我们解开了随着时间流逝奇思妙想不翼而飞的谜团。他在书中指出，人的大脑里有"快"与"慢"两个思考系统，系统1是快思考系统，类似于本能的第一反应；系统2是慢思考系统，类似于冷静的理性思考。常用的、无意识的系统1依赖本能、情感、记忆和经验迅速作出判断，它见闻广博，使我们能够迅速对眼前的情况作出反应。但系统1也很容易上当，它固守"眼见即为事实"的原则，任由损失厌恶和乐观偏见之类的错觉引导我们作出错误的选择。有意识的系统2则通过调动注意力来分析和解决问题，并作出决定。它比较慢，不容易出错，但它很懒惰，经常走捷径直接采纳系统1的直觉型判断结果。

进化导致了这两个系统的产生。小伙伴推理启动一下：在远古时代，人类总会遇到许多突如其来的风险,比如猛兽、天灾,这种时候还要慢慢思考,大概就活不下来了。这就导致人类进化出系统 1,依靠直觉快速决策从而存活下来。但是活下来只是第一步,"怎么活"也得想清楚不是?快速的思维系统 1 解决不了这个问题,那就得求助于慢的思维系统 2。可是"怎么活"这个问题实在是太复杂了,在系统 2 深思熟虑的运转过程中,常常运转着运转着,就懒惰怠工,甚至罢工了。

这就是我们思维系统中的内在矛盾。系统 1 运作迅速且自动运行,系统 2 运行缓慢却很慎重,能让我们改正系统 1 产生的错误。但人脑毕竟不是机器,人类进化至今,对于系统 1 和系统 2 的切换与配合其实还不太熟练,不知道在什么时候用什么系统去解决问题。

那么,如何才能让思维系统 1 与系统 2 的配合更有效,让我们思如泉涌、持续冒出奇思妙想呢?在此,小编想和各位小伙伴分享一句卓别林说过的话:"和拉提琴或弹钢琴相似,思考也是需要每天练习的。"要想成为具有创新精神和持续创新能力的科技工作者,我们可以以下面的方式训练我们的创新思维。

首先,让我们看看这条创新扩散曲线(见图 1)。根据该曲线,人们在试用新产品的态度上有明显的差别。每一产品领域都有一小部分先驱和早期使用者,在他们之后,越来越多的消费者才开始使用该创新产品,产品销售也随之达到高峰;当不使用该产品的消费者所剩无几时,销售额开始降低。这个曲线分布对于创新思维和新理念的接纳也是同样适用的。读者朋友们可以对号看看自己在接纳新理念、吸收新思想方面处于哪个分区哦!

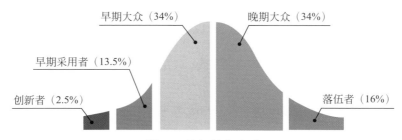

图 1 创新扩散曲线

创新思维是以新颖独创的方法解决问题的思维过程,通过这种思维,我们能够突破常规思维的界限,以超常规甚至反常规的方法、视角去思考问题,提出与众不同的解决方案,从而产生新颖的、独到的、有社会意义的思维成果。**创新思维是在一般思维的基础上发展起来的,那么,它可以后天培养吗?** 对于痴迷科研的读者们可以想象一下，通过对几十年来数百万计的专利文献加以搜索、整理、研究，是否可能建立起一整套系统化、实用的解决发明问题的理论方法呢？

苏联发明家、教育家阿奇舒勒（G.S.Altshuller）就是这样充满好奇心的年轻人，他从小就喜欢拆家具、家电，放在今天堪比"哈士奇"。拆多了，发明专利也多了，阿奇舒勒突然觉得这些发明的过程是有一定规律的。于是，他和他的研究团队在分析大量（至于这个"大量"到底有多大，有一种说法是 4 万份，还有一种说法是 5 万份，遗憾的是并没有参考文献可以佐证这些说法）专利文献的基础上研究开发了"发明家式的解决任务理论"（TRIZ）来专门应对创新思维训练，国内将其形象地翻译为"萃智"或者"萃思"，取其"萃取智慧"或"萃取思考"之义。

如今 TRIZ 已经得到技术界的广泛认可，诸多公司大量采用 TRIZ 破解技术难题，不断实现技术突破。波音公司曾用 TRIZ 解决了波音飞机空中加油的关键技术问题，为公司赢得了几亿美元的订单。在德国，西门子、奔驰、宝马等著名公司都采用了该理论，并有专门的机构及人员负责该理论的培训和应用，如图 2 所示。

创始人：阿奇舒勒

图 2　TRIZ 的创始人和它的应用

当然了，TRIZ 并不能发明创造新的东西，只是换了一种看问题的角度而已。切记，不可什么课题都用 TRIZ 来解决。

在小编看来，TRIZ 更多的是一种思想或者方法，可以帮助我们有效地打破思维定式，扩展创新思维能力，同时又提供了科学的问题分析方法，保证我们按照合理的途径寻求问题的创新性解决办法。图 3 展示了 TRIZ 所涉及的 40 个原理。

No.1	分割	No.11	预先应急措施	No.21	紧急行动	No.31	多孔材料
No.2	抽取	No.12	等势性	No.22	变害为利	No.32	改变颜色
No.3	局部质量	No.13	逆向思维	No.23	反馈	No.33	同质性
No.4	非对称	No.14	曲面化	No.24	中介物	No.34	抛弃与修复
No.5	合并	No.15	动态化	No.25	自服务	No.35	参数变化
No.6	多用性	No.16	不足或超额行动	No.26	复制	No.36	相变
No.7	套装	No.17	维数变化	No.27	廉价替代品	No.37	热膨胀
No.8	重量补偿	No.18	振动	No.28	机械系统的替代	No.38	加速强氧化
No.9	增加反作用	No.19	周期性动作	No.29	气动与液压结构	No.39	惰性环境
No.10	预操作	No.20	有效运动的连续性	No.30	柔性壳体或薄膜	No.40	复合材料

图 3　TRIZ 所涉及的 40 个原理

您看到的这 40 个原理，是不是有一种似曾相识的感觉，好像我们都经常用到，只是没有去总结而已？如果读者们有兴趣，在以后的学习工作和生活中遇到需要解决的创新问题时，可以找出这 40 个发明原理，有针对性地使用，说不定会有意想不到的惊喜。

创新无止境，创新方法研究亦无止境。习近平总书记在科学家座谈会上对科研工作者提出了更高的要求："广大科技工作者要树立敢于创造的雄心壮志，敢于提出新理论、开辟新领域、探索新路径，在独创独有上下功夫。"

创新与智慧同行，相信通过智慧启动，那个曾经满脑子充满奇思妙想的你还会再回来的，小编相信你！

2. "做科研"等于"写论文"吗

我们在"科技期刊编辑部的故事"专栏中发表了关于写论文的相关内容后，受到了大家伙的殷切关注。热心读者反馈，读了这些写论文相关的知识和技巧后，大家伙儿非常受益，这给了小编巨大的鼓舞！不过这次，小编也收到了挑战，有热心读者们留言：看了"科技期刊编辑部的故事"，很好！但是提醒一下，难道说做科研等于写论文吗？只是这样宣传写论文，也许会引起读者的误解！

给这位热心读者点赞！您的建议非常及时。小编检查了一下，确实啊，已经发布的主题主要是关于写论文方面的内容。在此非常感谢热心认真的读者，帮助小编打开思路，开阔视野，这正是"山重水复疑无路"，"牧童遥指杏花村"。今后我们在"科技期刊编辑部的故事"专栏将会把"做科研""写论文"以及读者们感兴趣的相关话题继续写下去，也期待读者朋友们多多支持并提出有益建议。

一条读者留言引发了编辑部的思考，确实啊，做科研等于写论文吗？在这期故事里，小编调研了众多一线科技工作者的真实观点，下面就让小编和大家一起来探讨做科研与写论文的关系吧。

"论文写作"是在"科学研究"和"整理结果"的基础上将研究者的科研成果按照现行科技期刊发稿的要求整理成为文字资料的阶段。小编通过查阅科技论文的发展史料发现，科技论文是在社会发展过程中为满足人们交流学术研究成果的需要以及推动科学技术的发展而产生的。对全世界的期刊界而言，这段历史可以追溯到1665年，那年的1月5日，法国人萨罗（D. D. Sallo）创办了世界上第一种学术周刊——《学者杂志》。1815年出版的《察世俗每月统计传》是西方传教士来华后创办的第一份中文报刊。

同时，小编走访了处于不同阶段的人员，请他们发表对"做科研"是否等于"写论文"以及写论文的作用和意义方面的见解。下面先来看看大家的观点（见表1）。

表 1　不同阶段的人员的观点和态度

序号	阶段	对做科研是否等于写论文的观点和态度		写论文的作用和意义
1	小学	是	老师说写出论文就是在做科研了	了解如何做科研
2	中学	应该是	做科研能激发创新潜力，在科研人员指导下参与科研工作，知道了完整的科研过程，包括最后学习写论文	中学生做科研、写论文的经历更能体现学生的综合素质和探究精神
3	大学	差不多	培养发现问题的能力，通过查阅资料和学习讨论，然后解决问题的过程，最后写出论文	提前参加科研工作，发表一定的学术成果，能够在毕业之前就了解一定的学术论文规范、写作方法、研究方法等，这对于后期的毕业论文写作来说奠定了基础，也是保研的加分项
4	硕士研究生	不能完全划等号	A：写论文只是做科研其中的一个阶段。论文是科研能力及态度的体现，但是绝不能仅抱着"做科研就是为了写论文"这一想法来从事科研活动，否则很容易忽略科研本身的意义 B：论文是做科研的部分产物，是对自己所研究问题的总结，写论文的目的与参加会议做报告并无差别，但属于一种非面对面的学术交流行为 C：做科研不等于写论文。科研的主要目的是解决科学和工程问题，最终的目的是解决问题、取得科学进展。写论文只是成果的其中一种表现形式	A：写论文的过程是对科研题目的再次理解与创作，是作者对整个科研活动成果的总结与凝练，是对作者科研态度及科研能力的衡量手段之一 B：通过做报告、写论文等方式，能够快速、有效提升自身科研水平，同时促进同行交流和学科发展 C：展现个人科研成果，与同行交流；是读研取得学位或者教师们评职称的一种考核形式，论文的数量和质量确实能够在一定程度上反映一个人的科研能力

序号	阶段	对做科研是否等于写论文的观点和态度	写论文的作用和意义
5	博士研究生	绝对不能画等号	A：做科研如果不写论文，等于锦衣夜行。做科研是写论文的充分不必要条件 B：做科研不等于写论文，做科研更多是一个求索探究的过程，是探险；而写论文更多是一个归纳整理的结果，是挖到的宝藏 C：做科研是一个系统工程，包括发现问题、文献调研、解决问题以及总结问题等诸多方面，而写论文只是总结问题的一种呈现方式，可以认为是做科研的一部分	A：在表达的过程中加深思考、记录个人观点；与同行交流，以求之后的进步和发展 B：写作的过程中让我们更多地去思考所做课题的价值，回顾并理清研究思路，更好地理解自己的课题 C：总结并完善前期工作，通过同行评审发现研究工作的不足，以文章为载体促进科学传播；学生学术能力的一种证明方式，便于就业
6	博士后	不等于	A：做科研不等于写论文。做科研是一个解决科学问题的过程，而写论文的目的是将科研成果以论文的形式发表和传播 B：做科研不等于写论文，做科研是对未知领域的探索和创新的过程，写论文只是做科研其中的一个环节，无法体现做科研中失败和探索的艰辛过程，而那往往是做科研的本质所在 C：写论文只是做科研的一个方面，做科研过程中的很多东西是写出不出来的，而且论文的数量有些时候不见得能真实反映一个人的科研能力	A：论文只是分享科研成果的一种媒介，其意义远小于推动学术研究的延拓 B：论文是传递研究成果的一种载体，在写论文的时候需要有一定的逻辑，而不仅仅是堆砌自己的结果 C：写论文是做科研需要具备的能力之一，是对于所得成果的总结与归纳，为下一步的工作提供方向与借鉴

序号	阶段	对做科研是否等于写论文的观点和态度	写论文的作用和意义
7	助理研究员	不等于	A：将做科研等价于写论文是伪命题，是外行的说法。有人做科研是为了满足好奇心，有人是为了应用，这两种"做科研"都是对的，前者是基础研究，后者是工程应用，二者并不矛盾。而写论文只是做科研过程的产出之一 B：做科研是写论文的充分条件，但是论文只是创新研究的其中一种呈现方式 C：作为一个文章比较少但是科研做得很痛苦的人，我认为做科研不等于写文章，但是科研做到一定程度，文章是最水到渠成的成果	A：写论文的过程加深了对科研工作本身的理解和认识，能够理清当前科研的不足和进一步发展的空间，为后续工作奠定基础；能够促进同行之间的交流，促进相关专业知识和技术的传播与发展 B：写论文是梳理思路的过程，也可以锻炼我们的语言表述能力，更能让同行了解并评价我们的工作，进而推进学科领域的发展 C：第一，在于让国内外方向内"大牛"评价你的工作，帮助你发现工作中的不足和漏洞。第二，让别人也能用上你的"好方法"
8	副研究员	大于	A：做科研不等于写论文，有些科研是解决实际工程问题的，如果要写论文，还需要付出更多的时间，没有必要 B：做科研不等于写论文，做科研远大于写论文。写论文只是科研自然而然的副产品。如果把科研简单划分为三段——①选题、②做、③写文章。我个人认为，选题最重要，选择什么样的题目，既决定了你要去哪里"挖矿"，也决定了你这个研究最后的水平和影响力。	A：一是训练学生的基本科研素养和写作套路；二是整理自己思路，了解学术动态；三是提升自己的学术影响力，获得同行认可，促进学术交流；四是对有些单位而言，论文是硬指标，必须要写 B：写论文的过程会让你再次反复梳理清楚论文的背景、逻辑、来龙去脉，重新在更高的高度审视自己工作的意义、价值、不

续表

序号	阶段	对做科研是否等于写论文的观点和态度	写论文的作用和意义
8	副研究员	大于	C：做科研的目的和内容的范畴较大，其成果汇总和展示的概念空间远超写论文，比如项目总结报告、程序软件著作权、技术发明专利等。类似我所从事的大量以问题驱动为导向的科研工作，无法用"是否能写论文"和"论文档次是否高"来衡量和评价，应用物理和计算数学的大多科研工作虽然以应用现有知识及其体系框架为主，但其实用价值尤其明显。类似大多数高校中大量以兴趣驱动为导向的科研工作，通过提出新概念和新方法、填补认知缺陷来获得认同感，但该类工作是否能够解决现实的工程问题是难以预期的	足和未来可能需要进一步解决的问题。同时，只有在把复杂的问题深刻理解后，才可能用最简单、最朴素、科普的语言表达出来，向全世界传达你当前研究的意义 C：我们必须紧密围绕具体科研问题的范畴和需求，尤其是以解决项目中科学问题为驱动和导向的科研人员，应当在完成项目硬性指标和践行工作岗位职责的前提下，有选择性地写论文
9	研究员	远大于	A：做科研不等于写论文，科研工作中有大量繁重的学习、积累和试错的过程，这些都是无法写成论文的，最终能够成文展示的只是科研中的一小部分。 B：做科研不能完全等同于写论文，但论文是科研成果的一种重要体现方式 C：写论文不是做科研的目的，也不是科研的必要环节。科研的目的是发现原理、发明新技术、设计新装置等。论文仅仅是描述和展示研究成果的一种通用方式，除此之外，还可以有讨论、讲课以及借助互联网等方式	A：写论文对于科学生涯是非常重要的。科研注定是曲高和寡的，而论文也是帮你迅速辨识知音的"阳春白雪"。通过论文与同行深入交流，不仅可以少走冤枉路，还可以获得被认可的喜悦，这是让自己科研之路走得更远的不二法门 B：写论文的过程是一个将研究成果记录、梳理、提升的过程；同时论文投稿后会接受同行专家的评议，需要投稿人认真回答评审人的意见，这也是自

续表

序号	阶段	对做科研是否等于写论文的观点和态度		写论文的作用和意义
9	研究员	远大于	D：发论文是科学研究中很正常、很自然的过程，不应该过度关注或鼓励发论文，不应该把发论文当作搞科研，而更应该关注科研本身。为了写论文而做科研是本末倒置的，论文数量多不等于科研做得好。目前国内过度看重论文是科研评价机制的一种缺陷，过于功利，不利于科技发展	我学术水平提升的一个过程 C：写论文一是将整个研究工作的系统性梳理，二是与同行的交流 D：写作（不限于写论文）对科学研究来说非常重要，论文是科学共同体交流、传承知识的载体。写作过程也是再次梳理、凝练、理解问题本质、发现新问题的过程

最近，小编参与了陈式刚院士采集工程小组的相关工作，有机会代表大家请教了陈院士这个问题。

陈院士的回复是："你的问题又让我想起马超的文章 ①，那里说的就是我在中科院物理所时对科研和论文的态度。马超说我的 135 篇论文，那是院士登记表上列的文章。其中，署名一人的文章都是有感而发的，而和别人合作的文章，大多是要通过劳作的，就是说要用计算机的。科研是要发现和提出问题并解决问题，之后才是怎样写论文的事。前面的问题没解决，后面的有什么好写。这是最简单的关系。"

陈式刚院士在 60 多年潜心研究中，取得了多方面的成果，发表论文 100 多篇，专著 4 部。陈式刚院士一直"希望青年一代尽量去想，去做一些比较基本的、更加有意义的事情"。

看来，做科研要真正做到"不畏浮云遮望眼"，是需要超强定力的，只有静下心来坐冷板凳，拒绝凑热点发论文，才能做出真正原创性的成果。

放眼世界，纵观全球的科技发展过程，当学术论文逐渐成了学术界向外界展示研究进展的唯一途径时，发表论文的要求已经严重影响了学术生态。所幸的是，越来越多的研究人员看出了问题：不恰当的学术评价机制必须被纠正！大量研究人员被体制的巨兽所驯化，受制于考核、评奖对论文的需求，堆砌式地发文章，长此以往

---

① 马超，陈式刚：思考才是他最大的快乐[J]. 商业文化，2007，15（3）：56-58.

不利于科学的发展。2018 年，我国四部委联合发布了《关于开展清理"唯论文、唯职称、唯学历、唯奖项"专项行动的通知》。"破四唯"标志着一场刀刃向内的自我变革将推动更科学的人才评价机制的形成。

不过这次我们可不能从一个极端走到另一个极端喽。破"唯论文"并不是否定或者反对发表论文，而是鼓励在科学研究成果的基础上发表高质量、创新性的论文。

从采访调查收集的信息看，大多数科研人员认为，正常的论文写作是科研工作的有机组成部分，可以发挥复盘、反思、总结、提高、交流、学习的作用呢！当然，能够在顶级学术期刊或者会议上发表文章，得到同行的认可，更是科研人员学术能力的一个重要体现。

理清思路业自精。文中的这些观点，哪个和您的想法最接近呢?

3. 科研很忙，五步做法提高时间管理效率

"比又忙又穷更可怕的是你在想尽办法浪费时间！"是不是被这句话戳到了？这说的不就是我吗？到《计算物理》期刊编辑部之前，小编还以为编辑是一项比较轻松的活呢。然而，刚一入职，就被扑面而来的各种稿件包围，与此同时，还要熟知各种流程、规范、标准、制度等，办公室 8 小时的时间根本不够用啊！整天看文章，眼镜片都增加了 200 度。

在公众号上"科技期刊编辑部的故事"专栏发表文章的过程中，小编收到了很多热心读者的关切问候：看了这么多文章，了解了更多编辑们的日常工作，才知道原来你们每天都这么忙啊！原来还以为你们的工作很轻松，看来真的是误解你们了！是啊，小编在真正成为一个编辑前，也有同样的想法，当了编辑以后才发现，编辑同行们才是真正的时间管理大师！在编辑部，时间管理理论在工作实践中被应用得淋漓尽致，很多成功人士也只能甘拜下风！好的经验不私藏，小编这就把从编辑部前辈那里学习到的五步做法提高时间管理效率的秘籍和您分享。

第一次请教编辑部前辈该如何安排工作、管理时间的时候，他们就告诉我一个方法——GTD（getting things done）高效管理法，这是美国著名时间管理大师艾伦（D. Alan）总结出来的一套目前世界上最全面、最系统、最广泛使用的时间管理方法。它可通过五个简单的步骤将任务简化成一张张工作清单，使得你在任何场合都有一份合适的待办事项清单，从而有效率地完成工作。

GTD 高效管理法的核心理念是记录下要做的事，然后整理安排并一一去执行。听着是不是挺简单的？做一下就知道差距在哪里啦！

GTD 高效管理法的具体做法可以分成收集、判断、整理、复查与执行五个步骤，如图 1 所示。

图 1　GTD 高效管理法的具体做法

这张"GTD加工处理流程图"（见图2）浓缩了高效管理的精华，即最根本的原则就是，做任何事都遵循这五个步骤：收集、判断、整理、复查、执行。为了说明这些步骤，小编以"设家宴招待客人"为例来具体说明通用的操作步骤。通常情况下，家里来客人对小编来说可是个巨大的挑战。单说做饭这个环节，就足以把厨房弄个天翻地覆，等饭菜做好了，厨房也无从下脚了；而等送走了客人，剩下打扫的事情又把小编累得满头大汗、气喘吁吁。而编辑部前辈们在介绍GTD高效管理法时，轻松地描述了一个做完饭的同时厨房已经光亮如初的情景，真是令人羡慕嫉妒啊！这真是"人和人的差距咋就这么大呢"！而且这种差距，并不是家庭背景、权力、财富或天赋带来的，而是在于我们对时间的掌控方式。

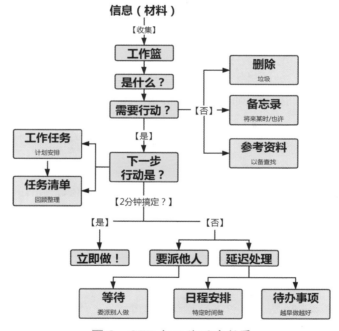

图 2　GTD 加工处理流程图

看到这里，是不是也和小编一样迫不及待地想了解这神奇的 **GTD 高效管理法**啦？那么，请看表 1。

表1　GTD 高效管理方法的五个步骤

步骤	设家宴招待客人	通用做法
收集	询问有几位客人赴约，分别喜欢吃什么	把所有你想到的事情全部写到纸上：做好科研的同时，还要完成培训、应付大量行政任务以及其他待处理的事等，都可以放进"工作篮"中
判断	判断客人的喜好，哪些能满足，哪些不能满足，需要多少份食物	问自己下一步行动是什么：循环反复地进行处理分类，并判断时间紧迫的任务、需要优先处理的任务。判断的原则应该是哪些任务对你的职业规划和你单位的荣誉很重要，以及它们的交付时间
整理	记下准备做的菜，准备食材	组织整理的内容，建立五类清单：下一步行动清单、等待清单、日程表、未来清单、参考资料
复查	检查还有何遗漏之处	目标就是保障系统的有效运行，把林林总总的事务都交给清单，为大脑彻底减负
执行	设宴之日，按预想好的操作即可	按清单完成具体事务

　　GTD 追求的是心如止水的境界。为了达到这个境界，采用借助清单的方法为大脑减负，让我们能够每次只专注于一件事。怎么样，想不想避免成为瞎忙族，立刻就成为一名高效的管理者，做个处变不惊的时间管理大师（见图3）？看完上述介绍，猜想你一定有意着手一试，那就可从以下步骤开始。

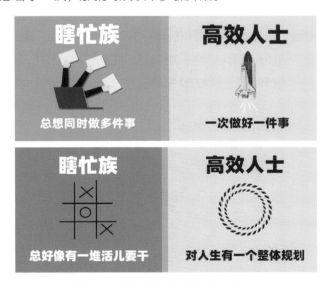

图 3　瞎忙族和高效人士的特征

（1）GTD 的初次配置

准备好 GTD 工具，可以是手机上的日历、备忘录、微信的收藏夹或者各类应用程序（APP）等。别忘了，笔和纸也是很好的 GTD 工具。找个空闲的周末，整理所有的待办事宜、想法等，放入"工作篮"中，判断、做标记，然后分门别类放入对应的清单里。

（2）GTD 的日常使用

① 执行：按照先做"工作篮"、再做突发事件、然后做"行动清单"的顺序执行。将生活中所有一闪而过的念头、新任务、新资料等，放入"工作篮"中。

② 临睡前复查：清理"工作篮"、判断、做标记、分解项目，并整理到对应清单。

（3）GTD 的崩溃应对

将没有记录的任何事项或者想法列出来，放入"工作篮"并执行复查环节，GTD 即可回到正轨。

这样一来，我们就可以专心地完成当下的工作了。是不是顿时感觉自己也像"高效人士"的样子呢？

科研人员总是对自己的研究充满热情，长时间工作似乎成了家常便饭。然而，想成为一名优秀科研人员并不意味着你必须先成为工作狂。如果你总是想同时完成太多任务，那么你很有可能会陷入"不停追赶"的无限循环中，最后力不从心。

无论从数量还是质量上看，一个人所取得的成就很大一部分取决于他对时间的管理效率。作为研究人员的您，从 GTD 高效管理法的体验分享中得到了什么吗？

4. 重要的科研长什么样呢？该如何判断一个问题值不值得投入一辈子深入研究

俗话说，"好的开始是成功的一半"。在科学研究中更是如此。论文、自然科学基金、研究计划、开题报告等都非常需要好的科研选题作为前提。那么，如何有效地进行科研选题呢？有人将解决方案划归玄学范畴：如果能撞大运，在硕士或博士阶段，就选定了今后几十年都从事的科研课题，那就太幸运啦！既有可能做出突出的研究成果，还能早日得到同行的认同。看来，在一些人心中，选课题、做科研跟买彩票中奖也没有什么太大的差异呢。

一位科研工作者朋友曾感叹道："选题难，难于上青天！"确实啊，如何做科研选题一直深深困扰着科技界的各路达人，对于科研"小白"们尤其如此。为了解决这一老大难问题，科研工作者们提出了不少关于选题原则的高见。

有的科研工作者从科研选题的定义出发，认为科研选题就是从战略上选择科学研究的主攻方向、确定研究课题的过程和方法。因此，科研选题应遵循创新性原则和价值原则，即选题要有新颖性、先进性，要有所发明、有所发现，选题在学术水平上应有所提高，以推动某一学科向前发展。

此外，很多有成就的科研工作者还根据自己的科研经历总结出三个得到共识的基本原则：重要性、可行性和现实性。他们认为，选择一个研究课题，首先要考虑的当然是课题的重要性；科学上的重要性，又首先要考虑创新性；而创新性又首先应该体现在科学思想上，其次才体现在研究方法上。

除了较为宽泛的原则以外，有的科研工作者给出的建议则进一步具体化，他们认为，在科学选题时应做到：

① 能认识到别人未认识到或未重视的问题（问题论）；

② 找到别人没找到的有效的解决方法（方法论）；

③ 坚持多角度（正反方向、前后角度、左右角度、上下角度等）另辟蹊径地进行选题；坚持以少数派选题，出其不意（少数论）。

然而"有道理的原则千篇一律，可执行的原则万里挑一"，这些原则看着都很有道理，但又该如何执行呢？就拿"能认识到别人未认识到或未重视的问题（问题论）"这条来说，如何才能认识到别人未认识到或未重视的问题呢？换句话说，我们该如何落实选题过程呢？相信很多科研人员和小编一样，还是有点无从下手的感觉。

爱因斯坦曾经说过，如果只有一小时来解决某个问题，他会花 55 分钟来思考问题，5 分钟来思考解决方案。马克·吐温对此也曾经说过："You can't be wrong doing the right thing"（做正确的事不可能会错）。是的，做正确的事远比做事情更重要。可能您要说了，这个我当然知道了！可是，接下来该怎么做呢？

请容小编先绕个弯子。小编曾看过一篇阅读转载量达 10 多万次的热文，它在里面讲了这样一个故事。在院长的午餐会上，一位本科生提问道："如何判断一个问题值不值得研究？如何避免一个让你费了很大劲去研究、得到的结果却平淡无奇的问题？"院长盛赞这位本科生的战略思维——主动思考这种方向性、战略性问题的学生真是不常有啊，看来这位本科生很有头脑，院长也是伯乐！

为什么这么说呢？研究生导师们多有这样的感受：时下不少研究生一入学就会盯着导师要题目、要方向，或者更确切地说，在缺乏个人探索与思考的情况下，漫无目的地找导师要事情做，而不会管这个题目值不值得研究或这件事情值不值得做。

这思维跟有些人找活干差不多，有事情做就放心了，立马开工。如果说在做事之前还有关切，那么前者顶多关心一下能不能发论文，其意义与有些人找活干时关心能不能挣到钱一样实际。而且据导师们"吐槽"，许多研究生甚至在临近毕业时依然缺乏"问题意识"。在听硕士生、哪怕是已发表顶刊论文的博士生答辩、做报告时，他们也许可以把"怎么做"讲得很清楚，却讲不清问题是"怎么来"的、有多重要、对谁重要，或在什么地方重要等诸如此类的问题。

今天，小编想用"保安的哲学三问"法来研究一下科研选题过程（见图 1）。或许，我们也能从中逐步明确如何判断一个问题是否值得研究呢！

此外，小编还想说，虽然"保安的哲学三问"可以帮助我们在选题时把握大的方面，可这每一问、每一步中都有很多具体的工作要做，这就要靠我们自己拿着小锄头不断开垦了。

当然，在通过这三个步骤开展选题探索时，一定要牢记初心——重要的课题，而不是像小孩子到了玩具商店，看到一个"吸引眼球"的玩具，就停下来开始"研究"了。要始终用重要性作为选择的标准，这样不断地筛选，才能找到那个值得投入一辈子深入研究、能创造社会价值、推动人类进步的重要课题。

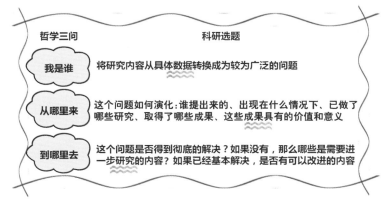

图 1　科研选题的"保安哲学三问"

《中国科学报》刊登的文双春教授的文章《如何判断一个问题值不值得研究》中，将孙悟空拜师学艺的过程与科研选题做了对照，非常幽默形象且精准。让我们看看他是如何分析孙悟空"力排种种诱惑，最终选择重要课题"的吧！在孙悟空跟菩提祖师要"读研"选题的故事里，孙悟空为什么能"练就长生多少法，学来变化广无边"，读成史上最牛"研究生"呢？首先要"牢记初心"——做重要的课题。在"选题"环节，孙悟空心中牢牢记住这一点——不能长生不老的选题一概不做。无论菩提祖师抛出什么样的诱惑，凡是不能长生不老的，一律"不学不学"。

在通常情况下，导师的眼光至关重要，决定了学生读研究生时乃至今后整个科研生涯的学术品位和成就。但是导师的指点也只是外因，对研究生个人来说，**内在的独立思考能力才是塑造科研品位、持续不断地取得科研成就的关键**。

小编身边就有一位科学家，他的选题依据也十分值得借鉴。

我国著名的理论物理学家陈式刚院士，虽然已经 86 岁高龄，但他依旧奋斗在科研一线，依旧时时关注着理论物理发展的前沿。他说："我没有什么爱好，我只喜欢思考，在思考中我享受快乐，在科学研究中我觉得有很大的乐趣。"

纵观陈式刚院士的学术经历，可以按时间线索分为理论物理前沿探索、核武器研究以及重返理论物理基础前沿三个阶段。

1958 年秋—1963 年春，陈式刚在中国科学院物理研究所（简称物理所）工作期间，主要从事凝聚态物理理论和非平衡态物理理论方面的研究。当时国际上，超导现象发现后，超导理论和场论方法在凝聚态和统计力学中的应用一直是物理界的研究热点之一。物理所新设立固体研究室，重点开展相关研究。陈式刚主要致力于趋向平衡和线性输运过程以及相关的量子多体等问题的研究。研究成果通过《关于热的输运过程的动力学理论》《量子统计中的线性输运系数理论》以及《强磁场下横向输运过程的微扰理论》论文发表，引起了国内外同行的极大关注。

1963年，我国的原子弹研制正处于理论探索的关键阶段，亟须多学科、多专业的密切配合。因此，中央从全国各地抽调出色的研究人员到核武器研制部门，陈式刚便是其中之一。为开展更为紧要、复杂而艰巨的氢弹研究和设计军用产品工作，三个核心小组成立了，陈式刚被委以重任，带领一个研究小组开展氢弹的研制工作，并投入了全部的时间和精力。自1963年春到1978年秋，十余年间，他主持了四个核武器型号初级的理论研究和设计工作，为我国核武器事业做出重要贡献。

1978年，陈式刚重新转向前沿基础理论的研究，并承担了组建基础研究团队的重任，成立了理论物理研究组。后来该研究组发展壮大为一个颇具规模的基础理论研究室，在推动我国理论物理跨越式发展的同时，也培养了一大批领军人才。

当时，自然科学的最新研究成果，特别是耗散结构理论等非平衡系统的新进展，对科技界产生巨大影响，并将人类对于自然的看法从决定论转移到多重性、暂时性和复杂性。而这些前沿基础问题，也正是陈式刚感兴趣的，于是他选择了非平衡统计力学和非线性科学作为研究方向，主要开展耗散结构理论和混沌理论方面的研究，并成为我国混沌研究的主要开拓研究者之一。①

这正是"靠山山倒靠人人跑"，最大的靠山就是自己，拿起有力的思想武器，塑造正确的世界观，提升个人见识与科研品位，借助科技信息技术，通过大数据分析，寻找一个值得托付终身的重要课题，去研究吧！待50年后，看漫山红遍层林尽染之时，也颇有一番诗意在心头。

---

① 资料来源：陈式刚老科学家学术成长采集项目组。

5. 我做了个"假科研"，这是真的吗

在"科技期刊编辑部的故事"专栏发布的文章（即本书中的《做科研等于写论文吗》一文）引发了读者朋友们的热议和深度思考。在问卷调查阶段，小编收到了很多关于做科研的真知灼见，由于内容和篇幅的限制，特将有关科研工作方面的内容在此篇文章中和大家分享。

2020年8月11日有这样一条新闻标题赫然映入眼帘：《中国自然科学论文全球第一，数量超美国》。这标题外行人乍一看，估计会心中窃喜，仿佛中国已然实现科技强国了。但是，对于学术界的有识之士来说，这样的新闻更多引发的是对我国科研影响力不足的担忧。特别是美国对中兴和华为的制裁事件，为我们敲响了警钟，也让越来越多的人认识到了掌握核心技术的重要性。中科院前院长白春礼曾表示，要把美国卡脖子清单变成科研任务清单。被卡住"脖子"的滋味不好受，外国能搞的，难道中国人不能搞？瞄准目标，咬紧牙，拿出当年搞"两弹一星"的精气神，终能打翻身仗！

李克强总理在国家杰出青年科学基金工作座谈会上指出，基础研究决定一个国家科技创新的深度和广度，"卡脖子"问题根子在基础研究薄弱。可这令小编很困惑：既然基础研究的成果以科学论文和科学著作为主要形式，而我国的自然科学论文已然全球第一，那为什么我国仍然"基础研究薄弱"？那是不是意味着这些论文成果并不能有效弥补我国基础研究的薄弱之处？难道说，我们做了个"假科研"？

天哪！我竟然做了个"假科研"，这是真的吗？快说说"假科研"的症状，让大家自查一下吧。

在开始列举"假科研"的种种症状之前，我们还是先澄清一下"真科学研究"的定义：科学研究是指为了增进知识包括关于人类文化和社会的知识以及利用这些知识去发明新的技术而进行的系统的创造性工作。也就是说，真科研的标志是独立思考，探究未知。凡是与此相悖的研究均可归入"假科研"之列，具体内容详见图1。

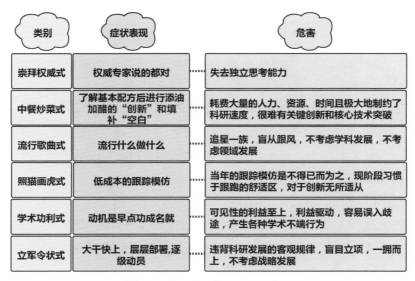

图 1　"假科研"的症状表现

正是由于"假科研"的现象比比皆是，才导致如今科研界表面一片繁荣实则深藏危机的现状。把中国科研放到世界竞争的大格局里，站在科技发展的大视野上回望，不管是在基础研究的理论还是在应用研究的突破方面，都很难看到中国人的身影，技术领域尤其如此。

众所周知，论文数量并不是科学研究追求的目标，更不是衡量科学发展水平的主要标志。虽然我国在论文数量上胜出了，但实事求是地说，目前我国科学研究仍旧缺乏创新，研究质量与深度不足，这使得我国的科研影响力还略显不足。

在对科研工作者进行调研时，科研人员们积极响应，纷纷发表他们对于做科研的看法，可谓是入木三分，主要观点如下：

①从本质和原始驱动力来说，科研是对未知领域探索和创新的过程，通过发现新的现象与机理，发明新方法、新技术或新装置等，不断提出和解决科学及工程问题，取得科学进展。做科研的目的和内容的范畴较大，其成果汇总和展示的概念空间远超写论文。类似我所从事的大量以问题驱动为导向的科研工作，无法用"是否能写论文"和"论文档次是否高"来衡量和评价，多数情况下，其评价标准和目的在于是否解决了工程中的科学问题、提高了工程的相关精度和效率、降低了工程的成本与风险。比如应用物理和计算数学的大多科研工作虽然以应用现有知识及其体系框架为主，在发论文方面不占优势，但其实用价值尤其明显；而类似高校中大量以兴

趣驱动为导向的科研工作，通过提出新概念和新方法、填补认知缺陷来获得认同感，易于论文发表，但该类工作是否能够解决现实的工程问题其实是难以预期的。

②好的科学研究评价机制应关注研究本身，发论文只是科学研究中很正常、很自然的现象，写论文也只是成果总结和学术交流的一种方式而已。我们不应刻意宣扬或鼓励发论文，更不应该把发论文当作搞科研，论文的数量及期刊档次也并不反映研究人员的真实水平。目前国内过度关注论文，依据论文给予奖励甚至晋升的现象，是我国科研评价体系的重大缺陷，这样的评价机制导致研究人员不断陷入为了写论文而写论文的怪圈，致使科研动机不断趋于功利化，是本末倒置的。

"不想当裁缝的厨师，就不是好司机。"对一名真正的科学家而言，科学是没有止境的事业，求真应该是内化于心的信仰。

航天英雄杨利伟曾说："永远记得第一次在太空俯瞰这颗水蓝色星球的样子。我仔细端详这美丽的星球，生怕错过一处风景，我深知这是亿万中华儿女梦寐以求的美景。"小编相信，若所有科学家们都能在求索路上坚守初心，坚持弘扬科学精神，仰望着浩渺的星空又关注着脚下的大地，为探求真理上下求索永不停息，当儿时的科学家梦想实现之日，当我们再次仰望星空时，心中一定会充满自豪感。

各位小伙伴，咱们做的科研是真的吧？

6. 截止日期取消了？天哪，这怎么工作呢

这几天，小编路上偶遇几位熟悉的科研人员，平时大家见面总会聊聊天，侃侃近期的热点话题。然而这几天，路上见面大家清一色的眉头紧锁，经常是打个招呼就行色匆匆地告别了。问起原因，原来是申请国家自然科学基金和博士后科学基金的截止日期快到了，正赶着写申请书呢！

聊到截止日期，小编想起来一则新闻：2015 年，美国国家自然科学基金会取消某些项目的截止日期之后，项目申请量顿时少了一半。具体数据显示，地球科学类四个项目的申请量从 2014 年的 804 项降到了 2015 年的 327 项。据称，取消截止日期的新规定在颁布之初受到了科学家的广泛好评，这是因为许多地质类科学家经常在野外作业，受自然条件的制约，其野外工作日程不固定。有时，项目申请截止日期到来时他们正在深山老林上演"荒野求生"，与文明社会取得联系已是不易，更别提写作并提交项目申请书了。不设截止期限，本以为可以让科研工作者更灵活地安排工作时间，做更充分的申请准备。然而，随着截止日期的取消，不少和小编一样有拖延症的科研工作者们就"无限期"拖延了自己的项目申请计划，困扰美国国家自然科学基金会多年的项目申请数量太多这一问题也终于得到了"妥善"解决。果然，只能用魔法打败魔法，打败"第一生产力"的，只有截止日期自己！

截止日期又称"死线"，这是从英文"deadline（缩写为 DDL）"直译过来的戏谑说法。在截止日期前夕，日常患有拖延症的小伙伴们会有如神助般突然产生完成工作的无限动力，生产力爆棚，以牙买加著名短跑健将博尔特创造的"9.58 秒 / 百米"的地球人类第一速度开始冲刺，以迅雷不及掩耳之势在截止日期之前完成任务。

可现在截止日期取消了，这可让大家伙如何冲刺、何时开始冲刺呢？

类似的现象还有很多，相信大家一定深有感触。例如，每年年底结算封账日期之前，各单位的财务部门都人潮汹涌、门庭若市。曾经，财务处 8 点半对外开放办公，5 点多就有"早起的鸟儿"去财务处门口排队啦！

说起截止日期，小编真是百感交集、又爱又恨：在它面前，工作效率和能量（熬夜）潜力会瞬间提升；然而也正是因为它，我们又不得不经历"生不如死"的熬夜赶工。相信每个资深拖延症患者都经历过"截止日期"前一天晚上不敢睡觉，黑眼圈凹陷直不楞登地盯着屏幕，或脑子飞转或困到意识模糊，猛灌咖啡提神，苦苦支撑到任

务完成的"修仙"经历。截止日期就是这样，我们一边吐槽它还一边想念它，真是让人爱恨交加。那这被称为"第一生产力"的截止日期，是坑了我们还是帮了我们呢？

早在几十年前，这一现象已经进入心理学家的视野，一些科学家对此开展了深入研究。1979 年，新行为主义代表人物之一的美国心理学家赫尔（C. Hull）总结了这类现象，并称为**目标梯度效应 (goal gradient effect)**。截止日期的部分激励作用与目标梯度效应有很大的关联：研究显示，人们更容易被还有多少事要完成所激励，而不是已经完成了多少，所以越接近目标，就越有完成这个目标的动力。想想我们跑步的时候，是不是也是这样？无论你是体育精英还是不擅长体育的人，只要快到终点的那几米，都会想要咬咬牙加速冲刺。跑步冲刺只是一个例子，日常生活中，可以用目标梯度效应解释的现象可不止这一例呢！想想看，"双十一"的不眠之夜，你是在积极脱单还是在积极网购？是不是有种时不我待、一切事情都必须给"买买买"让路的感觉，似乎过了零点还没下单就失去了全世界？可是真的等过了那个时刻，一看账单又会惊呼："天哪！怎么会花了那么多钱？我可都是货比三家有优惠券再下单的！"

心理学家指出，产生目标梯度效应最主要的原因是**"进步的错觉"** (the illusion of goal progress)。越靠近目标的时候，就越像是完成了一个又一个的小任务，而这些小任务的完成会不断带来成就感，反过来强化完成目标的动机。越接近截止日期，工作产生的效果越是显著，这就正向增强了进步的效果。

还有另一个理论也可以帮助我们理解这一现象。当接近截止日期或接近完成一项任务时，其他事情产生的诱惑会大大减弱。毕竟，如果我离完成这篇文章的最后期限只剩一个小时了，那么就没有多余时间来做其他事情了，所以还是专注写这篇文章吧。然而如果没有截止日期，小编立马可以想到无数有吸引力的事情（然而都不是写稿子）排着队去做。莫慌，本小编还是会继续写稿子的，有这么多读者的鼓励和支持，这是小编的最大动力呀！

除了心理学家帮助我们理解"截止日期是第一生产力"的现象，经济学家对此也有话说，即当机会成本减少时，动机增加。曼昆在其经典著作《经济学原理》中对机会成本做了如下定义：机会成本是为了得到某种东西而必须放弃的东西。换句话说，机会成本就是你做出一个选择，就可能损失的另一个选择的成本。运用到"截止日期"现象上，就是截止日期越近，不做其他事情的损失越小，这也就相对增加了我们完成眼前这项工作的动机。

人生最大的困惑，就是不知道截止日期啊！虽然说人们面对截止日期感到压力十足，但我们也不能忽视截止日期带来的超级生产力呀！迫在眉睫的截止日期，不但能鼓励学生交作业，也能代替老板催促员工抓紧在最后一刻完成任务。甚至有不少压力型达人，已经愉快地适应了截止日期快到时的压力环境，对他们来说，越接近截止日期，大脑的运转就越快，效率就越高。在他们看来，如果没有截止日期，有些事就会一直拖啊拖啊，时间久了，基本就放弃去做了。想想看，这不就是本文一开始所描述的随着截止日期取消，美国地质学研究者再也写不完、交不上基金申请书的案例吗！

2020 年至今，地球村的居民们都经历了魔幻般的日子，面对突如其来的新冠疫情，许多公司采取了居家办公的方式。然而，由于居家环境的松弛，很多人都发觉自己居家办公的效率远不及在办公室。根据上文心理学家和经济学家的研究，也许策略性地使用截止日期，是帮助我们在家也能保持专注的方案。

那么，该如何利用截止日期效应提高生产力呢？很简单，我们可以通过做目标管理或时间管理来有效克服拖延症。想要达到目标梯度的效果，可以试试这个简单的三步走方法：第一步，对当前任务进行拆分；第二步，给自己画进度条；第三步，开始第一步。具体做法小编放在下图中，以便大家查看。

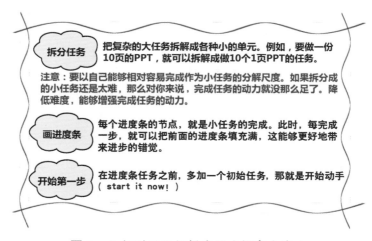

拆分任务 把复杂的大任务拆解成各种小的单元。例如，要做一份 10 页的 PPT，就可以拆解成做 10 个 1 页 PPT 的任务。

注意：要以自己能够相对容易完成作为小任务的分解尺度。如果拆分成的小任务还是太难，那么对你来说，完成任务的动力就没那么足了。降低难度，能够增强完成任务的动力。

画进度条 每个进度条的节点，就是小任务的完成。此时，每完成一步，就可以把前面的进度条填充满，这能够更好地带来进步的错觉。

开始第一步 在进度条任务之前，多加一个初始任务，那就是开始动手（start it now!）

图 1 如何利用目标梯度效应提高生产力

那么，不如就从"新建一页 PPT"，或者"写下第一行字""敲下第一行代码"，甚至是"从床上坐起来"，开始启动我们的任务吧！当你开始之后，就会发现自己停不下来了！而这也正是对抗拖延的"真谛"。

利用截止日期效应激发超级生产力，这种以游戏化的方式帮助自己进行目标管理的方法，你学会了吗？

7. 花一秒钟就能看透事物本质，系统思维助你一臂之力

电影史上的经典之作《教父》影响了很多人，而电影中那句经典台词"花一秒钟就看透事物本质的人，和花一辈子都看不清事物本质的人，自然是截然不同的命运"影响了更多人。在现实生活中，确实有少数人拥有这种令人羡慕的、一眼看穿事物本质的能力。那么，对于小编这样的普通人来说，如何才能拥有直抵事物本质的能力呢？也许，"系统思维"训练，就是一种不错的办法。

"系统思维"是一种从整体和全局上把握问题的思维方式，也是一种看透事物相关结构之间关系的智慧。用系统思维的方式开展系统思考，可以有效地帮助我们打破原有的思维定式，纵观全局，看清事物背后的结构和逻辑，从而解决现实世界中的复杂问题。

美国作家舍伍德（D. Sherwood）在其著作《系统思考》（图1）中，就详细阐述了如何通过系统思考获得更睿智、更稳健、更快速的复杂问题决策能力。在书中，他告诉读者，在现实中，当我们遇到复杂的情景或者研究对象时，或者在我们能够对其得到清晰认识之前，感觉它是极其复杂的。在这样的情况下，人们常常基于还原理论，采取如下方法来认识事物：首先对其进行分割，分别了解其中的每一个部分；然后对其进行还原整理，形成对原有真实情景或者研究对象的进一步深入理解。19世纪以前，还原思维方法一直是从事自然科学研究与社会科学研究的基本思维方法，即先把整体分解为部分，再从部分的总和把握总体的单变量的、分解式的思维方法。

图1　系统思考

但是，随着社会科技的进步与发展，越来越多的人意识到分割常常破坏了事物的系统性。现实生活中此类现象也比比皆是。这里也跑题"吐槽"一下我们的行政管理部门：出于提升工作效能的考虑，部门之间的任务分割越来越明确；但事与愿违，"任务切割"和"界限分明"却导致整个组织或者机构的运行不知道为什么越来越难。这与提升组织运行效率的初衷背道而驰。

这个问题本质上也和系统思维有着内在的联系。为了眼前"短视"的管理方便，组织任务被简单粗暴地切割分配，各部门各自为政、只扫自己"门前雪"。短时间内，组织看起来似乎便于管理了。但是，如果把分块后的系统仍当作原来的系统，虽然从表面上看系统的每个部分都还在，但殊不知"大卸八块儿"已经破坏了系统的内在有机联系，分割后的"系统"和系统本身已经不是同一种研究对象了。

同样地，我们的工作单位也处在一个各部门业务紧密连接、相互影响的复杂系统中，当其中一个部门正在进行的业务流程发生调整或变革时，会在其相关部门的业务流程实施过程中对单位的整体运行产生影响。这些影响之间或相互叠加、推波助澜，或者相互削减、彼此牵制，所产生的效果往往会偏离原本单一部门通过业务调整来优化组织运行效率的初衷，这一困境正是缺失了系统思维所致。

而当我们用系统思维思考时，在分析和处理问题的过程中，始终从整体角度来考虑，始终把整体放在第一位，而不是让任何部分凌驾于整体之上。进行系统思维时，应注意系统内部的结构性（但不是割裂成为独立的部分），在整体考虑的前提下，去理解结构的作用和价值。这样的思维方式，对于看透事物的本质具有重要意义。

看到这里，想必大家会和小编一起期待：若将这样的思维方式应用于科学研究，一定会促进研究工作朝着更加深入的方向前进。强大的系统思维对广大科技工作者们来说实在是太重要了！那么，如此强大的系统思维是如何形成的呢？小编想，这肯定不是天生的，也不会是一蹴而就的。就一种思维方式而言，习得并不难。那么，我们该如何习得这种具有强大的问题解决能力的系统思维呢？

（1）借助已有的系统思维工具

通过现有的成熟知识体系来习得系统思维，比如麦肯锡的七步分析法、5W2H分析法、金字塔原理等。各领域、各行业的分析工具可以帮助我们系统性地发现问题、思考问题、解决问题，对复杂问题进行分析、判断和决策，最大限度产生有效的解决方案。

（2）构建自我适配的系统思维

知识的复杂性、不对称性和不确定性决定了我们解决新事物、新问题时，无法直接套用现有的系统思维工具，常常需要打破陈旧的思维模式。这就对我们提出了更高的要求——拥有应变思维。在已掌握的系统思维工具的基础上，构建出一套自我生成系统思维的触发机制，从问题中优化出一套最优解的系统方案，保证事物朝着有序、可控的方向前进。

那么怎样构建一套自我适配的系统思维呢？都有怎样的步骤呢？请容我一一道来。

《设计思维手册：斯坦福创新方法论》中的一个章节"为什么系统思维能够促进对复杂性的理解"中给出了一张图（见图2），用来解释系统思维的操作步骤。为了具体说明图2中的7个步骤，在表1中给出7个步骤的系统思维过程。小编在处理很多现实问题时，就是按照这样的步骤进行的，效果确实比纯感性的直觉（随心所欲）式思维要好很多。

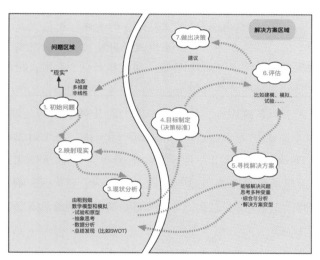

图2　构建系统思维的步骤

表1　构建系统思维的步骤

区域	步骤	系统思维过程
问题区域	1.初始问题	对于复杂问题，真实世界往往是多维度、动态和非线性的。发现问题和提出问题是进行系统思维的第一步
	2.映射现实	尝试理解系统，然后将现实情况映射出来。这一映射或系统表征有助于理解现状
	3.现状分析	现状分析主要是逐步理解状况如何——由粗到细。我们可以使用各种方法，比如数学模型、模拟或试验与原型、抽象思考、数据分析，以及总结与发现（例如 SWOT）

区域	步骤	系统思维过程
解决方案区域	4. 目标制定	将现状分析的发现总结到 SWOT 分析中去，基于此制定解决方案将要满足的目标
	5. 寻找解决方案	获得用于评估解决方案的决策标准。现状分析对于找出哪些地方距离目标状态还有差距很重要。这一差距上，往往仍旧需要改进，或仍旧缺少缩小差距的信息。了解问题和状况之后，再开始寻找解决方案。识别出能够真正解决问题的方案。努力寻找多种解决方案（即思考多种变型）
	6. 评估	通过综合与分析，产生出不同的解决方案，并评估它们。在评估中应用决策标准。类似于评估矩阵、逻辑论证、模拟、试验等工具和方法的有效性已被证实
	7. 做出决策	基于评估，给予建议并做出决策。如果解决方案能够满足要求并解决问题，那是很好的；否则，持续迭代直到能够完全解决问题

对于想更深入了解系统思维，提高思考能力以及对事物内在规律的洞察能力的朋友，小编推荐《系统思考》(*Seeing the Forest for the Trees: A Manager's Guide to Applying Systems Thinking*)（[美] 丹尼斯·舍伍德著）一书。这本书以一种非常吸引人的方式介绍了大量美妙甚至是幽默的案例。书中融汇着超凡的智慧，但作者以深入浅出的笔触使阅读过程极为友好，读者不需要具备任何专业知识也可以理解其中的深奥道理，值得一读！

不过，小编认为，了解了系统思维的基本方法之后，真正的挑战才刚刚开始。一个人系统思维的强大与否，取决于他自身累积的认知能力的算法——知识 × 经历 × 阅历 = 智慧总和。正如有一句话说，就像水流改变山川那样，成长的形状需要碰撞。人生成长的形状是大脑在知识、经历和阅历的碰撞中，通过系统思维的张力，把复杂的、碎片化的知识（信息）连接成一张"蜘蛛网"，这样才能帮助我们翻越千山万水，斩妖除魔，直指心中的目标和愿景。

那么，你是否愿意和小编一起迎接挑战，把"知识 × 经历 × 阅历"织成密密的网络，翻越人生的万水千山呢？

8. 学术年会报告的 PPT 模板选好了吗

新年伊始，一则学术年会的通知，吹响了新的集结号。"为加强研究所内科研工作相互交流，促进学科交叉、融合与发展，研究所学术年会拟定于近期举行，请科研人员积极参加。"一年一度的研究所学术盛宴召开在即，各路英才们攒足了劲头，准备在年会上交流最新成果、碰撞激发灵感。刚刚结束年底考评，辛苦鏖战的大伙儿却没有任何松懈的情绪，下班后办公室依然灯火通明。小编不禁为大家的奋斗热情加油助威。

然而，说起来历年的学术年会报告，还是会使得一些科研人员"白了少年头"。年会的报告多、听众多、日程密集，各路高手云集，可谓神仙打架。那么如何才能吸引听众，获得最佳报告及展示效果？为什么我明明都讲得很直白了，会后还是被提醒讲得不清楚？是不是因为 PPT 做得不够好？那么，观众一眼就能看懂的 PPT 究竟长成什么样？

下面小编就和大家一起探讨"观众一眼就看懂的 PPT 究竟长什么样"。为了弄清楚这个话题，首先我们必须搞清楚 PPT（powerpoint）的核心作用是什么——**power your point**（加强你的观点）。PPT 的唯一作用就是沟通和传达，它是架在讲者和听者之间的桥梁，辅助两者之间进行更好的信息传达，让听众更容易理解、记忆、行动，从而实现演示目标。

这期文章，小编就向大家介绍一个令人印象深刻的展览——《我，一个做 PPT 的》。或许您该说了，不就是做个 PPT 吗，也有个展览吗？还真没听说过呢！没听说过也没关系，您一定用过 PPT 模板，那您听说过 3000 元人民币一页的 PPT 吗？听说过 PPT 模板能卖到 200 万元人民币吗？

各位朋友，术业有专攻，他山之石可以攻玉，有用的内容也不妨见识见识，开开眼界呗！《我，一个做 PPT 的》展览是微博 2020 年十大设计美学博主、教程《阿文懂个 P》（阅读量破亿）的作者阿文同学办的。该展览本身就是一个巨大的 PPT：封面、目录、章节、封底，一样不落，全面展现了 PPT 创作的形成与演变过程，为您讲述从天才少年到顶尖设计师的蜕变之路。看完这个展览，小编只能感叹：不服不行啊！

"工欲善其事，必先利其器"，哪些技能可以应用到我们的科技报告 PPT 制作上，并且立竿见影呢？

（1）获得高效技能

"我已经写好了 Word 文档，要是可以直接转换成 PPT，那该多好啊！"您太有才了，梦想总是要有的，万一实现了呢！小编这就分享一个快捷方法，分分钟实现您的这个梦想，将我们从复制（Ctrl+C）和粘贴（Ctrl+V）的烦冗、重复劳动中解脱出来：

① 打开演示文稿（Word 文档），点击左上角的文件，选择输出为 PPTX；

② 自行设置输出路径，点击开始转换，然后就生成了 PPTX 文件。

当然了，这个操作对于软件和系统有那么一点点要求，小编测试的软件是 WPS Office 2019。您现在一定很想马上打开一个 Word 文档，看看左上角的"文件"是否有"输出为 PPTX（X）"这个功能吧？

如果您没有看到了"输出为 PPTX（X）"的选项，也可以采用下面这个方法就进行转换：

① 打开 Word 文档，全部选中，执行"复制"命令。切换到 PowerPoint，执行"粘贴"命令，将 Word 文档中的全部内容插入到第一张幻灯片中。

② 将光标切换到左边"大纲"标签，定位到需要划分为下一张幻灯片处，直接按回车键，将生成新的一页幻灯片。

③ 重复上述操作直至完成，这样 Word 文档中的全部内容就已经在 PPT 的不同页面了。

④ 根据需要对文本格式进行设置，如字体、字号、字型、文字颜色和对齐方式等。

（2）选择适合的模板

牛顿曾说过："如果说我比别人看得远些的话，那是因为我站在巨人的肩膀上。"PPT 模板就可以说是一个"巨人"，选择与报告结构相匹配的模板，不失为一个捷径。如果学术会议的组织者提供了报告模板，那就更好哦，减少了一次"选择的恐惧"。具体到报告中的内容，也还是有很多可以借鉴的模板。例如，一张时间线（timeline）的模板就可以用于介绍某研究领域的发展变化，条理清晰、线索明确，对吧！那么，平时可以收集一些，以备不时之需。

图 1　"高桥流"的 PPT 风格

下面，小编再给大家介绍一个最具代表性且已形成流派的 PPT 风格——"高桥流"。这种风格的 PPT，一页一个关键词或句子，串联起整个演示，简单直接，回归本质，完美地诠释了什么是 Power Point（见图 1）。这个手法起源于 2001 年。话说有一位叫高桥征义的人，在一次演讲中，由于现场没有合适的演示工具，他索性用 HTML 制作投影片，用极快的节奏配上巨大的文字进行演示，给观众带来非常大的视觉冲击。这种形式颠覆了以往 PPT 演示的模式，迅速流行开来，并以他的名字命名，即"高桥流"。

（3）形成系统的 PPT 思维

如果说前面两点的效果立竿见影，这第三点"形成系统的 PPT 思维"的作用就是源远流长了。形成系统的 PPT 思维就可以帮助我们尽快走出"PPT 头疼"困境，从"我做的 PPT"到"别人家的 PPT"（见图 2），实现"PPT 自由"那也是指日可待的啦！看到这页像 Word 文档一样堆满字的 PPT，居然用一个圆就搞定了，此时，是否会有一种心旷神怡的感觉？

（a）别人做的 PPT　　　　　　　（b）我做的 PPT

图 2　别人做的和我做的 PPT

这里，小编将一个 PPT 从开始构思到最后的成品划分为五个步骤：①明确主讲人与受众；②明确 PPT 内容；③明确 PPT 逻辑结构；④制作初稿；⑤美化完善。

我们的各位读者学霸朋友们，做 PPT 时很容易在 PPT 上堆满各种高深的专业词汇，边做还边感慨自己怎么如此厉害，全然不知自己已陷入"专业思维"的误区里。这里小编要格外提醒一下：过于高深的 PPT 与跨领域交流有天然壁垒，往往使得 PPT 曲高和寡。你想啊，常言道"隔行如隔山"，带着极专业知识背景才能看懂的PPT，必然使得其他专业的听众一头雾水啦！而我们研究所本身又是一个学科领域广泛且综合交叉的研究机构，对你的研究领域不很懂的观众，因为专业壁垒，无法在这么短的时间快速理解你讲的一些算法或者算子。没有同样专业的知识背景，可能完全理解不了你的高深 PPT 所表达的内容，于是信息的传达自然就有了障碍。所以，在学术年会这样一个以知识交流分享、灵感碰撞激发为目的的场合，做 PPT 时应用最通俗的大白话（业内称之为"说人话"）介绍研究成果，直接说出谁都能听明白的话，最大化引发对方的兴趣，让交流得以持续。

经历了五个步骤，您的 PPT 早已跃然纸上，活脱脱一件完美的艺术品，展示着制作者的才华和思想、智慧和格局。

（4）PPT 思维的升华

接下来，我们可能会思考：PPT 究竟是什么？ PPT 思维又是什么？在小编看来，PPT 可以是思维方式，也可以是人生哲理。**PPT 思维的精髓就在于 PPT 的基本原则是利他性原则。**

对此，小编将从两个方面来解读：①利他性指的是从对方的角度出发，方便他人，而非自己；②利他性要求在制作 PPT 时，要做到让人看得见及看得懂。

这也就是 PPT 制作的重要原则"说人话"的理论基础。从管理理论上分析，PPT 思维中包含的沟通管理理念和创新设计理念，都是与我们的科研工作所需的创新思维息息相关的。沟通和信息交流不正是创新的必要途径和肥沃土壤吗？历史上许多新思想、认识、方法、技巧的出现，无不是经过数次沟通、碰撞的结果呀。

从这个层面上厘清 PPT 的属性，做好 PPT 的底层逻辑就清晰了。而至于如何展示，其中涉及的心理学、色彩学、传播学等知识和技能，对于才高八斗、学富五车的科研才俊来说，那就是知和行的距离啦，想不想做到，就看个人的兴趣啦！

有人说，PPT 设计就跟做菜一样，页面上的每个元素是最原始的食材，而排版的规则就是烹饪的技法，最终能做出什么样的菜，就看个人对规则的理解和应用程度了。还有人说，PPT 的制作就是在创作一件艺术品，从设计、构图到制作，每一步都充满了创意。

这真是"智者乐山山如画，仁者乐水水无涯"啊。让更多的人关注 PPT 的冰山之下，将使更多的人用对 PPT、用好 PPT，使 PPT 能更清晰、有力地呈现您的才华，宣传您的科研成果，传播您的创新思维，这也是小编的心愿！

一 编辑期刊篇 —— 二 论文写作篇 —— 三 科学研究篇 —— 四 职业生涯篇 —— 五 七彩生活篇

9. 读论文，导师不会告诉你的技巧

快速有效地了解一个研究领域，是每一位科研"扫地僧"的必备技能。一方面，读论文可以把握最前沿的研究动态，激发自身研究灵感；另一方面，可以避免重复劳动。想象一下，当我们信心满满地在实验室或者机房废寝忘食猛干了一个月的时间，结果一出来，才发现自己的"绝妙"想法前人已经发表过了文章。这种感觉除了"欲哭无泪"，还能是怎样？

可能读者朋友又会说了，从学生阶段导师就反复耳提面命过了，做研究前一定要认真阅读该领域已发表的文献，我也确实辛辛苦苦读了不少啊，但论文实在太多了，怎么读都读不完、读不够啊！是啊，全球每年上千万的研究人员辛勤耕耘硕果累累，每年大约会在 3 万多种期刊上发表 200 多万篇论文。据悉，自 2013 年起，所有学科每年的新增出版物（包括图书、期刊／会议论文、专利等）已超过了 1000 万册。电子预印本文献库 arXiv 上的统计资料显示，2019 年涉及物理学、数学、非线性科学、计算机科学等领域单年度新增论文数已经超过了 15 万，具体数据为 155866 篇，月均新增论文 12989 篇；2020 年 4 月，每月新增论文数已经超过了 15000 篇，日均新增论文 500 篇！看着这些触目惊心的数据，真是令人焦虑。如果有无限的时间和注意力，大不了就是读的时间比较长，效率比较低而已，遍览天下"武林秘籍"这样的做法也不是不可以。然而，**时间是稀缺资源，精力更是稀缺资源中的稀缺资源**。对待稀缺资源，必须三思而行，不可草率啊！

那么，如何才能合理利用这稀缺资源以及稀缺资源中的稀缺资源，把它们用在刀刃上呢？在解密之前，让我们先从一般读论文的方法开始解读。

（1）"渐进式"的读论文方法

① 先读标题／摘要／主要图表；

② 再读引言、结论其他图表部分，而跳过相关研究部分；

③ 概览整篇文章；

④ 通读整篇论文。

（2）施一公校长的读论文方法

① 先读"introduction"（引言）部分，然后很快地看一遍"figures"（插图），所有"figures"（插图）都是按照这个主线逻辑展开描述的，知道这条主线之后，才能一字一句地去读"results"（结果）和"discussion"（讨论）。

② 当一些实验过程描述或结果分析很晦涩难懂时，不必花费太多时间深究，而要力求一口气把文章读完，也许你的问题在后面的内容中自然就有答案。其实，这与听学术讲座非常相似，如果想每个细节都听懂，留心每一个技术细节，那听讲座时不仅会很累，而且也许会为了深究一个小细节而影响了对整个讲座逻辑推理及核心结论的理解。

③ 对个别重要的文章和自己领域内的科研论文，应该精读；对与自己课题相关的每一篇论文则必须字斟句酌地读。这些论文，不仅要完全读懂，理解每一个实验的细节、分析、结论，还必须联想到这些实验和结论对自己课题的影响和启发，触类旁通，提出自己的观点。

（3）深度学习专家的读论文套路

人工智能和机器学习领域的国际权威学者吴恩达认为，要理解一篇论文，一次将一篇论文从第一个字读到最后一个字可能并不是最佳方式。在他看来，正确的文献阅读打开方式是，一篇论文至少**看三遍**。

第一遍，仔细阅读论文中的标题、摘要和关键词。

第二遍，阅读文中的导言、结论以及图表，并快速扫描一下论文剩下的内容。这一步主要是要把握论文中的**关键信息**，包括导言和结论，以及文章中任何小的结论。但这一步骤中，应跳过论文中所涉及的补充信息。

第三遍，阅读论文的整个部分，可以跳过任何可能陌生或看不懂的数学公式和技术术语。不过，如果你需要对这个专业领域有一个深入的理解，那就必须要搞懂那些公式和术语了。

阅读完这三遍以后，如何检测自己对这篇文章的关键信息是否已有基本了解呢？表1中的这份检测清单可以帮助我们了解自己对文献的掌握程度。

表 1　读论文关键信息理解检测清单

序号	检测内容
1	Describe what the authors of the paper aim to accomplish, or perhaps did achieve. （作者的目标是什么，或者也许已经实现了什么。）
2	If a new approach/technique/method was introduced in a paper, what are the key elements of the newly proposed approach? （如果文中引入了一种新方法 / 技术，那么这一新提出的方法 / 技术的关键要素是什么？）
3	What content within the paper is useful to you? （论文中有哪些内容对你有用？）
4	What other references do you want to follow? （你还想关注哪些参考资料 / 文献？）

　　"天下论文共一石（dàn，一石等于十斗），经典论文独八斗。"对于研究领域内重要经典论文的阅读、消化、吸收，是值得每一位科研工作者高度重视的事。通过不断增加增量知识，再将增量知识转化为存量知识，两者相互交织，就可以逐步构建起属于自己的知识体系。知乎上某个勤奋学霸曾分享，他在一个学期看了 192 篇论文后，意识到万事万物都是相通的，发现曾经学过的专业知识可以在一些关键点通过转换、融合，从而运用到新技术中，通过这个方法，逐渐形成了一套他自己的知识体系。

　　当然，鉴于目前论文数量快速增长，难免也会出现论文水平良莠不齐的现象，甚至有些"水文"可能还会对科研工作产生误导。因此，科研新秀们一旦掌握诀窍入了门，除了大量阅读文献以外，也要时刻提醒自己严肃思考和严肃阅读（critical thinking and critical reading），做到不迷信已发表的论文，即使是顶级期刊上的文章，也应在阅读文章时时刻检测这些事项：该论文逻辑是否严谨，数据是否可靠，实验证据是否支持结论，我是否能想出更好的理论或者设计更好的实验，我是否可以在此论文的基础上提出新的重要问题，等等。

　　所以说，读科研论文是一件很简单的事，但也是一件很深奥的事，阅读当中只可意会不可言传的欢笑与苦涩只有同是科研"扫地僧"的你懂。读论文，读笑了的是自己人，读哭了的是资深自己人。

10. 做好一场科学报告，仅有 PPT 还是不够的

"Times have changed. Yesterday the most qualified person got the job. Today, among the equals, the best communicator gets the job."（时代已经发生了改变。昨天，最有资格的人得到了这份工作。今天，在所有平等竞争者中，最好的沟通者得到了这份工作）

——鲁迅 [1]

在现代社会中，沟通的重要性不言自明，沟通交流能力可以说是人这一社会性动物最重要的能力之一。即便是有人以霍金的事例来反驳这一观点，仍可以考虑霍金希望他的故事留给后人的启示：即使在丧失了活动能力和语言表达能力的情况下，仍然想尽办法向外界传达个人思想与观点；即便只有眼球与一根手指能动，也用尽力气与外界交流。

幸运的是，对于大多数普通读者来说，并不需要像霍金一样克服重重困难才能与外界顺畅沟通，不过我们依然可以从霍金这样尽力与外界交流的案例中获得启发，毕竟有位科学家曾经说过："50% of scientific success is based on the excellence of your science, 50% is based on your ability to clearly communicate your results."（科学研究的成功 50% 取决于你科学研究的卓越，50% 取决于你清晰传达结果的能力）。取得科学上的成功，除了创新性成果以外，也离不开清晰表述科研成果的内涵与外延，以及传播科研成果的能力。看来做好 PPT 是第一步，台词有了，还要把台词讲好、报告做好，才能充分表达所思所想，达到最佳沟通传播效果。而且从经济学的角度看，考虑机会成本（一切在做出选择后其中一个最大的损失），所做的按分钟计算的科技报告也是价值不菲的！请看小编关于一场科技报告的机会成本计算：

一场科技报告的成本 = 报告人准备时间

+ 演讲的时间 + 听众听的时间

+ 听众所花的注册费的分摊

+ 报告人的讲课费

+ ……

---

[1] 网上的戏谑说法，实际这句话并非鲁迅所说。

图 1　罗伯特·马利教授

不算不知道，一算吓一跳！想想看，在一场国际会议的报告席上，您侃侃而谈的30分钟所需要的机会成本，好像一点也不亚于美国前总统奥巴马40万美元一场的演讲啊！

看到这里，您一定想立即着手提升报告水平了吧？可是，具体该怎么做呢？小编有机会亲耳听了一场大师级的讲座：演讲的艺术——如何做一场有效的科学报告（*art of lecturing: how to give an effective scientific presentation*）。那是哪位大师呢？晒晒简历，加点光环，就是如图 1 所示这位教授——罗伯特·马利（Robert Mahley）。

他是美国国家科学院院士，美国专注神经系统及心血管疾病领域研究的非营利性生物医药研究机构格拉德斯通研究所（Gladstone Institutes）的创始人、名誉主席，加州大学旧金山分校（UCSF）教授，国际上知名的心血管专家，ApoE 蛋白的发现者。同时他还是许多科学和专业协会的委员，包括美国心脏协会、美国生物化学和分子生物学学会等。基于他在担任格拉德斯通研究所创始人期间的贡献，他获得"科学建筑师奖"。在此之前，他已在格拉德斯通研究所教授此类提升演讲技巧的课程二十余年。

看到学术大咖二十年如一日地研究、传播如何提升演讲技巧，小编深表敬佩。这期小编也和读者们一起探讨一下科学演讲的必备技巧吧。

做科研是有逻辑的，因此提升科学演讲水平，也是要有逻辑的。如果希望提升科学演讲的技巧，那就必须首先知道什么是最佳方法，并根据自己以往的做法找出与最佳方法之间的差距来。其次，从限制自己科学演讲水平的最根本影响因素入手，找到改进提升的突破口。最后，在前两步的基础上，在每一次报告前做好充分的准备。通过这三个步骤循环往复不断改进，几年下来，您做科技报告的水平一定可以提升到令人满意的程度。

下面小编就从这三个方面入手，和读者一起学习该如何提升个人科技演讲水平。

（1）有效沟通的最佳方法

从管理学研究的角度看，沟通的过程包括信息的采集、传送、整理、交换。通过沟通，人们得以交换有意义、有价值的各种信息，生活中的大小事务才得以开展。掌握低成本的沟通技巧、了解如何有效地传递信息能够提高人的办事效率，积极地获得信息更会增强人的竞争优势。从管理学家们对有效沟通的研究结论来看，有效沟通的最佳方法在于把握好以下四个方面：一是必须知道说什么，要明确沟通的目的；二是必须知道什么时候说，要掌握好沟通的时间；三是必须知道对谁说，要明确沟通的对象；四是必须知道怎么说，要掌握沟通的方法。

当一种沟通方式可以妥善处理上述四个方面的内容时，就是最佳沟通方案了。

（2）一场成功演讲的基本要素

一场成功的演讲到底有哪些基本要素，不同的专家有不同的看法。有说三个的，也有说四个的，还有说九个的，还有强调"细节决定成败的"，等等。强调成功的演讲应具备三个基本要素的专家，对于这三个要素的具体内容也有着不同看法。有的讲究演讲者、听众、环境三者间的和谐；有的强调 3V 模型（verbal——你所说的内容，vocal——你所说的方式，visual——形体语言）。认为成功的演讲应具备四个基本要素的专家，认为这四个要素是演讲主体、演讲客体、演讲载体和演讲受体这四个内容。至于持有"细节决定成败"观点的专家，那是强调演讲的每一个环节都要用心十足才能确保成功。

尽管现如今不同学者对成功演讲的基本要素有不同的观点，但其实追根溯源，会发现古代先贤们早已对成功演讲的基本要素进行过更为抽象和形而上的总结。

早在 2400 年前，亚里士多德就在《修辞学》中总结了说服"对方辩友"需要的三个基本要素：逻辑、感情和气质。小编分析了一下，发现上述不同观点实质上是从不同角度诠释"逻辑、感情和气质"的具体做法和心得。

做报告就像讲故事，开篇越宽越好，让听众特别是不同专业方面的听众，都能感受到你的报告内容和他的研究方向有一定的关联，这样就会激发他的兴趣，引起共鸣。接着，随着报告进一步推进，我们又需要将话题聚焦到介绍自己的研究方法和研究结果上来，突出本次报告的主要内容。到了最后的总结环节，就可以再一次扩大，让听众清楚地意识到这项研究的重要性。记住一个"宽—窄—宽"的思路，并且"宽"的尺度，要根据听者的认知程度来定。

（3）如何准备一场讲座

在如何准备一场讲座方面，每个人都有很多经验分享，也可能有很多困惑。如果能够处理好前两方面提炼出的原则，小编相信您已经可以把握大局了。下面小编对于一些常见的困惑，做了个简单的整理。

第一个问题：是否背稿？

很多人认为，科技报告一般都是照着 PPT 讲的，背稿太浪费时间了，完全没有必要。确实如此，但如果一定要背，建议大家着重背下报告开头的 5 分钟和最后总结的内容，因为开头是听众们注意力最集中的时候，结尾则是整个报告的总结与升华。至于其他部分的稿子，可以不用写得太详细，推荐使用列重点的方法写下演讲思路，以及报告的转折部分（比如两张 PPT 之间的过渡衔接语）即可。

第二个问题：问答环节。

问答环节应该是大部分报告人最担心的环节。毕竟做报告时，只要按照事前准备好的内容正常发挥，大部分人基本上都能够掌控节奏。但是到了问答环节，听众的问题可能五花八门，现场的不确定因素也很多，那么该如何处理把控问答环节呢？

① 情景一：有把握顺利解答的问题。

静观大师风采，他们总是表现得那么自信，看起来对任何问题都能从容应对，回答问题简洁明了，并且显得那么彬彬有礼，这样的风采着实令人羡慕不已。要知道这样的状态并非一朝一夕之功力，我们也许不能一天之内修炼出如此"大师级"的内功，但学习一个"大师级"技巧也许可以帮助我们从容应对报告提问。这个"大师级"技巧就是：重复提出的问题。

简单来说，当一位听众提出问题时，现场可能很多人并没有听清这个问题。在回答提问前，您可以首先重复听众的问题，用自己的理解方式，简明扼要地重复就可以了。其实，重复问题的一个重要好处是可以给我们赢得一些时间来思考如何回答这个问题，在口头重复问题的过程中，我们的大脑可以争分夺秒地飞速运转，努力思考答案。

② 情景二：无法当场解答的难题。

可能又有读者要问了，对于能够应答的提问，我可以通过重复问题的方式争取思考时间；但对于那些无法当场应答的难题，即使复述一百遍问题，还是不知道该如何回答啊！这时，又该怎么办？

在问答环节中，如果遇到了无法回答的难题，可以事先设想一些解决方案，比如，可以说这个问题是很值得研究的下一个课题或这个问题比较复杂，我建议报告结束后有兴趣的可以留下来一起讨论。

这些应对话语，大家是不是经常在学术交流中听到？以前是不是还疑惑为什么报告人要这么回答？这下是不是真相大白了？

③ **情景三：如何应对持对立意见的提问。**

在提问环节，最让报告人头疼的就是对立的意见和提问了，毕竟一旦应对不好，可能会从"答疑"发展成"辩论"甚至"争执"，因此我们应谨慎回答持对立意见的提问。遇到对立的意见时，为了尽量避免在现场引发纷争，可以说我们好像都有自己的理据，这个问题很难立刻解决，要不我们先讨论下一个问题，结束后我们可以再就这个话题讨论。

十秒内结束战斗，迅速撤离战争现场。这里小编再提个醒：科研圈确实很小，很多人今后还会遇到；随着科技的进步，我们对同一问题的认识和看法也可能会发生变化。因此，学术交流中要尽量避免引起纷争，尊重对你提出质疑的人。

此外，讨论答疑环节还有一些小细节需要注意：讨论的时候，应让报告 PPT 停留在结论页，让报告结论更长时间展现在听众眼前，从而更好地传播研究成果，一定不要像很多报告人那样把 PPT 停留在"谢谢"页哦！

第三个问题：如何应对突发状况。

演讲过程被人打断了怎么办？这里分两种情况。

如果对方打断后提问的不是重要问题，那么不要烦躁，也不要质问对方，只需要简单回答，然后继续演讲。如果这个问题后面会提到，那么可以说"这是个非常好的问题，我们后面会提"；而如果是很复杂的问题，那么可以说"谢谢，我们可以把这一问题放在后面的问答环节来解释"。

如果对方问的是重要问题怎么办？假设听众大多是专家，那么就要尽量深入解释这一问题；而如果听众不是专家，则可以先进行简要回答，把详细解释留给提问环节。这是因为面对非专家，你要花很久的时间来解释，放到最后讨论显然更合适。

还有一种突发情况是，你被人现场质疑。这时可以尽量详细地去解释；但如果你真的不懂，那不如大大方方承认自己不懂，这比勉强找一个答案要好，尤其是当对方还是一个专业人士时。

第四个问题：时间控制。

不少人都会遇到演讲超时的问题。那么为了控制好时间，应提前做好演讲彩排。在家里彩排时可以对着镜子去讲，想想哪些部分是自己不太会解释的，这些部分究竟应该删除还是应该再查一下相关资料。提前准备好应对逻辑和措辞，可以帮助我们从容应对。

此外，也可以有意识地控制每页 PPT 的讲述时间，将每页 PPT 的平均演讲时间控制在 1~2 分钟（当然这也不是绝对的）可以获得最佳交流节奏，并能保证准时结束。比如，如果你有 20 分钟的演讲时间，那 PPT 做 15~20 页就够了。

第五个问题，如何应对怯场。

演讲时怯场是演讲者最常遇到的情况，上场之前常会出现焦虑、紧张、发抖、出汗甚至说不出话的情况。遇到这种情况不要担心，这只是人之常情。这些症状是公开演讲恐惧症（glossophobia）的表现，它属于社交恐惧症的一种，是非常广泛的一种人类行为现象。公开演讲恐惧症的成因目前尚且未知，科学家猜测，这大概和我们祖先的进化过程有关：当面对危险时，紧张可以促进肾上腺激素大量分泌，以增强反应能力，有利于逃离或解决危险。所以说，遇到这种问题不要担心，适度的紧张也许可以帮助我们在演讲时发挥得更好呢！

当我们认识到适度紧张或许可提升演讲效果与沟通表现后，也就可以从思想上得到放松，进而在认识、心理上进行相应的改变。只要我们多加刻意练习，在演讲前做好充分的准备，相信一定可以逐步克服怯场情绪。应对怯场的方法如图 2 所示。

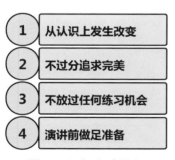

1 从认识上发生改变
2 不过分追求完美
3 不放过任何练习机会
4 演讲前做足准备

图 2　如何应对怯场

每一次呈现的精彩，都是背后辛苦汗水的付出。知道了这些成功做科研报告的秘诀，下一步就努力练习吧！毕竟，知道和做到之间的距离，就是新手和专家之间的距离！

11. 信息素养——效率提升与终身学习的新引擎，快来了解一下吧

"人类曾经以采集食物为生，而如今他们重新要以采集信息为生，尽管这看上去有点不和谐"。

——马歇尔·麦克卢汉（Marshall Mcluhan）

2020 年年初，新冠疫情突发。随着每日新增确诊、疑似病例的数据攀升，公众的恐慌情绪也在不断蔓延。越来越多的人发现，席卷全球的严峻疫情，也成了谣言诞生的温床。

面对各种无厘头的谣言，专业人士一眼看穿，老百姓将信将疑，阴谋论者深信不疑。美国心理学家戈登·威拉德·奥尔波特（Gordon Willard Allport）等人曾经提出谣言传播的公式：谣言传播机会 = 事件的模糊性 × 重要性。也就是说，在重要性处于定值之时，事件越模糊，谣言的传播概率越大。

对于普罗大众来说，个别时候可以有"无谣言，不社交"的效果，有关方面的研究也发现谣言在社会交往中存在不可否定的功能。有一些谣言属玩笑性质，也与人类社会"和谐共处"，可令人产生获得主体性，产生"我的地盘我做主"的快感。比如说 2020 年"NASA（美国国家航空航天局）表示因地球引力的作用 2020年 2 月 10 日扫帚可以立起来"的传言通过媒体发布后，当晚竖立扫帚的图片（见图 1）在各种社交网站刷屏。

图 1　扫帚可以立起来

当然了，最后证明这只是一个小玩笑。不过，NASA 也将错就错，借机参与了这项有趣的活动，通过科普视频向公众展示各种物理规律每天是如何运行的。生活中无伤大雅的谣言我们可以一笑了之，但作为一个科研人员，我们更关注的是，该如何在充斥着各种谣言的信息时代提升信息甄别能力，加强"谣言免疫力"呢？大家都知道人类社会自 20 世纪 50 年代开始进入信息

时代，但大部分人其实并无法准确描述信息是什么，这是因为信息所包含的内容太多了。我们每天看到的新闻、社交软件上的消息、随处可见的广告等都是信息，光肉眼所见的信息就已经如此庞大，更不用说那些看不到的信息。事实上，信息远比我们想象得更复杂。

于是，面对这般错综复杂的信息世界，人们又产生了信息焦虑症。信息焦虑症，类似我们小时候碰到好吃的，一下子吃多了，肠胃紊乱的样子吧。我们知道，对于输入的外界信息，大脑会启动高级中枢去综合、分析和判断，并进行一番信息加工。如果在很短的时间里，大脑接受了超出其分析能力的大量繁杂信息，那么大脑就会启动一种自我保护机制，产生一系列的自我强迫和紧张，用于防范进一步的信息过载。这种因工作信息接触过多而引起焦虑症状的情况被一些人称为信息焦虑症。千百年来，在人类大脑进化的过程中，多数时间人类社会的信息传递速度是相当慢的，处于"往来一万三千里""书回已是明年事"状态。突然间，电视、电话、电脑、电子邮件、手机、互联网、MSN、QQ 等各种现代化通信设备和传播手段爆炸式出现，给人类的日常生活和工作带来方便的同时，也给人类带来新的困扰。例如，一个平日无时无刻不处于高密度信息流中的人，突然与一些信息相隔离时，就会产生焦躁、恐慌，甚至头晕、胸闷等症状。这些被人们称为"网络综合征""手机强迫症"等时代感很强的精神问题，实际上都是过量信息作用于人使人产生的一种焦虑心理反应，也就是信息焦虑症的表现。

面对信息时代的新焦虑，各位读者别着急。让我们先安静下来，清理一下思路吧，毕竟"休息是为了走更远的路"，强健身心也是为了更好地生活。在信息时代，最需要我们增强的能力正是信息素养能力！

那么，到底什么才是信息素养呢？信息素养（information literacy）是指：人们对信息关注和需求的知识，以及确定、查找、评估、组织和有效地创造、使用和交流信息，并用来解决面临问题的能力。信息素养是人们有效参与信息社会的一个先决条件（见图 2）。这是联合国教科文组织在《布拉格宣言》中对于信息素养的定义。我们身处一个信息大爆炸、信息加速膨胀的时代：从 1844 年开始，商用电报持续了 100 多年；从 1876 年发明固定电话到现在有 140 多年了；互联网发明才 50 年；而移动通信发明不到 40 年……对于信息时代所发生的一切的困惑，我们需要增加对信息演化的了解，利用信息消除不确定性，建立信息时代的世界观和方法论，才能在信息时代更好地生存。

信息素养：

人们对信息关注和需求的知识，以及确定、查找、评估、组织和有效地创造、使用和交流信息，并用来解决面临问题的能力。信息素养是人们有效参与信息社会的一个先决条件。

图 2　什么是信息素养

信息素养概念的酝酿始于美国图书检索技能的演变。1974 年，美国信息产业协会主席保罗·泽考斯基（Paul Zurkowski）率先提出了信息素养这一全新的概念，并将其解释为：利用大量的信息工具及主要信息源使问题得到解答的技能。信息素养的概念一经提出，便得到广泛传播和使用。世界各国的研究机构纷纷围绕如何提高信息素养展开了广泛的探索和深入的研究，并对信息素养概念的界定、内涵和评价标准等提出了一系列新的见解。2020 中国大学慕课推出了课程《信息素养：效率提升与终身学习的新引擎》，如果没听说过，那快来了解一下吧！这个可以帮助我们避免成为信息时代的文盲。

随着信息素养能力被越来越多地提及并成了一个指标，信息素养的综合框架也就逐渐形成了。其中一种框架包含七个方面（见图 3 和图 4）。

图 3　信息素养的七个方面

信息技术	信息技术方面的信息素养是指利用信息技术进行信息检索和交流的能力。信息是客观的,是外在于信息访问者的。信息技术的主要作用之一是使得信息可访问,或使之能被认识到。信息技术是进行信息访问和交流的核心,掌握有关信息技术的知识和技能是培养信息素养的起点。
信息资源	信息资源方面的信息素养可以看作是在信息资源中寻找所需信息的能力,对信息资源相关知识的掌握和信息检索能力的培养是信息教育的一个重要方面。信息资源可以覆盖各种媒体,包括电子媒体,信息资源也可以是人,根据不同的信息检索方向应使用不同的信息检索及获取手段。
信息处理过程	信息处理过程是信息利用者在面对一种新的情况时,出于对新信息的需求,而执行的某种策略过程。因此,信息处理过程方面的信息素养可以看作是执行某个信息利用及处理过程时所需的能力。
信息控制	信息控制方面的信息素养可以看作是控制信息的能力。信息的有效控制与对信息的组织密不可分,而信息的组织则是指将信息(通常是文档),以更易检索的形式进行存贮。具有信息素养的人,能够利用各种媒体去有效地组织和控制信息,并且在需要的时候对这些信息进行检索和处理。
知识建构	知识建构方面的信息素养可以看作是在一个新的领域建立自己的知识贮藏、知识库的能力。知识库的建构不是指简单的信息堆砌,而是要在知识摄取的过程中通过对信息进行批判性分析,根据自身知识和逻辑结构形成对相关知识的个人观点。
知识扩展	知识扩展方面的信息素养可以看作是从个人观点角度对信息进行研究从而获得新的理解的能力。
智慧	因此通过利用信息让自己的知识造福于人类是信息教育的最高目标,因此智慧方面的信息素养可以看作是为了他人的便利而灵活利用信息、组织信息的能力,在信息的使用中融合个人价值观是这一层次的显著特征。智慧是信息使用中表现出来的个人品质,对信息灵活利用的能力表明了个人价值观、态度和信仰,证明一个人将信息放置在更大的情境中,以更为广泛的经验看待信息。

图 4 信息素养七个方面的内容

苏格拉底在讨论美德问题时曾表述过一个著名的"知识悖论",他说,学习本身就是一个矛盾:任何人既不可能学习他知道的东西,也不可能学习他不知道的东西。他不能学习知道的东西,因为他已经知道了这个东西,不需要学习;同样,他也不能学习不知道的东西,因为他不知道自己要学习什么。

信息素养的提出,为我们指出了要学习的内容:如何快速地找到最需要的文献资源,如何甄别高质量的经典权威文献、检索出优质的外文文献,如何快速找到综述,如何找到研究前沿的文献,等等;以及好学的方法、好记的高招和好用的工具,帮助我们轻松解决日常生活、学习和工作中遇到的各种获取信息的难题,快速学会各类信息获取技能,有效提升信息素养。学会检索方法,受益无穷;提升信息素养,生活、学习、工作不迷茫。有了高超的信息素养能力,我们每天的行为,包括找到自己想看的文章、购买或下载喜欢看的期刊或图书、完成工作、网上购物、居家隔离时下载歌曲或电影、追剧、利用网络找到问题的解决方案、利用网络开展课题研究等都会更加游刃有余。

到那时，当我们面对铺天盖地的谣言时可以从容分辨，无论面对什么奇葩情境，都能够充满自信地运用各类信息解决问题，都能有较强的创新意识和进取精神。

避免信息陷阱，站在潮头，看清趋势，把握方向，做好人生和事业的舵手，我们才能说自己是自由的，不是吗?

在这里，小编再跟大家分享一些跟踪科学研究前沿的小技巧（见图 5）。

> 1. 在每个学术数据库中检索文献时按时间倒序排序，排在最前面的即是最新研究。
>
> 2. 关注学术数据库的个性化注册和提醒设置，数据库会将你查阅过的主题领域中新发现的论文，持续发送到你预留的信箱。
>
> 3. 国际学术会议的征稿网站由语义网学术搜索引擎支持，在这个网站上高度聚合了近期即将召开的国际学术会议征稿启事，可以了解最前沿的研究论题。
>
> 4. 语义网学术搜索引擎是一个由爱伦人工智能研究所开发的免费、公益的学术搜索引擎，较为全面地收录了最新的网上同行评审开放获取 (Open Access) 和研究机构的论文文献、会议文献。

图 5　科技前沿追踪小技巧

12. 整天泡实验室，也可以有全球性思维

　　课题验收考核刚结束，有几位平日里雄心勃勃的青年才俊对专家评委们的"要注意扩展科研视野"的建议心里直犯嘀咕：我每日每夜研究这方面的课题，短短的一年时间能把这个问题搞清楚已经很不容易了。再说了，工作上任务重、压力大，整天在机房算题，这扩展科研视野从何做起呢？

　　视野是什么？根据相关词条解释，视野（field of vision），分为静视野和动视野。在人的头部和眼球固定不动的情况下，眼睛观看正前方物体时所能看得见的空间范围，称为静视野；眼睛转动所看到的空间范围称为动视野，常用角度来表示。视野的大小和形状与视网膜上感觉细胞的分布状况有关，视野的范围可以用视野计来测定。

　　开个玩笑，科普一下医学术语。回到科研视野的话题上来，郭剑波院士告诉大家："做科研要站在未来看现在，要拓宽自己的视野，以一个长远的时间尺度来培养自己的思维方式。"

　　小编是这么想的："后之视今，亦由今之视昔。"当19世纪后期的思想家们热情讴歌他们所处时代的伟大科学成就时，估计做梦也不会想到，19世纪及前几个世纪科学成就的总和，对于20世纪科学家们所实现的科学成就来说，只不过是一种科学准备工作。所以说，"开阔学术国际视野"这件事对于成就科研理想来说真的很重要，还是值得各位读者在繁忙的科研生活之余，仔细分析一下的。

　　从静视野的角度来说，既然静视野是指当眼球正向前方注视不动时所能看到的空间范围，那么对于科研工作者来说，科学研究的"静视野"就是"正向前方注视不动"，即关注点和研究角度仅限在自己的学科范围内。小编认为，这应该是最基本的科研视野范围。

　　如果通过一段时间的科研工作，发现这个最基本的科研视野圈圈有点小了，需要出去遛遛，那就能称在开阔科研视野的范围了。比如说，中国科学院高能物理研究所的赵宇亮院士是纳米技术专家，当他研究了一段时间纳米技术后，发现如果只在纳米尺度范围内研究纳米技术后，好像视野有点小，施展不开拳脚。于是，他就一步一步地跨了出去。因为纳米材料生物学效应方面的研究综合性非常强，需要纳米科学、生物学、毒理学、化学、物理学等多学科的交叉与融合，于是他就开始组

建全球视野科研团队，召集这些领域的专家共同合作研究，将其研究团队的科研视野扩大到每个成员基本科研视野（学科范围）的耦合之处。在这样不断扩大团队科研视野的过程中，赵宇亮院士也曾遇到过旁观者甚至研究团队的不解。举一个他曾公开分享过的例子，在他全球招聘生物学专家时，曾遇到的周围人的质疑："高能所做什么生物研究？"这其实就是以学科划分为界限的视野阻碍了我们的科研想象力。很多研究人员的课题非常精细，一年内同行发文量个位数，全世界也就几个课题组在做，那么此时应适当将眼界放宽些，关注些近似领域的东西，否则你的研究会被自己的视野限制住。

科研视野容易被抑制，也和当今庞大、复杂的自然科学体系有关。 美国哲学家威拉德·蒯因（Willard Qaine）在 1951 年提出了著名的还原论（reductionism），他主张把事物的高级运动形式分解简化为低级运动形式，并且认为现实生活中的所有现象和实体都可看作由更低级、更基本的现象和实体构成。"还原论"一经提出，就对近代科学产生了重大影响，在当时和此后的很长一段时间内，"还原论"成为科学家认识和应对复杂世界的重要思想方法，也是整个近代科学的主流思想。有些专家认为可以这么说："若没有还原论，可能就没有当今这种类繁多、成效卓著的庞大的自然科学体系了。"

可是，随着庞大的自然科学体系的不断细分，学科之间的学科疆域愈发固化、互相隔离。按照这个趋势继续发展下去，这种庞大、复杂的自然科学体系恐怕已不能适应当今社会学科之间、科学和技术之间、技术和工程之间、自然科学、人文科学及社会科学之间日益呈现的交叉融合趋势。早在若干年前，已经有专家建言"我国的学科门类划分过细，学科布局的综合性和交叉性不足，这种传统布局不利于学科之间协同创新"。

有一次，一位带了几位研究生的科学家闺蜜向小编"吐槽"她的学生："有几个学生经常说自己不适合做科研，自己每天从早忙到晚最后什么也没做出来。"这位科学家闺蜜就谆谆教导、劝告学生："这事情你们可不可以这么分析一下呢？你们天天在实验室，天天在做事情，总是会有个结果吧？如果有结果，就根据结果写出个合理的故事呀。"可是学生们总是说做不出结果来。闺蜜实在看不下去了，当她帮学生们整理实验结果的时候，恍然大悟学生们为什么会什么都做不出来。原来，这些学生们在做科研时，假设按照预定方案，实验目标是解决问题 A，但他们辛辛苦苦得到的实验结果，却并不能直接解决问题 A。于是，受制于较窄的科研视野，学生们就认为这些实验结果都是废结果而将其抛弃了。但在闺蜜眼中，这些实验结果却大有用处，虽然它们不是对问题 A 的全面解释，但却是对问题 A 的子问题 a_1，a_2，a_3 等的解释，已经在一步一步地接近目标啦！而且问题 a_1，a_2，a_3 等也是没有人解答过的问题呀！这些学生们眼里的"废料"，在拥有开阔科研视野的导师看来，已经能够整理出几篇好文章啦！

所以，**了解一个学科的总体情况，以及一个学科在科研总体中的定位是很有必要的！**没有这样广阔的视野，后续发展会偏执，还可能错失很多机会，试图用所谓的专业性来掩盖自己的局限与懒惰的想法无异于掩耳盗铃。

虽然科学家有国籍，但科学研究是没有国界的。**实验室的白墙不应成为我们视野局限的理由，科研领域的复杂细分也不应是搞不清科研领域整体状况的借口。在科研工作中，我们应该在更大的时间、空间范围内找准自己研究工作在相关学科领域内的位置，获取更多的相关研究信息，知道研究目标从哪里来、目前与该项研究有关的方面有哪些，以及该项研究正处于学科发展、科学发展中的什么状态。**

现在获取信息和知识的渠道越来越便捷，当今网络上几乎累积了人类从古到今的所有知识。作为信息时代最大的受益者，我们何不利用好这些信息，塑造自己广阔的科研视野呢？

13. 我也想享受拥有创造力的快乐

人类 98% 的基因构成与黑猩猩相同，但因为独有的创造力，让我们拥有了语言、自由意志、价值判断、艺术表达以及对科学技术的发明与使用；在不断鼓励与认可的过程中，人类的创造能力也得以不断进化与传承。如果没有创造力，还真的很难区分人类和黑猩猩。

——鲁迅[①]

爱因斯坦虽然已经去世 60 多年，但科学家们仍未停止对他大脑的研究，希望能一窥这位天才物理学家大脑的秘密。事实上，人类从古至今一直迷恋于探索改变世界、推动人类进步的伟人们到底有何共同之处——假设能够将天才们的大脑操作系统复制粘贴，那该多好！但这些伟人们大多性格各异，成长生活背景不同，他们的成功轨迹实在无法遵循，也难以复制。不过有一点可以肯定，那就是他们都有很强的创造力。《礼记·大学》曾说道："苟日新，又日新，日日新。"创造力意味着改变，让每一天都是崭新的，它能带来进步，是我们生活意义的核心来源。

创造力如此重要，那么提到创造力，通常我们会想到什么？是阿基米德坐在浴缸中的茅塞顿开，是牛顿被苹果砸中后的灵机一动，还是艺术家们天马行空的创意挥洒？人们过去认为，创造力是某种心智活动，是一些特殊人物（专家学者）头脑中产生的洞见。然而这种观点具有误导性。

事实上，创造力发生在人们的思想与社会文化背景的互动中，是一种系统的而非个人的现象，它具备一定的产生、释放和促进机制。有创造力的人具有怎样的性格特征？创造力的释放需要哪些条件？怎样才能把自己的创造潜能充分发挥出来？如果能弄懂这些问题，我们不就能提升创造力了嘛！

首先，我们需要明白创造力是什么。国际著名的创造学研究专家，积极心理学的发轫和创立者之一，芝加哥大学心理学系前系主任，米哈里·希斯赞特米哈伊（Mihaly Csikszentmihalyi）在其经典著作《创造力：心流与创新心理学》

---

① 网上流行的戏谑的说法，实际上这句话并非鲁迅所说。

图1　创造力

（见图1）中，对创造力做出过如下定义：**创造力是改变现有领域或将现有领域转化为新领域的任何观念、行动或事物。富有创造力的人就是指他的思想或行动改变了一个领域或是创造了一个新领域的人。并且，不仅是创造了一个新奇事物，而且这个新奇事物还得到了行业或社会的认可，具有社会价值。**

不同于以往对于创造力的研究，这本书的主体内容不是关于器物层面的小发明、小创造，而是能够在人类文化的某个领域引起巨大变革的那种创造力。米哈里关注创造力大师们"灵感一现"的心理机制和社会环境，以及这些大师们富有创造力的人生背后有着怎样的生活品质。

为了进行更为深入的研究，米哈里对包括14位诺贝尔奖得主在内的91位创新者进行了深度访谈，通过分析他们的人格特征以及在创新过程中的"心流"体验，总结得出了这些大师们创造力产生的方式，他发现，那些富有创意的人其实与人们头脑中预想的样子并不一致。**创造力并不常常像人们以为的那样与"高智商"绑定，反而与性格更为相关，有创造力的人大多拥有复杂的、包含着大量矛盾对立的个性。**在书中，作者列举了具有创造力之人的十对明显对立的性格：

① 他们时而体力充沛、精力旺盛，时而沉默不语。

② 他们既聪明又天真，不去理会别人的劝告，坚持自己的理想，也就是旁人所说的倔强和天真成就了他们。

③ 他们时而恣意随性，懒撒，不喜欢被制度和权威所约束；时而严苛自律，工作狂式地专注于目标实现，竭尽全力去实践自己的"点子"，并在实践中不断完善这个创意。

④ 他们好奇心强，有着丰富的想象力；同时又能扎根现实，有着牢固的现实感。

⑤ 他们是内向和外向的结合体。对一些事情敏感细腻，同时对另一些事情非常迟钝。

⑥ 他们既谦逊又骄傲。

⑦ 他们既传统保守又反叛独立，既具有传统中的勤奋和努力；同时又极具批判性思维，对所谓的领导权威缺乏天生的畏惧感，如果他内心不赞同领导的想法，就不会盲从。

⑧ 在性别方面也有不同：通常情况下，有创造力的女孩坚强且更具影响力，有创造力的男孩则敏感且更少侵略性。

⑨ 他们极为热情感性，同时又可以保持对人对事的客观。

⑩ 他们因时因事，时而忍受痛苦煎熬，时而获得巨大喜悦。

这些看似矛盾的性格特点，在富有创造力的人身上很好地融合在一起却并不引起冲突，他们可以根据实际情况，在两种极端性格间相互转换。

此外，有创造力的人也并非只专注于做事，他们通常具备高度的社会责任感，即使他们遭遇不幸也不会改变这一点。此外，他们也擅于保持自己的活力。当缺少活力时，他们会将精力投入到新的领域，重新找到活力。

除了性格方面外，富有创造力的人都有另一个惊人相似之处：**他们都非常喜欢自己做的事情，有能力享受创造过程的本身，而非只追求结果。**

米哈里将人们沉浸在乐趣当中时，那种时光飞逝浑然忘我的着迷感受称为"心流"（flow）。当从事创造活动时，有创造力的人常常能够沉浸在"心流"之中：事情进展顺利，几乎毫不费力，像自动发生一样，而人的意识却高度集中；当工作结束，从这种状态中出来的时候，又会体验到巨大的愉悦和满足。这就像有些个体从运动中得到更强烈的快感，而有些个体从食物中获得快感，有些个体从学习新知识中获得更强烈的快感。**米哈里认为，享受是创造力非常重要的一部分，正是因为有享受"心流"快感的体验，这些极富创造力的人们才会不断通过从事费力、有风险且困难的活动扩展自己的能力，从中不断享受"心流"（flow）的快乐，体会比自我更宏大的深邃感——而这其中就包含着新奇与发现的丰富要素。**

既然享受"心流"的体验是极富创造力的人们不断挑战自我的动机（和结果）之一，那么可能有读者要问了，我该如何做，才能获得"心流"的快乐？米哈里也对此做出了回答：

① 具有明确的目标。例如歌唱家马上知道该唱什么歌词。

② 行动会马上得到反馈。例如歌唱家能听出歌词是否正确。

③ 存在着挑战与技能的平衡。例如打篮球时，对手比自己强大太多会产生挫败感，对手比自己差太多，又会产生厌倦感，当双方势均力敌时才有趣。进展顺利的工作、谈话或者人际关系也适用于这个道理。

④ 行动与意识相融合，即注意力集中于在做的事情上。

⑤ 不会受到干扰，避免分心。

一 编辑期刊篇 ——— 二 论文写作篇 ——— 三 科学研究篇 ——— 四 职业生涯篇 ——— 五 七彩生活篇

⑥ 不畏惧失败。清楚自己必须要做什么，潜在能力能够胜任挑战。

⑦ 自我意识消失。工作时沉浸在精神世界中，与其融为一体。

⑧ 遗忘时间。感觉时间过得很快或者很慢。例如花样滑冰运动员几秒钟的快速旋转感觉时间像是拉长了十倍。

⑨ 活动本身具有了目的。重要的是探索的过程，而非成就或名利。

米哈里还提出了最重要的一点：**在"心流"状态中时，我们并不会体验到快乐；只有当从"心流"状态中出来时，我们才会沉浸在快乐中。**也许，这就和中国人常说的"回甘"有异曲同工之妙。

经过上述的分析，也许有读者又会想了：既然创造力与性格特点高度相关，难道创造力是天生的？除了中"基因彩票"以外，我还有其他机会获得超强的创造力吗？答案是"有的"。**创造力并不是凭空产生或与生俱来的，它与后天因素更为相关，是系统中领域、学界和个人三因素之间互动的结果。**其中，"领域"即创造力能够发挥作用的对象域，通常是包含特定符号规则的文化领域，比如数学、物理、艺术等；"学界"由该领域中被认可的、能证实创新的专家组成；"个人"就是做出创造性成果的某个人。因此，要想在一个领域内做出创新性成果，还需要具备对应上述三个因素的如下条件：

① 能够接触到一个领域；

② 具有雄厚的基础知识，对该领域的知识烂熟于心，融会贯通并且能够推陈出新；

③ 能够得到学界专家的支持，并且自己有很强的判断力，能觉察出什么会得到学界的赏识和认可，也就是在创造阶段，既不严重高估也不过度低估自己的创造力成果。

总之，**创造力源自多个创意源头的协同效应。**创造力是一种很复杂的现象，不仅需要强烈的好奇心、浓厚的兴趣和旺盛的精力，还需要有良好的环境和方便学习的交流机会，需要在与他人的互动、学习中刺激更多先进观点的产生；此外，还要能够进入一个领域，了解该领域的标准和学界的评价。

任何单一条件都不足以导致创造力的生成。伟大的创造大多是站在巨人肩膀上的结果，而不是个人英雄主义式单打独斗的神话。一个人看起来很有"个人创造力"并不能成为决定他是否有创造力的条件，重要的是他创造的新奇事物是否被一个领域所接纳——这也许是**机会、毅力或天时、地利相结合的结果。**

创造力的产生机制如此复杂，那么作为普通人的我们能够为提升创造力做些什么呢？这里，小编在图 2 中给大家几个提示。

图 2　提升创造力的做法

（1）立刻去做

当我们有做某件事情的欲望时，立刻去做。抓住"心流"稍纵即逝的、难得的做事时机，**利用"心流"的强大力量，沉浸其中，高效率、高质量地完成事情**，并在完成后享受"心流"的快乐。而拖延，就是让"心流"消逝的过程，把"主动"变成了"被动"，是巨大的浪费。就像现在，我本来想要睡觉的，但想写这篇文章，瞬间就写完了。

（2）坚持记录

几乎所有人都有过这样的经历：曾在某一瞬间，产生一个令人激动的灵感，兴奋得难以言表，想着回头有机会就实现它，可现实是，之后就再也想不起来了。**记录是一件看起来枯燥无聊，但却是坚持越久收益越多、意义越大的习惯**。在英文中，有创造力的人被形容为"gifted"，译为天赐的礼物。既然灵感是天赐的、是稍纵即逝的，那么不妨在灵感到来之时就立刻记录下来，接住这份天赐的礼物。毕竟真正能够创造新的领域、改变世界的创造力从来都不是突然迸发的单个灵感，而是数年艰苦工作的厚积薄发，是缓慢的甚至是持续一生的进程。

（3）保护特质

组织或许应该创造环境，或者说有更大的包容性，去保护员工这样的性格特质，让员工的创造力得到充分发挥，尤其是对从事探索性、创造性工作的科研单位而言。不过，这就是涉及组织管理的另一个宏大命题了，在此小编就不做过多讨论。

那么看到这里，你是否对创造力的产生和激发机制有了更深入的了解呢？你是否也具备创新人才的特点呢？你曾体会过"心流"的快乐吗？

14. 从 I 到 T 那么难，为什么不试试教练技术呢

在被问及"您的团队成员平均年龄只有 30 岁，是非常年轻的团队。在团队里，您是如何管理有能力又有个性的成员的？面对科研上的意见分歧，您会怎么处理呢？"时，薛其坤院士的回答是："我作为一位年长的科学家，有着较为丰富的科学研究经验和阅历，大家对我这位学术带头人也比较认可。在科学研究过程中出现意见分歧时，我会全力帮助大家分析并解决问题。当然，出现意见分歧的情况并不多。说起有能力又有个性的成员，例如，同学们在实验安排的优先次序上可能会出现一些分歧和矛盾，有个性的成员反应会比较强烈一些。那么，作为一位导师、年长的学术带头人或者老师，我会花足够的精力和时间引导和教育这些学生，使他们正视问题、转变观念，改正由于个性导致的错误判断和做法。"

小编曾到访过薛院士的办公室，还品尝了他亲自煮的咖啡呢。被称为"7—11"的薛其坤院士做学问勤奋钻研，为人低调谦逊、乐观幽默，还充满活力，深受同学们的喜爱，也赢得了同行的尊敬。他带领团队时，威信很高，决策方面高瞻远瞩，团队成员十分佩服他，当然"出现意见分歧的情况"也就不多。

随着科研人员们在专业领域的不断成长、研究经验及阅历的加深，也会有像薛院士这样带领一个团队的机会。从"I"（我）到"T"（team，团队），别看只是多了一个"—"，但这可是一个量变到质变的过程。如何从关注个人的发展成长到组织协调一个团队，带领具有不同特色的团队成员共同进步，将思想目标各异的团队成员凝聚成为一个具有合力的组织，这是一个与科研人员的自我成长完全不同的过程。青年科研人员在最开始带领团队时也往往饱受困扰，不得法门。网上有年轻的课题负责人吐槽"带领科研团队的苦恼"，也有管理专家给出"加强团队文化建设，营造健康发展环境"的建议。然而，对于刚刚担当课题负责人、第一次领军作战的团队队长来说，还真有点抓不到扳手。

小编了解了所在单位一些课题组的情况后，结合现代人力资源管理研究成果，想和大家聊一聊教练技术在团队中的应用。

常言道，隔行如隔山。对于重点课题或者重大的科研项目，涉及的学科领域非常广泛，作为团队负责人，不可能对每一位成员的研究内容了如指掌，还很有可能

就是一个外行。这种情况下，能否建设健康发展的团队文化，就成为是否能够成功领导团队的一个关键点。

"教练式管理"作为一种实用、有效的管理技术，能使被教练者洞察自我，迁善心态，充分发挥个人的潜能，有效地激发整体的力量，从而提升组织的生产力。

教练式团队负责人基于行为科学，运用教练技能，促进团队成员的发展，包括态度、思维和行为的改变。在大众认知中，教练技术这个词语最早出现在体育界；殊不知，这项技术同时也是心理学中的一项专业技能。在20世纪80年代初期，教练技术开始被应用于企业管理中，并对企业产生重大影响。仅仅10年的时间，教练技术就演变为跨国公司高级管理者重要的管理开发方法。

要想当好教练，我们要先从理念上做一些调整，在与团队成员沟通时不要以领导自居，以倾听者和教练的身份，可能更容易被团队成员所接受，这也是和当今社会青年人的心理状态和社会文化相适应的。随着越来越多"90后"新生力量的加入，科研团队成员的心理特征发生了变化。过去，中国社会具有权力距离大的文化特征，上下级之间等级秩序森严。而新一代的科研团队成员们则更崇尚平等、自主。因此，不同于传统的以命令的方式带领团队，在教练技术的指导下，科研团队负责人通过一系列有方向性、有策略性的过程，向内挖掘潜能，向外发现可能性，使科研团队成员有效达到团队目标。具体内容包括：教练以中立的身份，通过运用聆听、发问等教练技巧反映出被教练者的心态，从而判断其行为是否有效，并给予直接的反馈，使其洞悉自己，及时调整心态、清晰目标、激发潜能，以最佳状态去创造成果。

在科研团队中，团队负责人作为一名教练型管理者，首先需要树立如下的信念：相信每个人都会为自己做出最好的选择，提供一个舒适且没有批判的环境，用一个对方喜欢的方式支持对方达成目标；同时，也要意识到管理者自身也会犯错误，要勇于反省自己。管理者要充分信任科研团队成员和团队建设，重视人才培养。作为教练型管理者不仅仅是要引导科研团队成员解决当前的问题，更是要通过这个过程培养人才，为团队或组织的未来发展做准备。可以说，成为教练型的团队管理者，通过应用教练知识体系、教练方法和相关的教练技术，基于系统平衡，关注本人及团队成员的潜能开发，在团队建设、绩效提升等方面都将取得明显的改进。

既然教练技术这么好，那要怎样才能成为一名教练型管理者呢？要真正成为教练型团队管理者，需要系统学习理论和技术。随着教练技术的兴起和普及，教练技术的书籍和培训机构如雨后春笋，国际上也已有专业的认证机构。国际教练联合会

（ICF）就是全球性的教练组织，致力于促进教练技术的职业化发展，建立全球认证的教练网络，对于教练技术的推广和应用发挥了积极的促进作用。

有意成为教练型团队管理者的人，可以借助广泛的信息资源，在构建教练知识体系的基础上，探索一些教练技能在团队建设和绩效提升方面的应用效果。这里分享几个简单有效的小技术：倾听、提问和反馈技能。其中，核心是提问技能。孔子早就强调启发式教育，《论语·述而》中就讲道："不愤不启，不悱不发。"这句话的意思是：教导学生，不到他想弄明白而不得的时候，不去开导他；不到他想出来却说不出来的时候，不去启发他。好的问题往往是拓展型的、未来导向型的、积极的。通过学习和实践，教练型管理者将会总结出一套与本岗位和所在团队达成默契的提问技能。

这里，小编也将有助于引导团队成员实现目标的"教练好问题"归纳总结，并与大家在图 1 中分享。

> 1.对于你刚才说的那个问题，你打算怎样去解决呢？
>
> 2.你觉得你怎样做可以更好地实现你的目标？
>
> 3.如果你刚才那样做没有实现你的目标，你还会采取怎样的策略？
>
> 4.你接下来所要采取的行动是什么？
>
> 5.你打算自何时开始？
>
> 6.通过刚才教练之后，你认为实现目标的可能性有多大？
>
> 7.为实现你的目标，你都想到了哪些方法？分别是什么？
>
> 8.支持你实现目标的资源都有哪些？
>
> 9.如果你现在的资源不能支持你达成目标，你认为还需要哪些资源？
>
> 10.为使实现目标的把握性更大，你还会开辟哪些通道？再多准备哪些资源？

图 1　教练好问题

或许这些问题您已经在工作中有过实践经历，并且已经取得了良好的效果，只是没有意识到其内在联系和系统性。既然现在我们知道了它们其实都属于教练技术的范畴，那么就可以逐步建立教练技术的知识体系了。

近年来，教练式管理也越来越受到中国组织和个人的关注，不少企业开始引入教练技术来提升组织绩效。除了在商业化运营中应用教练技术，在科研团队的工作实践中更多地尝试教练式沟通协作，探索教练技术与日常科研团队管理工作的融合之道，相信也有助于改善传统的科研团队工作模式，能够有效增强团队竞争力及凝聚力，促进提升科研团队的协作效果。

当然，小编也注意到了网上有关"教练技术的危害"以及"小心教练技术——新型传销"的声音。不过小编认为，一项技术的存在是客观的，用在哪里，则是由使用者的目标所决定的。在有助于国计民生的领域尝试新型管理技术，运用新型管理技术不断造福及回馈社会，这岂不是双赢的事情？

一 编辑期刊篇 —— 二 论文写作篇 —— 三 科学研究篇 —— 四 职业生涯篇 —— 五 七彩生活篇

四、职业生涯篇

职业生涯是一个人一生所有与职业相连的行为与活动以及相关的态度、价值观、愿望等连续性经历的过程，也是一个人一生中职业、职位的变迁及职业目标的实现过程。简单地说，一个人职业发展的状态、过程及结果构成了个人的职业生涯。一个人对其职业发展有一定的控制力，他可以利用所遇到的机会，从自己的职业生涯中最大限度地获得成功与满足。

凡事预则立，不预则废。因此，进行职业规划是十分重要的，它的过程如图 1 所示。

图 1　职业规划的过程

1. 给个机会换工作，我还选期刊编辑部

——如何在每天起床时都能兴奋无比地去上班

你有没有想过这个问题：除了挣钱，你工作的意义是什么？

工作，是人生意义在一个特定层面上的映射，除了鼠标、键盘、计算机以外，工作里藏着丰富的情感、宏大的议题和更广阔的世界。在小编看来，没有哪份工作是完美的，即使是从事自己热爱的事情，也可能会因为日复一日的重复或繁杂琐事的牵扯而疲惫不堪。所以上班族们曾有"上班如上坟"的戏谑自嘲说法。

可工作作为占据我们最大比例清醒时间的事情，如果就放任自己疲惫、麻木或痛苦地度过，日复一日年复一年地消耗生命，那太可惜了。事实上，仅仅看着这样的字面描述，也让人痛苦不堪。

如果能每天都被热爱和理想叫醒，如果每一次"这个世界会好吗？"的自问，都能换来为他人幸福拓展纵深的自觉；如果可以从现在开始，每天都能无比兴奋和充满期待地起床——因为一想到自己的工作，就能够想到那些用双手亲自创造出来的意义和价值；想到跟你有着深深连接的人们；想到那些能够帮助他人实现意义和价值的满足时刻；想到那些能运用你的优势的最好时刻；想到因为你的努力，今天的世界又会变得更美好一点点。

谨以此文献给《计算物理》编辑部亲爱的同事们以及广大期刊同行，祝大家工作愉快！

一个偶然的机会，听了一场特殊的讲座，被主持人的描述深深吸引：每天早上非常兴奋地起床，对于一天的工作迫不及待；工作的时候时常忘记时间的流逝，进入一种彻底的专注和忘我的状态；感觉自己每天做的事情都充满了意义，并且让这个世界变得更美好了一点点；对一起工作的团队成员以及客户不仅彼此了解，并且能够进行深层次的交流和互动；每天回到家不仅不觉得疲惫不堪，反而因为快乐和满足感而更加期待明天的到来……

这是什么单位？哪里有这么好的工作？我们能找到这样的工作吗？这不会是在做梦吧？

中国积极心理协会会员、北京师范大学心理学院刘双阳博士的研究成果为我们实现这个美梦提供了有效手段。根据刘博士的研究，重塑工作任务可以为工作职责更好地跟个人特质相契合提供可行的解决方案。尽管很多时候，我们的工作任务看起来跟自身性格、天赋、兴趣和能力并不匹配，因此做起来时倍感"痛苦"。但是，当我们通过一些步骤对工作任务重塑，也许就可以实现工作与自身长处及爱好的匹配，每天被梦想与热爱叫醒。这多棒啊！您难道不想和小编一起试试吗？

刘博士及其研究团队设计了关于重塑工作的实验，发现了重塑工作任务的两种方式：**改变任务的完成方式或调整任务**。

（1）改变任务的完成方式

很多改变任务完成方式的人，通常采用一种新的方式去完成其工作任务，或是把注意力更多地集中在任务的其中一个组成部分上。举个例子，假设你是一个特别喜欢学习新鲜事物，并且对网络及网络在线工具很感兴趣的人，那么对于从事编辑工作任务的你来说，更多地使用网络和网络在线工具，以及学习如何应用它们，就会让你的工作跟你的优势及性格特质更加吻合。也就是说，要想办法让工作内容更多地与我们的性格、天赋、优势、兴趣，以及自己觉得有意义、有价值的东西契合起来，通过改变做事的方式，来改变自己与工作的关系。

这里举一个曾经让小编深深感动过的例子。《意林》杂志上刊登过一篇《虚职实爱》的文章，讲述的是一个家境贫寒的女大学生在遭遇家庭灾难后，得到所在大学学报编辑部老师们的帮助从而顺利完成学业的故事。不过，她始终不知道，4年中的每月350块，并非学报编辑部所发，而是5名编辑人员从工资里均摊凑给她的。她更不知道学校并不需要这样一位看稿编辑，这份补助、这份兼职工作，一切都是为她专门设立的。这样善意又无私的举动所赋予编辑部工作的意义，虽然一直存在着，但却一直没有被这5位编辑老师发现，直至有一天她走了，5位编辑老师突然觉得空落落的。到发工资的时候，他们已经习惯了将每月工资取出一部分，凑在一起，习惯了这种安慰与自我心灵的净化。献出爱心，原来是一种人生的收获和乐趣。于是他们决定，要将这份爱永久地延续下去，继续帮助更多的人。编辑部的工作也因此变得更有意义和乐趣。

（2）调整任务

调整任务，即添加或减少某些任务。各位读者不要被"添加任务"这四个字吓跑，小编不是指给大家加工作。这里说的添加任务，其本质是在你的工作当中添加一些自己真正喜欢，或者觉得有价值的、额外的工作。

还是以编辑部的工作为例，自从"科技期刊编辑部的故事"专栏上线以来，读者们热情的反馈、积极的鼓励、更加广泛的沟通和交流，都为编辑部的工作增添了很多活力与动力。其实最开始写故事时，因为找题材、找与科研工作结合点的"痛苦折磨"一度想要放弃。但是，随着读者的正向反馈，这曾经"痛苦"的"咬笔头"工作在小编心中被赋予了新的意义和价值，从"痛苦"逐渐变得"不那么痛苦"，再变得"有点喜欢"，现在则是"喜欢并充满期待"了。现在，我们都很享受这创作的过程，享受这能够为读者们带来更多信息和理念的过程，享受这与科研工作者们持续互动的过程。说回本文话题，其实对编辑部来说，并没有人强制要求去做这份额外的工作，但是因为这个专栏发挥了编辑部的优势，更好地服务了工作对象，并且满足了小编对于挑战、意义和价值的需要，也实现了工作内容与小编天赋的契合。于是，从喜爱上的那一刻起，小编就每天都充满期待地去上班啦！

再说回您，不如现在就找找看，您的工作中有什么新任务能更好地运用自己的天赋，并且让您觉得更有意义和价值呢？不如就让我们从一张纸和一支笔开始吧。

首先，请在第一张纸上列出你的工作任务。然后，在最上面写上现在的工作内容，并在下面列出三栏：低、中、高。在"低"的那一栏里，列出 5~6 个不怎么耗费精力的小事；在"高"那一栏里，列出 5~6 个很占用时间的主要任务；随后把其他任务填在"中"那一栏里。举个例子，作为一个小编，可以在"低"那一栏里填写"修改病句、错别字"，在"高"那一栏里填写"期刊策划"，在"中"那一栏里填写"宣传推广"。

像这样，尝试着在每一栏中至少填写 5~6 个具体的任务，完成之后，花点时间问问自己：这个表格看起来像我最典型的一天吗？找出那些你所喜欢，或者可以通过调整让你喜欢上的内容，努力做好它们，让它们所带来的价值和意义，成为每天叫醒自己上班的法宝。

心理学家在无数的调查中发现了这样一个现象：即使一个人做着自己无比热爱的工作，也总有地方是他不够满意或者说不愿意做的。但是他还是要为了自己喜欢的事情而去做那些自己不喜欢的事情。所以，不要以为找到了一份理想的工作，它就能自动满足你所有的需求，就事事都让你喜欢。真正让我们不断感受到幸福的工作，就和我们的幸福婚姻一样，是需要每天非常努力地去经营的。

现在有了经过心理学家验证非常有效的重塑工作的法宝，那么还在等什么呢？不要犹豫了！人生不过 30000 多天，拿出一点点时间做个尝试，或许今后的工作时间真的可以更加精彩和令人感到幸福。

从现在开始，无比兴奋和充满期待地起床，因为一想到自己的工作，就能够想到那些你用双手亲自创造出来的意义和价值，想到跟你有着深深连接的人们，想到那些能够帮助他人实现意义和价值的满足时刻，想到那些能运用你的优势的最好时刻，想到因为你的努力，今天的世界又会变得更美好一点点。

接下来互动一下吧，用一个成语也向小编分享一下你目前的工作状态，如何？

2. 简单几个步骤，一份高实现率的年度计划，你会期待遇见 12 个月后的自己

2015 年，小编曾经与所在单位的同事分享过相似的内容，引发了很多共鸣，同期所在单位的刘冬燕老师撰写的《关于计划的计划》一文也颇受关注。时至今日，小编一直希望能有机会跟踪了解一下，这几年时间里，大家的情况如何，是怎样写年度计划的。每经历 12 个月的期待后，年初设定目标实现的程度又是多少，有哪些心得体会。如果您还记得这篇文章，并且恰巧也按照这样的方式每年给自己设定一个目标，那么相信这几年来，您也会和小编一样，收获满满的。在此过程中，您一定也有很多很多的感受想和大家分享。这几年里，在做好本职工作的前提下，小编逐步实现的年度目标分别是：工商管理硕士（MBA）顺利毕业、麻省理工学院（MIT）访学计划完成、治愈低血压保持身体健康、圆满完成西藏自驾游、完成 20 次公益讲座。2021 年小编的目标是：写完一本书稿。当您看到这里时，这个目标应该是已经实现了。①

看到这里，您是不是很想重新看看那篇关于撰写年度计划的文章，是否也期待遇见 12 个月后的自己？那么，就让小编根据现就职的编辑工作岗位，结合大家常常遇到的困惑，重温年度计划的编制思路，带着大家重走一遍写年度计划的过程吧！试试看，或许您也会重新遇见 12 个月后的自己。

首先，我们来看看读者们在做年度计划时经常遇到的困惑。

（1）快帮帮我吧，怎么一写就又写成了"自嗨"型年度计划

信息时代的知识获取成本越来越低，有时成本几乎为零。随着各类资讯平台的普及，现在连查找过程都不需要了，每天就是等着别人推送或者转发，然后点击收藏就可以了（此处可以暂停，确认一下您的手机或电脑里收藏了多少条这样的信息）。这也导致很多人都产生了不刷手机就焦虑的综合征，习惯了一遍又一遍地刷手机，看那些无用的社交信息。于是乎，我们觉得这个计划也很牛，那个内容我也喜欢。

---

① 本文写于 2021 年 10 月。

在制订年度计划时，一股脑儿地将刷手机时看到的所有"优秀"内容都列到了自己的年度计划中，这个过程还很"自嗨"！感觉自己很了不起，到年底肯定收获大大的。可是 12 个月之后，似乎我们还是在原地，并没有什么长进。

（2）知和行之间的距离，难道就是这么大吗

当我们收集了很多很多的信息之后，似乎会产生一种误解，误以为既然已经收藏了那么多有用信息，自己就已经变得很有知识了。然而，没有消化吸收、为你所用，并改变你行动的只能算是信息，只有当你知道如何用它改变你的行动，信息才能变成你的知识。试想，你自己抱着书本能提升沟通能力么？显然不能！所以《魔鬼约会学》的作者所创建的"约会培训班"是怎么上课的呢？不是我说你听，而是让学员去大马路上实战，做错了，老师先示范一遍正确的步骤，再示范一遍你刚才做的步骤，然后让你再去尝试一遍。

（3）目标很清晰，需求也很迫切，年底还是没有什么收获

"我要在今年学会弹吉他。"每一个计划项写的时候都是凌云壮志，然后呢？然后就躺在我的年度计划表上落灰了。想想看：为了实现这个目标我要完成哪些项目？这些项目的先后顺序又是什么？如果今年 12 月的年会我要演奏吉他，那之前的 11 个月我该怎么做？这里边有什么样的风险存在？会不会因为工作要经常出差没办法实现？如果有这些风险我该怎么办？

带着这些困惑，让我们再继续分析，看看该如何搞定一份高实现率的年度计划。

2020 年，新冠疫情突如其来，当我们居家隔离无法外出时，决定拖拖地、整理书架、更换床单被套、清理洗手间……慢着慢着，开始动手干活之前能不能先问自己一个问题："我为什么要完成这些目标？我要实现的目的是什么呢？""这不明知故问吗，当然是让家里变得干净整洁啦！""那为什么要让家里变得干净整洁呢？""因为干净整洁的家能使人心情愉悦。"原来如此，你看，所有这一切细碎的事情看上去没什么关系，实际上都是有深层目的相联系的，根本就不只是"让家里变得干净整洁"这么简单。

那按照这样的逻辑，看看我们做年度计划的目的吧。我们为什么要做年度计划？是为了做更好的自己？再具体说清楚点呢，是为了评职称、加薪，抑或跳槽？再深挖一下意义，提升自己的核心竞争力，感觉如何？换一个互联网的新词，叫"个人品牌"。美国管理学专家彼得斯有一句被人们广为引用的话："21 世纪的工作生存法则就是建立个人品牌。"他认为，不只是企业、产品需要建立品牌，个人也需要建立品牌。看到这里，"自嗨"一下，即使是一名小小的编辑，也是可以有品牌的！

以小编现在的工作为例吧，小编在设定"出版一本书"的目标后，再对目标进行逐步分解。要想"出版一本书"，总是要有好的写作基础吧，那么怎么样才能提升写作水平呢？要多读优秀作品，要多写作。还有，可以借鉴《一年顶十年》的作者剽悍一只猫推荐的"死磕阅读法"：找一本书，这本书的文字风格，你特别喜欢。这本书的方法、原则、理念、思想，你很欣赏，特别受用。这本书每篇文章的篇幅最好不要太长；找到之后，再进行如表 1 所示的四步。

表 1　"死磕阅读法"的要领

序号	要领	内容
1	选文	每天选择其中一篇文章，认真读两遍，不仅要认真感受作者的文字表达，还要分析文章的布局
2	朗读	朗读一遍，读出声来，并录音
3	听音	听一遍录音
4	抄写	抄写（也可以用打印机打出来）一遍

为了做好本职工作，小编准备今年就试试这个方法。如果小编真的把一本精选的好书死磕五遍，文字功底一定会有质的进步。然后把这些过程分配到每个月，制定相应的时间表（见图 1），并从现在就开始。坚持 12 个月下来，年初的目标也可能就已经实现了呢！想象一下到那时，书稿已经完成的情景，心情一定是超级爽吧！

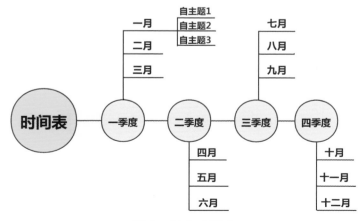

图 1　制定时间表

再简单总结一下这几个步骤，如图 2 所示。

步骤	内容
准确定位	我现在会什么？我为谁提供服务？我准备做哪些改变？
探寻真心	我要做的、我不要的和我想要的
跳出舒适区	将技能分为舒适区、学习区和冒险区，让目标相关能力重返学习区
加厚拔高	技能需要加厚拔高，并设定为年度目标
做个行动派	即刻行动起来

图 2　这几个步骤的内容

　　建立个人品牌的过程应当是把自己当作一个产品，不断提升自己核心竞争力的过程。"打铁还需自身硬"，再好的包装也需要产品的质量做保障，质量才是第一要诀嘛。2022 年，设个目标来提高自己的"产品质量"吧，也期待您晒出自己的年度计划。重要的事要行动起来，行动起来，行动起来！试试看，或许你会期待遇见 12 个月后的自己。

　　毕竟，动起来，做个行动派，才能与梦想接轨。

3. 科学家带给世界的，比公式更重要的是思想

2020 年以来肆虐全球的新冠疫情深刻改变了世界形势和国际格局，也重塑了人类对世界的认识。经过这样的浩劫，我们意识到，人类现有的科学发现、技术创造在自然界的矛盾与规律面前，都是浅薄的。无数科学家积极发声：知识分子应当有更大作为，积极担负起发展社会、照护人类的使命和责任。作为科学研究中流砥柱的中青年科技工作者，更应主动发挥科学家精神，明白在面对艰巨的科学与社会问题时，在未来应主动担负什么样的责任；在深入思考的基础上，付诸行动，将科学研究和社会经济发展结合起来。

我们知道，价值观和精神追求牵引着主观行动。小编很好奇，在中国工程物理研究院（简称中物院），这个以"铸国防基石，做民族脊梁"为核心价值观，与国运昌盛、民族安康息息相关的地方，在这里隐姓埋名为国铸核盾的科学家眼中，一位优秀的科研工作者应当具备怎样的精神与特质？

于是小编带着疑问，以所在单位的科学家们为样本开展了一个小小的调研。在调研中，科学家们就"优秀的科技工作者应具有怎样的特质和精神"这一问题，结合自己的科研经历给出了许多真知灼见，包括"爱国"（这是一切的前提）、"求真务实""实事求是""持之以恒，坚韧不拔""科学敏锐性强""强烈的求知欲和好奇心""思维严谨""团队协作""刻苦钻研""专心致志""淡泊名利"等。在调研中，除了科学家精神的描绘之外，这样的回答也回响在小编耳畔中："**作为科学家，已经习惯于用科学精神来认识世界了。科学家最大的成就是思想，或者说科学精神的延续。**"

是啊，知识分子追求"修身、齐家、治国、平天下"，"横渠四句"也有言："为天地立心，为生民立命，为往圣继绝学，为万世开太平。"对于追求人类终极真理、着迷于纯粹智识的科学家来说，最大的成就不是加官晋爵，而是思想的延续。

因为揭示信使 RNA 在基因信息转录中的作用而获得诺贝尔生理学和医学奖的法国生物学家莫诺（J.L. Monod）提出过这样一个类比：正如同生物圈立足于无生命的物质世界，一个"抽象王国"亦将崛起在生物圈之上。那么谁会是这个王国的居民？思想。

莫诺指出，思想已经拥有了有机体的一些特性。与有机体类似，它们倾向于保

持自身结构并繁衍后代；它们也会合并、重组、分离；事实上它们也会演化，而选择无疑在这一演化过程中扮演了重要的角色。思想具有"扩张能力"，可以说是"具有传染性"，而有些思想的传染力要强于其他事物。宗教思想影响着数量庞大的人群，或许可以作为传染性思想的例子之一。

美国神经生理学家斯佩里（R. Sperry）在更早些年的时候提出过一个类似的观点，认为思想与其栖身的神经元同样"实在"。思想有力量，斯佩里说："思想引发思想，并参与演化出新的思想。它们互相之间、与同一个大脑中以及有关联的大脑中的精神力量之间都有着互动。而在遥远的将来，借助全球通信技术，它们还将与异域大脑中的精神力量产生互动。它们还能够与外部环境互动，从而产生完全具有突破性、在演化领域前所未闻的优势。"

1976 年，基因的复制子（counterpart）——迷因（meme）被发现了，该词是由道金斯（R. Dawkins）在《自私的基因》一书中所创造的。"迷因"，又被译为"模因"，是指在迷因理论中文化传递的基本单位，在诸如语言、观念、信仰、行为方式等在文明中的传播更替过程中的地位与基因在生物繁衍更替及进化的过程中相类似。在《牛津英语词典》中，迷因被定义为：文化的基本单位，通过非遗传的方式，特别是模仿而得到传递。道金斯希望广大读者们不要一味地认为基因才是"演化最要紧的事物——天择的单位"，一旦有竞争的机会，迷因这个复制子就会紧紧抓住机会进行复制，完成追求自己利益的目的。

大家都知道基因是什么，正如达尔文《进化论》里所说的，不断的演变、进化就是基因，基因在原有的基础上不断的优胜劣汰、不断的进化才有现在的基因，现在的基因也不是最完美的，在历史的进展过程中，还会有劣质的基因被淘汰，有优质的基因被复制。

和基因一样，迷因也能够作用于它们周围的广阔世界。在一些情况下（例如，取火的迷因、穿衣服的迷因），迷因的作用可以非常强大。在向世界施加作用的时候，迷因改变了与其自身生存机会息息相关的外部条件。构成莫尔斯电码的迷因便获得了强烈的正反馈效果。有些迷因显然对人类宿主有好处（例如，"三思而后行"、心肺复苏术的知识、做饭前洗手的习惯），但是迷因的成功与基因的成功并不是一回事。迷因在复制过程中可能会留下令人印象深刻的流毒和触目惊心的附加破坏，例如秘方药、通灵疗法、占星术、恶魔崇拜、种族神话、迷信和电脑病毒（一个特例）等。从某种意义上来说，这些发展到戕害其宿主的迷因才是最有意思的，比如自杀式炸弹袭击者认为他们可以在天堂中获得回报的想法。

依据迷因理论，基因拥有物质基础，迷因则是抽象、无形以及无法计量的。基因的复制准确得几近完美，而演化正有赖于此：一点点变化必不可少，但是变异必须罕见。迷因很少能够原封不动地复制，其边界总是模糊不清，其变异的狂野灵活程度放在生物界足以致命。术语"迷因"被应用到了大大小小丰富得可疑的各种实体身上。对丹尼特而言，贝多芬《第五交响曲》的前四节显然是一个迷因，荷马的《奥德赛》（或者至少《奥德赛》的思想）、轮子和书写也都是迷因。不过对于迷因的研究，还处于初始阶段。道金斯认为："迷因仍未找到它们的沃森和克里克，它们甚至还没有孟德尔。"

小编说了这些，不是诱导大家去研究基因或者迷因，而是想分享一个理念：**我们每个人都在为幸福而奋斗。当我们来到这个世界，能给这个世界带来什么呢？** 孔子带来了至今仍启发着后人的深刻的生命智慧；贝多芬带来了宏伟雄壮的《英雄交响曲》；爱因斯坦带来了敢于"乘着光束飞驰"的洞察；李白带来了"天生我材必有用，千金散尽还复来"的豪放；达·芬奇从来没有写下一个方程式，却带给人们无尽的奇思妙想，当然也包括"蒙娜丽莎的微笑"；林清玄带来属于人类的空灵优美的非物质意识空间；乔布斯为我们带来了苹果手机；马斯克带来了能够站在人类历史发展高度来思考及解决问题的启示；等等

虽然，小编只是一名小小的编辑，但也有梦想，那就是希望能呈现给大家一本有关科技期刊编辑部故事的书，不必有佶屈聱牙故作玄虚的术语，不必有严密的公式和成套的理论，而是能够与大家分享科研生活的方方面面，封面虽然朴实无华，但内容真诚用心。

作为科技圈的一员，我们是否也曾浸入沉思：我能给这个世界带来什么呢？

4. 人生不是找碴儿游戏，快来试试"优势识别器"

小时候父母总是说："你看看，要是语文分数再高点，就可以拿全班第一了；要是英语能考到全班第一，你就可以……"一路走来，我们已经习惯于被找碴儿，以至于哪怕是我们已经成功逆袭为妥妥的学霸一枚，但在内心深处"隐秘的角落"还是住着一个自卑的小孩儿，经常在为自己找碴儿：我这个不好，我那个不行……以至于始终不能相信自己可以独当一面，不能坚信自己与众不同，不能认可自己的能力独特；如果只是认为自己"泯然众人"也罢了，还经常自责，迫使自己长期处于自卑、焦虑被压制的心理状态。小编写到这里，也有点欲哭无泪的感觉。

令我印象最深刻的是在麻省理工学院（MIT）访学期间遇到的一位小妹妹，她老家是南方的。几年前，她从加州大学伯克利分校本科毕业后，来到 MIT 攻读博士学位。她有出众的颜值，卓尔不群的气质，活泼大方的言谈举止，同时思维敏捷、谈吐不凡。在小编眼中，这样的神仙人物那是只有羡慕嫉妒的份儿了。可是，就是这位小编眼中的完美小妹妹，有一天想找我聊一聊。她说，自己非常自卑，总觉得自己做得不够好，特别害怕别人看不起自己。即使做到了团队第一，她也还是高兴不起来，很多时候都觉得自己没什么用。小编初见这个外人眼中光鲜亮丽，但却自卑胆怯埋在角落里偷偷哭泣的小妹妹时，非常心疼，耐心地倾听、安慰她。也许是这样的陪伴与倾听让她获得了安全感，于是在后来的日子里，学习工作之余她也经常来找我，和我一起讨论她的内心困境，一起分析是什么阻碍了前进的脚步。

从她的成长过程中，小编发现，她的父母对她要求很严格，经常用"短板效应"提醒她要各门功课都很出色才能考上好的大学。考上大学之后，她仍旧按照这个理论苛刻地要求自己，本科成绩非常出色，几乎达到满绩点（GPA 4.0）的水平，2 年前也顺利拿到了 MIT 计算机专业博士录取通知书。

这里小编插播一下题外话，被这位小妹妹的爸妈奉为圭臬的短板效应也被称为"木桶原理"，最初是由美国管理学家劳伦斯·彼得，即现代层级组织学的奠基人发现并提出的。木桶原理指出，盛水的木桶是由许多块木板箍成的，其盛水量也是由这些木板共同决定的。若其中一块木板很短，则盛水量就被短板所限制，这块短板就成了木桶盛水量的"限制因素"（或称"短板效应"）。短板效应经常被用于组织和团队管理中，现在也被疯狂"鸡娃"的中国家长们广泛应用于发现和提醒孩子们的缺点上。

话说这位小妹妹到了MIT，经过接触后发现身边这些MIT的计算机博士们并不是像她一样"全面发展"的模子塑造出来的同质化教育产品，而是个个身怀绝技、充满热情和理想的梦想家，个个都是"要让我们的世界更美好"的改造者，他们对世界的探索热情并不源于超越他人，或者名次排在他人前面，而在于实现人生理想。小妹妹在这样的环境里，瞬间失去了目标，或者说，迷失了方向。因为长久以来，她的努力付出都是为了达到他人眼中的完美标准，而非源于内在对自我价值的追求，甚至于学计算机专业，也是因为这是别人眼中的热门、多金、有前途的专业，而不是因为自己的热爱。和那些既有编程天赋，又发自内心热爱编程的同学们相比，小妹妹怎么都追赶不上。人生第一次，小妹妹迷失了方向，却又找不到自己的方向。长期的自我攻击和迷茫，使她坠入抑郁状态，当时已经依赖于药物干预了。

其实，我们大可不必如此虐待这美妙的青春时光。换个角度来看，其实她也有很多优势呀，比如虽然在编程方面没有那些理工男们出神入化，但她善于沟通，表达能力强，又耐心细致，还非常具有亲和力。我问她，是否喜欢教育方面的内容，她想了想，就开始讲述自己从小就有当一名"人类灵魂工程师"的梦想，小时候给小朋友们讲题，还有老师让自己到讲台上讲课时的激动与兴奋至今记忆犹新。听她讲述这些真正热爱的事情时，眼睛中闪着光，整个人都兴奋了起来。

后来的日子里，我们又谈了很多，结合她的优势，从教育相关的工作头脑风暴了起来，最后她做出了一个决定：放弃攻读MIT的计算机博士学位，转学到英国剑桥大学攻读她所擅长且热爱的教育学专业博士。英国的博士学制更短，这样她可以提前3～4年博士毕业，然后回国开展教育学相关工作。最近又得到她的消息，她已经完成学业回国了，正在筹备一家结合信息技术的教育公司，事业顺利，风生水起。她说特别感谢那段痛苦却令她思考与成长的时光。现在，她也常常提醒周围的朋友，要多多找寻自身优势，让优势在人生中绽放。

是啊，这就是优势人生。想想看，我们是不是每天都有机会做自己擅长的事，发挥自身最大优势呢？从周围朋友们的吐槽中可以断定，大多数人的答案是否定的。从我们从小到大接受的教育所形成的思维定式来看，大多数人为了实现"全面发展"，总会不自觉得投入更多时间与精力到自己的短板和弱势，而将自己的优势束之高阁。

要说还是我们的先哲们更有智慧，早就指导我们要"扬长避短"，扬长就是要发挥优势啊。任正非不也告诉大家"我不管短板，只做长板"吗？他戏称自己在家里经常被太太和女儿骂"笨得要死"，但他说自己一生就奉行一条：我的短板，去你的，我不管了。我只把我这块板做长，再去拼别人的长板，拼起来不就是一个高桶了吗？为什么要把自己变成一个完美的人呢？虽然我们不能偏激地认为"短板原理已死，优势永生"，但是对于个人来说，完全不必无视自身长处而时刻想着自己的短板。

再说了，以小编之见，优势和短板并非处于非黑即白的绝对对立状态。逻辑不同，从不同的角度观察同一件事可能会得出优势和劣势截然相反的结论。下面是两名鞋子推销员来到一个居民都不穿鞋子的小岛上的故事，两个人的逻辑不同，得出的结论也就完全不一样了：一名推销员失望地离开了，而另一名当即发电报给公司，声称发现了一个巨大的市场。这样的例子有很多，例如著名的科学家霍金。霍金的事迹可能有各种版本，但在"扬长避短"方面也是具有说服力的。21 岁就得了肌肉萎缩症的霍金，到了 43 岁时，他的长板就只剩能动的三根手指和一个最强大脑了。他正是将这仅剩的优势发挥到极限，思考、思考、再思考，敲击键盘、敲击键盘、再敲击键盘，终于推出了伟大的科学理论。

当然了，对于霍金、海伦·凯勒、张海迪这些身残志坚的人们来说，由于身体方面的限制，他们已经被迫做出了尽全力发挥自身长处的选择，这反而帮助他们成就了不同凡响的人生。而对于我们普通人来说，习以为常的天赋常常被自己束之高阁、熟视无睹，我们想当然地认为这只是正常的能力，也就没有珍惜其中的宝贵价值。不仅如此，还常常反其道而行，认为应该投入更多的精力到自己的弱项，并且时刻准备迎接来自弱点的挑战，终其一生在弱点中挣扎，在艰难中行进。殊不知，如果将宝贵的精力和时间投入到自己的优势方面，可能会更快地发展出世界级的成就来呢。

放下我们心中的一些误解和思维定式，重新审视这个成功的公式吧：天才就是 1% 的灵感加上 99% 的汗水。但是，其实爱迪生这句话的原句是：天才就是 1% 的灵感加上 99% 的汗水，**但那 1% 的灵感是最重要的，甚至比那 99% 的汗水都要重要**。

小编自 2020 年起，参加"陈式刚院士学术成长资料采集工程"的相关工作，在研究中发现，陈式刚院士也是发现自身优势并长期投入的典范。熟悉陈式刚院士的人都知道他不善言辞、不擅交际，但是醉心思考，陈院士也深知自己的特点，他没有选择与不善交流的弱点"死磕"，而是选择自己热爱且擅长的事情一做就是一辈子。他曾经说："如果你一生都在做你喜欢做的事，你的人生就是快乐的。我觉得最奇妙的事是，越简洁、越美丽的理论能描述更普遍的事物。"

在自己擅长和热爱的地方发光发亮吧，这可能就是我们常常羡慕的那类人生赢家的状态。即使霍金仅仅拥有一个大脑和三根能动的手指，其他的每一个部分都比你我差太多，但当他把所有时间精力都投入到这仅有的优势上时，也撑起了一个伟大的生命。

那么如何找到自己的优势？由于优势长期被忽视、被熟视无睹，似乎我们自身已经丧失了识别优势的能力，也难怪诗人感慨"不识庐山真面目，只缘身在此山中"，已经长大的我们，就更应重新审视人生、树立优势思维。

可能你会认为，人生已经过去几十年，抛弃"全面发展""短板效应"而去树立"优势思维"有点困难，但也别着急，每个人的兴趣都在自己的天赋范围之内，它不是一成不变的，你短时间内可能无法判断一件事情是否是你的最大兴趣，但那也无所谓，重要的是你不断地去寻找、去挖掘。

找到自身优势的过程，也是不断认识自己、体验人生、挖掘自身潜能的过程，成年之后重新经历这个过程虽然漫长而辛苦，但每一步路都不会白走。

你之所以成为现在的你，正是之前所有的兴趣、热情、思想、行动的集合，而有质量的思想和行为必定是以浓厚的兴趣为基础的。

当我们定位了自己的优势集合，再定位自己的兴趣集合，在二者的交集中，选择自己擅长又热爱的事情，我们的人生也同样值得期待呢！

5. 梦想总是要有的，万一实现了呢

堂言

"我不去想，是否能够成功，既然选择了远方，便只顾风雨兼程……我不去想，未来是平坦还是泥泞，只要热爱生命，一切都在意料之中。"这是一年前 MBA P1 班同学首次见面会上，"一姐"刘洁领读的诗歌，曾深深打动过台下的很多人。青春是有颜色的，生命是有梦想的，选择了 MBA 就是选择了一种生活方式，选择清华更是选择了一种精神价值的传承。去年开学时，我们分享过刘洁的一篇文章，如今整整一个学期过去，回望来时路，MBA 给我们的生活带来了哪些亮色呢？本期分享包括上下两篇，均来自 2014 级 MBA P1 班的"一姐"刘洁。

重返校园，叹同学少年，感岁月飞逝。撰写此文 [①] 献给所有同学，和大家分享心路历程，也期待和风华正茂的同学们一起前行。

上篇　MBA 后生活——痛并快乐的自我雕琢

忙碌是一种幸福，让我们没有时间体会痛苦；奔波是一种快乐，让我们真实的感受生活；疲惫是一种享受，让我们无暇品味空虚；MBA 是一种经历，让我们在痛中快乐地雕琢自我……

——题记

开学前，当得知我要读 MBA 时，亲人和熟悉的朋友中最多的反应是：你图什么呢？是啊，我图个什么呢？时过不惑之年，都已经是教授啦，工作也不错，家里又离不开我，何苦呢？

周围的朋友们都知道，在我的生活中一向并不缺少的就是"苦"与"痛"的感受。20 年前，当丈夫的病被确诊为"强直性脊柱炎"，那一刻我脑子里一片空白，眼前只有这张化验单：HLA—B27 +++。从那时起，刻骨铭心的"痛"已深深在我们的生活中扎下根，转眼就是 20 年。

[①] 本书主编之一刘洁 2015 年发表于公众号"岱榕堂"的文章，曾经激励了很多年轻人，本书收录，与读者分享。

不过，当得知这一切已成为生活中无法剥离的一部分时，我也学会了善待"痛苦"，曾经以一篇《痛并快乐，笑面强直》的文章鼓励了数千名病友：共同笑面现实，积极乐观生活。

而今，当有机会为实现青春梦想而一搏——就读清华大学 MBA 的机会就摆在我面前时，我却犹豫、彷徨了：我能坚持下来吗？上高中的孩子需要妈妈的关心，生病的先生需要妻子的照顾，年迈的父母需要女儿的体贴，单位的同事需要……但是，来自内心的一个声音一遍又一遍告诉我，坚持，再坚持，一定不能放弃……如果说备考过程中靠的是对二十年青春梦想追逐所迸发的力量，那真正开始 MBA 学习生活时，就犹如刚经历的校园马拉松，还能像梦想那样充满光环吗？

正如开学前所遇学长学姐们所言，理想很丰满，现实很骨感：第一个学期就是生存考验，且不说还没有入学就开始的微观经济学和世界与中国经济，单是 DMD（数据、模型与决策）那一串串公式就足以令人望而却步……

但当一个个周末，迎着朝阳踏入校门，披星戴月回到家中时；当一个个深夜，家人早已进入梦乡，我和我的同学们却在挑灯夜读时；当一个个案例分析，让我们绞尽脑汁又兴奋无比时……我被这样的经历深深吸引！

在入学前，故步自封的我真的不知道认知领域一个又一个令人惊叹的窗口就在这里为我们打开，我们知道和不知道的是由我们知道自己知道的和知道自己不知道的组成的，而不知道自己知道的和不知道自己不知道的却是更大的一块领域。在这里，清华教授们以博大精深的学识为我们打开一扇又一扇神奇的窗，让我们看到我们不知道自己不知道的领域有多大多深多广阔。从管理思维的学习中，获得基于管理者的角度进行决策背后的思维特点和模式；从组织行为学学习中了解组织全方位的内涵；从资产负债表中能看出企业乃至人生得与失的内在关联；从跌宕起伏的证券投资中感悟人生磨炼；从领导力开发中看出自我雕琢的魅力和对完美的追求……更有暴风骤雨中那一句暖心话"有同学要搭车吗，地点不限……"

人们常说："每一段路，是深一脚浅一腿，是痛一次苦一回，是直一折弯一道，是雨一场风一阵，是一种领悟与心碎，是一种残缺与完美。"而读 MBA 后的生活中，有我们失去的青春，有我们成长中的风雨，有我们幸福的欢笑，有我们真情的哭泣，有我们艰难的跋涉，有我们成功后的喜悦，更有一份"你们每个人管好一个企业，我们的国家就有希望了"的责任与担当。而这些都将随着时间的推移，化作密细的纹路，雕刻在我们的眉眼间……

经历 MBA 后的那份收获和感悟，是非同行者无法想象和理解的。这段行程已开始，我们定将义无反顾。虽然经过历练的我们可能更加孤独，但是如果有机会，我还是想告诉所有的人："假如让我再做一次选择，我的选择仍将是清华 MBA！"

下篇　有梦想的人生更精彩

3 月的一个周末，整理家中书架时，翻到一张发黄的《北京青年报》，发行日期是 2001 年 3 月 8 日，星期四，天气晴。保存这么一张报纸，是因为这里记载了我的一个梦想：在第 48 版的《喜迁新居》栏目刊登了《有爱就有家》一文，讲述了我的北漂生活和对未来的梦想（见图 1）。14 年后的今天，当再次回顾当时的情景时，感触油然而生，特别是文章最后一句话："我们常想将来要买一套大房子。现在，这还是我们的梦想，但只要努力，把它变成现实的日子一定不会太遥远！"

图 1　发表的《有爱就有家》一文

曾经的自己，梦想能到清华读书，但命运之神却和我开了一个又一个玩笑，而随着岁月的流逝、年龄的增长，我也不得不履行一个又一个责任和义务：不分昼夜地加班、初为人母的劳累、孝敬父母的操劳……但当我们在为梦想而忙碌生活时，那个曾经的青春梦想却始终没有淡忘。

一次偶然的机会，单位推荐我参加 2013 年清华大学经济管理学院首期 MBA 精英班为期一年的学习，在学习过程中，我得知在职项目的相关信息，但那时候距考试只有 50 天了，又由于毕业较早，毕业证书需要认证，报考过程中也是困难重重……

但这一切都没有阻止我对青春梦想的追逐，终于在报名截止日当天准备好了所需的一切材料！而拿到准考证，出现在考场上时，监考老师的一句话也使我紧张的心情轻松很多："你很不简单啊，这么大年龄的考生！"

考完试等成绩的那段日子，工作特别忙碌，直到一天中午，一条短信将梦想实现的消息送到我的面前。而在 P1 班班级首次聚会时的个人发言环节，确实令人百感交集：那么多优秀的同学，风华正茂，才华横溢，更令人羡慕的是，还有着丰富的经历。相比之下，我在一个单位工作了 20 年的经历显得那么单调苍白。

老师的关心、同学的热情很快使我忘记了年龄的差距，放下心理负担，和同学们一起，加入到新的追梦行列。

回望 2001，14 年后这个阳光明媚的下午，在家中露台上，和孩子一起探讨这个故事对我们的意义和价值时，我坚信可以得出这样的结论：有梦想的人生更加精彩！

此刻，当抬起头，我看看眼前这个阳光的大男孩，能看出，他的心中已经记住了：当我们拥有一个梦想的时候，无论遇到什么情况，都不会放弃对它的追求，不知不觉中，有一天梦想已就在眼前（见图 2）！

图 2　梦想总是要有的（摄影：孙斌）

五、七彩生活篇

▼

　　衣食住行是每个人生活中都离不开的最基本的几个方面，编辑们和科研人员也不例外。闲暇时候，我们常常也会谈起这些事情。那么当我们谈论衣食住行时，是怎样的情形呢？

1. 春天来了，是时候给职场点颜色看看了

——此文作为国际劳动妇女节的礼物献给知性小姐姐们 ①

随着我们在微信公众号专栏"科技期刊编辑部的故事"文章的不断推出，越来越拉近了编辑部和读者及作者的距离，大家有了越来越多的共同语言。除了写论文、做科研、办期刊，还有什么呢？

有一天小编接到了一个紧急求助电话："快帮忙参谋一下，明天有一个重要的答辩，我该穿什么才好呢？"在听到这个问题的那一刻，真的特别感谢读者对我们的信任！看来，小编还要根据读者的需求进一步扩大业务范围啊！

现代社会，随着世界多元文化的交流与融合，大众审美观也不再局限于单一标准，越来越呈现出审美多元化、审美个性化、审美小众化的发展趋势。崇尚自我、张扬个性，已成为多元化世界的主流审美趋势。然而在日常工作中，当遇到评审答辩这样的重要场合时，我们还是应暂时放下个性化的审美需求，遵循此类场合的着装礼仪，以期给评委们留下专业、靠谱的第一印象。关于第一印象，大家经常提到一句话：如果在七秒钟内不能吸引别人，那你可能还需要花七年时间来证明你的优秀。时不我待，小编当即以"国际形象设计师及培训师"专业的视角向读者提供着装建议，希望能为其答辩成功增添一份由内而外的自信。

对于如何着装，小编和 POLO 之父拉夫·劳伦有着相同的感受：我一直很羡慕那些能应付所有场合的女性——那些看上去不是超级时髦，但却永远让你想要追随的女性。这是一种不因潮流而改变、永恒并具个人风格的穿着感。正值春回大地，"女神节"到来，那么这期，我们就从春天的颜色出发，简要谈谈关乎着装颜色的二三事吧！不久前的 3 月 5 日是春天第一个节气——惊蛰。大地回春，万物复苏，我们肯定非常憧憬山花烂漫可以摘掉口罩的那一时刻；也肯定希望自己届时会更具魅力、更加美丽，为这个春天增添更多的迷人色彩，成为科研圈另一道独特的风景线。

远观这道风景线，首先被眼睛捕捉到的就是色彩。"天街小雨润如酥，草色遥看近却无"，你看那"春天的脚步近了，一切都像刚睡醒的样子，欣欣然张开了眼"。

---

① 本文写于 2021 年 3 月。

在这"吹面不寒杨柳风"的日子里，我们终于可以换下厚厚的冬装，那么今天你身上穿了什么颜色的衣服？想想看：选择这个颜色是否和今天的心情有关？根据心理学"具身认知"的理论，人的生理体验和心理体验有着强烈的联系，也就是说，穿什么颜色的衣服也能影响你的情绪。所以我们也可以巧用服饰的颜色调节自身情绪，合着"生机盎然"的心情，选择一些色彩鲜艳的春装，一扫冬日的黯淡。小编这就推荐一些春天的色彩。

春天让人最先记住和最具代表性的颜色就是绿色（见图1），这抹代表生命的绿色偶然间在枯草丛下冒出头来，就会让人欣喜好一阵子。英国埃塞克斯大学的一项研究显示，绿色是很特别的颜色，它既不是冷色，也不是暖色，属于居中的颜色，代表清新、希望，会带给人安全、平静、舒适之感。

图1　绿色（摄影：练哲远）

除了前面谈到的绿色，还有以下的一些色彩可以有助于我们保持积极的精神状态。

红色是沮丧时的兴奋剂，可以改善冬日带来的懒惰和精神不振，有慢性病的人穿上红色的衣服，甚至可以精神焕发。也正因为红色具有调动高昂情绪的效果，所以这里小编必须提醒一下：血压高的人尽量不要穿红色衣服哦。

温柔的粉色（见图2）就像春天的花朵般美丽，给人以温馨、甜美的感觉，能让激动的情绪渐渐走向平稳。当人感到孤独，特别想与人倾诉心事之时，穿件粉色的衣服都会让人心情好转。粉色给人初恋般的感觉，代表着甜蜜与美好，穿着粉色的衣服也因此会让人显得更加娇嫩、知性且优雅。

图 2　粉色（摄影：练哲远）

橘红色（见图 3）是郁闷时的情绪增亮剂，当人出现焦虑、睡眠障碍、食欲不振等症状时，不如找件橘红色的衣服穿上试试。暖暖的橘红色仿佛暖暖的阳光，披着阳光织成的衣服，这实在令人精神大振。

图 3　橘红色（摄影：练哲远）

　　春风十里，都不如你。没有什么能比一片蓝天、一朵云更让人心动了。天蓝色（见图4）也是春天的色彩。浅色调的蓝自然清新，这样浪漫而梦幻的色彩最适合春天。同时，蓝色还是头脑发热时的制冷镇静剂，平时肝火较旺、脾气暴躁易激动的人，不妨尝试一下蓝色的衣服，会让人变得冷静。代表克制、冷静的蓝色需要一定的气场去控制，若能完美把控住，不但更有气场而且非常时髦拉风。

图4　天蓝色

　　荧光绿（见图5）则是很鲜亮的颜色，跟春日、阳光、绿草自然地融合为一体，给人一种过目不忘的无拘无束之感，很适合活泼、年轻的朋友。

图5　荧光绿

在春日的烂漫繁华需要点端庄色彩来镇场子时，香槟色（见图 6）就不错。它既不会太沉闷死板，也不至于太过花哨。

图 6　香槟色

当然了，小编可不是建议您一身大红大绿大橙大蓝就"闪亮"出场哦！每个人的气质不同，适合的服装风格也不尽相同。如果相较于大面积艳丽色彩，您更适合素净颜色服装的话，也可尝试通过丝巾、墨镜、帽子、首饰等配饰选择鲜艳的颜色来调节，起到画龙点睛的作用，效果可能出人意料。

另外，除了姹紫嫣红的五彩缤纷，春天里也有梨花的纯白素雅。白色（见图 7），也代表着在春的繁华中坚持自我，所以春天的色彩里必有它一席之地。白色服装中，不能绕过的经典就是白衬衫了！超好搭的白衬衫，只需您动动手指，就可以查到"永不过时的经典，最实用的白衬衫的 N 种搭配"。

图 7　白色

　　我们继续说回色彩的色调。根据人的心理感受，颜色可分为冷色调、中性色调和暖色调。冷色调包括青色和蓝色，中性色调包括紫色、绿色、黑色、灰色、白色，暖色调则指红色、橙色和黄色（见图8）。不同的色调能够给人或温暖或凉爽，或亲密或疏远之感。

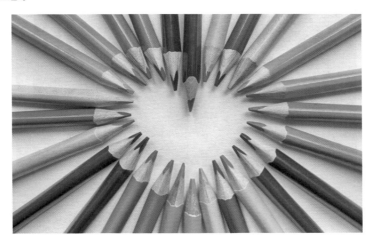

图 8　各种色调

　　前文所说的这些春天的色彩，也正是因为与大自然的季节和气候相和谐了，才更具有魅力。除了服装颜色搭配的和谐，着装时深层次的和谐还包括服饰与我们自身特质的匹配度，包括肤色、发色、气质类型等。举个例子，如果你是冷色调的肤色，那就选择一些冷色系的色彩。反之亦然，若人的肌肤颜色偏暖，将应穿着暖色调的衣服，以更好地衬托健康气色。

　　当然了，这也只是服装颜色搭配的入门内容，在时尚领域中，天马行空的天才设计师们往往会打破常规理念，设计出极具视觉冲击效果的作品。波普艺术及由波普艺术所延伸出的撞色服饰（见图9）就是其中的代表性例子。

　　不过相较于更高级大胆的撞色，现阶段我们只需要记住"和谐"这一颜色搭配关键词就可以了。因为，能够在今后的着装选择中时时想着应用"和谐"就非常了不起了。只要灵活运用"和谐"原则，凭借你的审美直觉，大可不必为服饰颜色的搭配而一筹莫展。

图 9　波普艺术及由它所延伸出的撞色服装

　　平日里，当"选择恐惧症"发作时，对于"穿这个颜色还是那个颜色"的衣服这类难题，只要想一想要出席场合的颜色特征和自己的肤色，使我们处于二者之间的和谐波长，就不难搞定了！相信对于学霸级的你来说，一旦掌握这样的理念和逻辑，那今后运用起来就是易如反掌了。

　　巧妙的选择使得自身与外部环境之间、衣服和我们自身之间都达成和谐的状态，自信也就从中而来了！那就自信满满地做报告吧！

2. 期刊编校是一种怎样的焦虑

——此文与期刊编辑同行共享

焦虑已成为现代社会的普遍现象，学术界也难以避免。越来越多的科研人员长期处于焦虑状态，毕竟科研工作繁重、创新性要求高、心理压力大。加之大城市的生活成本高，尤其是高昂的房价和子女教育费用更加重了科研人员的工作及心理压力。相比科研人员的"学术创新焦虑"，在很多人眼中，学术期刊编辑们的主要工作不就是改错别字、拼写错误、语法及句法错误，完善稿子嘛！"三审三校"，按部就班，既不用搞科研，也不用写文章，多轻松。难怪有的科研人员听到"编辑们的焦虑"后很惊讶地反问："你们也有焦虑，哪来的焦虑呢？"

小编来到编辑部之前也有这样的想法，以为编辑工作简单轻松。然而随着工作的逐步深入，尤其是 2020 年 5 月 28 日国家新闻出版署出台了《报纸期刊质量管理规定》后，我对编辑工作的严肃性和严谨性有了全新的认识。《报纸期刊质量管理规定》，业内称为"史上最严期刊质量管理条款"：期刊编校差错率不超过万分之二的，其编校质量为合格；差错率超过万分之二的，其编校质量为不合格。编校质量不合格的期刊将被责令改正，给予警告；情节严重的，责令限期停业整顿，或由原发证机关吊销出版许可证。小编不由得吓出了一身的冷汗，我的天哪！当年自己写论文时可都没有这样的压力！

虽然在不少人眼中，编辑工作是"为他人做嫁衣"的。但小编逐渐发现，只要肯思考，编辑工作也可以是一种非常具有创造性的脑力劳动。这种创造性不但体现在编辑工作的诸多方面，而且还体现在校对工作上。您看吧，校对可绝不仅仅是完全按照原稿一字一句地核对，而是要在校对的过程中对作者的笔误，编辑加工、发排、终审的疏漏，排版的错误加以优化、改正。此外，还要核实参考文献正确与否、全文的计量单位是否正确、统计数据的有效数字是否合理、编排是否规范化等。编辑在校对过程中，还需要关注并找出文稿中残存的科学性错误，并合理、科学、准确地加以解决——这些工作内容可不是对照一个表格机械地完成的，而是对稿件的再创造。

身为完美主义者的新手小编，面对"史上最严期刊质量管理条款"深感压力很大，令人头疼。带着这些焦虑和困惑，小编请教了经验丰富的资深编辑们，在他们的指点之下，对于期刊编辑编校工作的要求和做法有了更进一步的理解，心理压力得到了很好的疏导。这里，小编就把从前辈那里学到的期刊编辑编校心得和大家分享。

（1）打铁还要自身硬，练好基本功，熟悉相关标准和规范

与期刊编辑出版标准化关系最为密切的常用国家标准、行业标准及规范如表 1 所示。

表 1　常用国家标准、行业标准及规范

序号	类别	内容
1	质量管理	1.《报纸期刊质量管理规定》（2020） 2. 编校质量差错认定细则 3. 报纸编校质量评比差错认定细则 4. CY/T 2—1999 印刷产品质量评价和分等导则
2	数字、文字	5. GB/T 15835—2011 出版物上数字用法 6. GB/T 15834—2011 标点符号用法 7. GB/T 28039—2011 中国人名汉语拼音字母拼写规则 8. GB/T 3259—1992 中文书刊名称汉语拼音拼写法 9. 出版物汉字使用管理规定（1992）
3	量和术语	10. GB 3101—1993 有关量、单位和符号的一般原则 11. GB/T 17933—1999 电子出版物术语 12. GB/T 10112—1999 术语工作原则与方法
4	格式规范	13. GB/T 3179—2009 期刊编排格式 14. GB/T 13417—2009 期刊目次表 15. GB/T 3860—2005 文献叙词标引规则 16. GB/T 6447—1986 文摘编写规则 17. GB/T 7714—2015 文后参考文献著录规则 18. CY/T 35—2001 科技文献的章节编号方法 19. GB/T 7713.3—2009 科技报告编写规则：学术论文的编写格式 20. GB/T 9999—2002 中国标准连续出版物号 21. GB/T 12451—2001 图书在版编目数据 22. GB/T 788—1999 图书和杂志开本及其幅面尺寸 23. GB/T 7408—2005 数据元和交换格式 信息交换日期和时间表示法

序号	类别	内容
5	编辑校对	24. GB/T 14706—1993 校对符号及其用法 25. GB/T 14707—1993 图像复制用校对符号 26. 编辑工作基本规程 27. 校对工作基本规程
6	职业道德	28. 中国出版工作者职业道德准则 29. 关于加强科技出版工作的若干意见 30. 图书出版合同通用范本

注：如果表 1 中缺少您所在期刊相关的常用标准规范，请自行补充。

（2）提升与作者沟通的能力

现实中的确有很多作者不是非常关心编辑是否已经把他的文章改得通顺、规范，而更关心期刊的影响因子、出版周期、版面费等。编辑在与作者交流的过程中，要通过各种方式告诉作者如何规范地进行论文写作，既要重视内容的科学性，也要重视文章语言及格式的准确性与规范性，注意引导作者形成全面的论文审美观，做好宣传和解释工作。

（3）严格按照期刊编辑部的工作流程

期刊质量的重要性不必多言。经过多年的总结，编辑部往往会从工作流程上做出制度性规定，以保证出版质量。作为期刊编辑，一定要严格遵守工作流程，借助集体的智慧发挥团队工作的最大效果，避免因个人的工作疏忽造成期刊出版错误。

这也可以帮助大家理解：期刊编校是一个十分复杂的过程，从收到稿件到印刷出刊往往要历时三个月左右。之所以要这么长时间，就是因为这一过程中有许多需要注意的问题。

校对工作是整个出版工作的重要环节，是编辑工作的继续、补充和完善。目前，一般科技期刊编辑部都没有专职校对人员，校对工作全部由编辑人员承担，经常处于"编校合一"的状况。因此，很多编辑部实行的是"三校一读"制度，一、二、三校时采用交换校对法或循环校对法，保证每个编辑至少校对一遍全刊，全员校对完后，再由责任编辑通读。完成具体校对工作时，则采用对校法或折校法。

例如，二校时就要：定好页码、版面；检查图表大小、文章与文章的衔接；字母及公式转行；注意目次、结构层次、插图、表格、公式、注释、参考文献等的序号是否衔接、对应，字体及字号是否得当；等等。三校时，要从整体角度出发，注意封面、封二、封三、封四、目次、版本记录、书眉、脚注、补白、广告等的排版是否前后照应。

有了这些具体的要求后，小编心中的焦虑显然缓解了很多。

（4）总结本期刊常见问题

编辑部主任还将自己 16 年的宝贵工作经验与小编无私分享，这里只列举一些最基本的问题。

①列出全部著者：刚开始从事期刊编辑工作时，这些期刊还在用老标准，按照老版标准中"3 人等"著录著者，其实新的标准 GB/T 13417—2009 已要求应列出文章全部著者的姓名。

②汉语拼音刊名：GB/T 3259—1992 规定，书名和刊名的汉语拼音需要加注在中文书刊的封面，或扉页，或封底，或版权页上，拼写基本上以词为书写单位，一律横写，而与我们合作的一份期刊，居然没有加注汉语拼音刊名！

③量和单位：关于量和单位的使用，我们发现，有较多期刊没有执行国家标准 GB 3100～3102.1—1993，有些老教授的文章，还在使用废弃的量名称、非法定计量单位、符号，比如公分、公吨等。

④参考文献：未完全按照 GB/T 7714—2015 的规则著录，著录项目、著录要素不全，著录格式和标识符号使用混乱，甚至故意把正文中引用处的符号删除，不作标注。

下一步，我们准备整理一本《计算物理编校手册》，汇集集体的智慧于编辑部的工作中。

在编辑部耕耘 16 载的主任语重心长的一句话，也让小编思考了良久："编校质量是期刊出版工作的重要组成部分，丝毫马虎不得，否则就容易出现贻笑大方的错误，留下永久的遗憾。我希望无论什么时候，也无论是谁，当他翻看这本期刊时，找不到编校方面的错误，不给自己留有遗憾！"

消除焦虑最好的方式，就是停止"空想"，行动起来，去成为理想中的自己。相信各位读者都有过这种感受：全身心地投入学习、工作后，心里会有种很踏实的感觉——这是因为在内心深处能明确感受到，自己正在往好的方向前进，可以掌控自己的生活，让生活越变越好。那么，在编辑工作岗位上，消除小编焦虑心态的最佳方式就是全身心地学习和熟悉期刊行业标准规范，达到耳熟能详的程度，成为自己工作业务的主人。多读书多看报，少吃零食多睡觉，树立人生目标，把编辑做成自己喜欢且擅长的事情，提高自己的工作价值感。

当我们在认真、用心做事，去做那些可以帮助自己、帮助他人实现目标和社会价值的事情时，自然就会不那么焦虑。因为我们很清楚，只要每天成长一点点，未来就充满希望。

3. 我的思维"穷"吗

很久很久以前，小编读过一个小故事：一个富人送给穷人一头牛，嘱咐穷人用这头牛耕地，穷人于是满怀希望地开始奋斗。可牛要吃草，人要吃饭，日子过得很是艰难。于是，穷人把牛卖了，买了几只羊，吃了一只，剩下的用来生小羊。可小羊迟迟没有生下来，日子又变得很艰难。穷人又把羊卖了，换成鸡，想让鸡生蛋为他赚钱，但是一天天过去，日子依旧没有改变，最后穷人只好把鸡也杀了。鸡吃完了，他又过上了贫穷的生活。

故事中的穷人换成您，会怎么办呢？看似每一步都是正常的选择，是什么使得穷人在得到了额外的资源，满怀希望开始奋斗之后又回到了贫穷的状态呢？据一个投资专家说，富人的成功秘诀就是：没钱时，不管多困难，也不要动用投资和积蓄，压力会使你找到赚钱的新方法，帮你还清账单。而投资的收益，则是改变生存状态的重要来源。这个理念，可以有吗？

面对居高不下的房价、一天比一天增长的教育投入，我们总是感觉手里的钱不够花。有什么办法可以改善这样的状态呢？不如就从改变思维开始吧。这里，小编就向各位读者分享几点亲测有效的思维方式。

在分享之前，先界定两个概念：一个是"穷"，一个是"思维穷"。

大家看到的"穷"，很直观的感受就是一个人经常处于缺钱花、缺吃少穿的状态。其实，被我们经常忽略的"思维穷"才是影响生存状态的一个重要因素。图1就是"思维穷"的一些表现特征，快让我们对照图1，检查检查自己的思维状态吧！

所以，从图中三种特征来看，"思维穷"的最主要特征就是否认自己，不相信自己的能力，不相信这个世界的美好。他们认为无论做什么，都不会有什么改变，而且总是会遇到麻烦、不幸和失败，不愿意冒险去突破现有的局限。思维穷的怪圈，就像做阅读理解一样，排除了正确答案，就怎么也没法跳出去寻找更多的空间，只能一直原地踏步，用阿Q式"精神胜利法"安慰自己平凡是福。可是如果这样，就总是停留在舒适圈，在固有的认知世界里打转，做什么事都规避风险、急于求成，不愿意放长线钓大鱼，当机会来临，可能还根本没有看到它的时候就早已经失去。所以有句话说，"机会总是偏爱有准备的人"，就是在说这个道理。

思维穷		思维富
总用否定和消极的方式来思考任何问题，从潜意识层否认自己挣钱的能力，否认自己成功的可能。例如：前面有一群人需要去打交道，第一个想法是如果我和他们交流的话，他们绝对会看不起我、不接纳我，我是不可能对他们产生任何影响力的。	……VS……	首先想的是"我一定能够做成这件事"，同时去思考解决问题的方法和途径，然后调动自己身边所有的资源去做这件事情。
安于现状，不敢冒险，比较认命。例如：在前进的路上遇到一条河，"思维穷"的人在河边等别人来造船、架桥，或者在岸这边待着，他们认为"反正河挡住我了，我也没办法"。	……VS……	在前进的路上遇到一条河，"思维富"的人是思考如何架桥、如何造船，想办法过河，达到目标。
对世界、对社会、对周边朋友的不信任。保护自己的最好方法是跟社会少接触，跟朋友少交往，不愿意发生任何利益关系，更不愿与别人分享。	……VS……	积极主动地去沟通、交流，愿意与别人分享自己的想法和创意。

图 1　"思维穷"与"思维富"的特征

《红楼梦》里贾家的三小姐探春去了一趟别人家的花园，发现别人家花园里种的花草、笋、荷叶这些东西，都有专人承包、负责清理和卖钱。探春以前不知道破荷叶、烂树根都能值钱，知道后，回家也照着办。结果，贾家的花园不仅省了很多请人打扫收拾的费用，一年还能赚四百两银子。宝钗总结道："天下没有不可用的东西，既可用，便值钱！"你看，思维方式不同，财富积累的速度果然不同吧？

如果努力过，再回归平凡，不失为看淡；如果从不去争取就放弃，那不叫平凡，叫自我麻痹。从穷人卖牛的这个故事中，小编相信您一定也领悟了很多启示呢！

反观那些具有"富思维"模式的人，或者说积极进取的人，他们遇到了事情，第一反应总是往健康的、肯定的方向想。在遇到困难的时候，他们会想办法去解决困难；遇到人的时候，他们会积极主动地去沟通、交流；遇到机会的时候，他们会愿意放弃自己现有的舒适，去抓住机会。在某种意义上来说，这就是勇往直前、敢于突破自身局限的思维模式。

在了解了"穷思维"和"富思维"的不同含义及其所导致的不同结果后，小编还要郑重提醒各位读者："穷思维"会传染！要小心哦！

英国牛津大学心理学教授贝克哈斯曾做过一个有名的实验：用人工方法同时孵化出一群家鹅和一群天鹅。他把一只家鹅雏放进天鹅群，又把一只天鹅雏放进家鹅群，让它们在一起生活。半年后，他发现天鹅群里的家鹅虽不能翱翔蓝天，但可以轻松地飞行几百米，而与家鹅从小一起长大的天鹅却连飞离地面都十分吃力。天鹅群里的家鹅，在一个会飞的环境中长大，在它们认知里它们也是会飞的。

仅仅了解到"思维富"的理念却从不执行，也是不对的，"思维富"和"财产富"之间的距离就是知和行之间的距离，如果我们仅渴望改变现状，却总是想得很多做得很少，那么这也不是"思维富"的逻辑，更无法把"思维富"转化为"财产富"。看看周围很多人，总是抱怨生活不容易，却只是空想如何成功，从来不去提升自己的技能，或是坚持没多久就放弃了。他们往往缺乏自己的判断力，容易随大流，可是等看到别人成功了，又眼馋不已，心中酸意顿生。

所以说，跟什么样的人相处就更可能会成为什么样的人，多和那些具有"思维富"的人接触吧，和优秀的人在一起，转变自己的思维，让这样积极的心态互相影响、互相增益，加上自己的不断学习，就可以更好地提升自己，也成为一个"思维富"的人。

在平时的工作生活中，特别注意每次选择和决策时，多用一些"思维富"的理念，少用一些"思维穷"的逻辑。这样很有可能，十年后，那个物质和精神都富有的人会感谢今天按照"思维富"逻辑做出选择并努力实践的自己呢！

希望所有人都能够摆脱"思维穷"的模式，让自己能够健康、积极、阳光地去寻找生命的新机会。小编这里和大家分享一棵积极树，常常提醒自己保持阳光心态，图 2 就是积极进取的"白菜"小编刚刚学画时的作品呢！

图 2　积极树

4. "树"可以帮我做决策

世界上使社会变得伟大的人，正是那些有勇气在生活中尝试和解决人生新问题的人！

——泰戈尔

- 上大学该学什么专业？
- 是该继续打工还是自己创业？
- 有单位发出了邀请，我是该继续做现在的这份工作，还是跳槽到新的单位呢？
- 该现在结婚，还是再等等？
- 该要小孩了吗？什么时候要？
- 该买一个郊区的大房子，还是市内的小房子？
- 该怎样拿存款来投资？
  ……

每天都有这么多事情要做决策，太为难了吧？可这就是现实啊，人生每天都处于不断做选择的状态，小到午餐吃什么，大到在哪里买房。也许这其中哪个不经意的选择就可能会产生蝴蝶效应，给人生带来一场巨大变动。一想到我们每时每刻的选择都在影响着未来的我们，那怎能草率对待当下的每一个决定呢？

倘若此时你正面对一个重大决定，不知道该如何选择，倘若你知道成功取决于明智的决定，想成为更优秀的决策者。如果问有没有一个工具可以帮助我们做出正确的选择，顶级的决策高手都喜欢使用的一款工具就是决策树（decision tree）。

那么，到底什么是决策树？小编在学习决策树理论时，曾看过一个经典案例，看完一下子就有醍醐灌顶的感觉，当时就直懊恼：唉，我怎么不早点学到这门技能呢，要是早知道决策可以这么做，那么多次做了又后悔的决定不就可以避免了吗？

就拿找男朋友来说吧，作为一个人美心善二十多岁的女孩子，今天又有热心朋友要给你介绍对象了。你随口一问："多大了？"回复："26。"你问："长得帅不帅？"回复："挺帅的。"你问："收入高不高？"回复："不算很高，中等情况。"你问："给《计算物理》投过稿吗？"回复："投过，还经常给编辑留言呢。"你说："那好的，我去见见。""男怕入错行，女怕嫁错郎。"找男朋友，绝对是比找工作、创业、投资公司更重要的战略决策。这么重要的决策，就可以用到决策树这个工具。**刚才那连珠炮似的问题，就有决策树的基本逻辑在里面。**当你问"多大了？"的时候，其实就开始启动了"相亲决策树"的第一个决策节点。这个决策节点，有两条分支：

第一，大于 30 岁？哦，是大叔，那就不见了；第二，30 岁以下？哦，年龄还可以。

然后，你才会接着问"长得帅不帅？"，这又是一个决策节点，"不帅……"，不见不见了，我只喜欢大帅哥！

如果是个大帅哥，那就再往下，走到第三个决策节点"收入高不高？"。上班总偷懒，工资都被扣光了。什么？不上进？那也不能忍。

最后是第四个决策节点"给《计算物理》投过稿吗？"。投过！太好了，小伙子你很上进，快快奔现见面吧！

你通过四个决策节点"年龄、长相、收入、上进"，排除了"老、丑、穷还不上进的人"，选出"30 岁以下，收入中等，但是很上进，给《计算物理》投过稿的帅小伙儿"。这套像树一样层层分支、不断递进的决策工具，就是决策树。

小编动手画了一棵树，如图 1 所示，描述了这个相亲决策过程，一图胜千言，这样决策过程更加一目了然。

决策树这么有用，是哪位"大神"提出的呢？小编查阅了一些资料，资料显示决策树算法起源于亨特（E.B.Hunt）等人于 1966 年发表的论文"*Experiments in induction*"作者将相关的论文编写成了一本 247 页的书稿。

决策树是一种逻辑简单的机器学习算法，它是一种树形结构，所以形象地被称为决策树。它可以称得上是一种寻找最优方案的画图法，也是一种简单高效并且具有强解释性的模型。画图的时候，考虑每个决策或事件都可能引出两个或多个事件，得到不同的结果，运用概率事先演化事物发展的可能路径，就可以得到类似枝干的图形。专业一点讲，决策树其实更多地应用于企业经营管理中，目前已经发展出了很多专业软件和算法。决策树法利用概率论的原理，采用树形图作为分析工具，用决策点代表决策问题，用方案分支代表可供选择的方案，用概率分支代表方案可能出现的各种结果，经过对各种方案在各种结果条件下损益值的计算比较，为决策者提供决策依据。决策树的具体结构如图 2 所示。

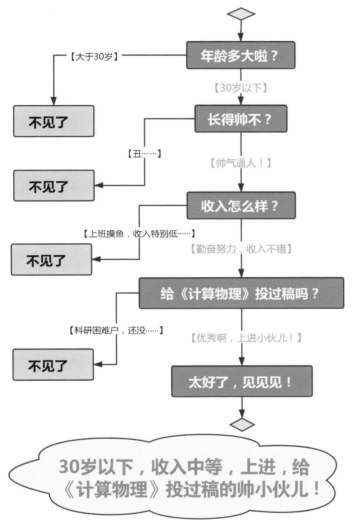

图 1　相亲决策树

　　决策树目前被广泛应用于机器学习中。在机器学习中，决策树是一个预测模型，它代表的是对象属性与对象值之间的一种映射关系。熵（entropy）= 系统的凌乱程度，使用算法 ID3, C4.5 和 C5.0 生成树算法使用熵。这一度量是基于信息学理论中熵的概念。真正让决策树成为机器学习主流算法的还是昆兰（R. Quinlan，2011 年数据挖掘领域最高奖 KDD 创新奖获得者），他在 1979 年提出了 ID3 算法，掀起了决策树研究的高潮。

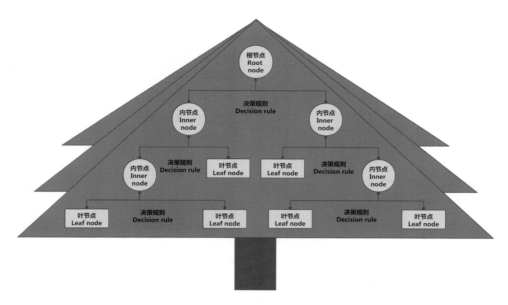

图 2　决策树

虽说这棵"决策树"原本是属于机器学习的工具。不过小编发现在生活和工作中，当我们遇到一些比较烦琐或不确定因素较多的问题时，也可以试着画一棵决策树，结合决策树得出客观数据，利用自己丰富的经验，或请教高人，综合评估后各项策略后得出最科学、最客观、最理性的决策。

这就是小编学习决策树模型后最大的收获，好东西大家分享，以决策树为工具来帮助我们在日常学习工作中做决策，还是有很多便利之处的。

当我们思绪万千、无从下手时，边想边画一棵决策树，这就将错综复杂的决策过程向前推动了一步，并且沿着"树枝、树杈"往前想，也就有了前进的步骤；看着这么直观的决策图形，还有助于帮助显示决策的完整性，形成周密的思维；等到这棵决策树画好后，就将我们头脑里的隐形信息全面展示出来了，这是隐性知识显性化的过程。此外，有了这个显性的决策树还便于开展集体讨论，"三个臭皮匠，顶个诸葛亮"，更何况，我们都有神一样的队友，经常会帮助我们填补思维的盲区，特别有利于发挥团队（包括家庭成员）的智慧优势。最后，决策树把复杂的决策过程分解为单个步骤，在实际的决策过程中，还可以通过时间的推进，获得新的条件，进一步完善决策过程。

当然了，在现实生活中的决策过程中，我们并不能很准确地测算出一些参数的数值及其发生的概率，这时候就需要凭借生活经验了。还有就是，现实生活中，根据情况的复杂程度，可能会出现决策树的分支超级多的情况，这时候也许会出现画几张 A3 纸都画不完这棵树……虽然无法完美解决所有的生活选择题，不过当我们熟悉了决策树的思维模型，就可以利用这个具有相当科学、相当客观、相当理性"魔力"的"大树"帮我们一步步分析复杂情况，离做出更完善的决定更进一步。

患有"决策恐惧症"的读者们，如果你的生活中经常遇到举棋不定的决策"危机"时，比如今晚的重大危机是晚饭吃米饭、吃面条还是吃大包子，那么不妨就试试用这棵"树"来做一下决策吧！

5. 搞科研一定要那么一本正经吗

——减压必读

看到这条标题，您心里一定有很多疑惑：在世人的心中，科学家约等于不苟言笑的苦行僧，做科研约等于六根清净的虔诚修行。做科研、当科学家乃是神坛之上的严肃话题，当然得一本正经了！做科研不一本正经还能哪样？小编这是怎么了？

有句话怎么说来着，"科研虐我千百遍，我待科研如初恋"。初恋被虐那是真惨啊，惨不忍睹，小编可太理解大家的苦了，特别希望能做点什么。经过了一番调查，小编发现，被虐得水深火热的科研萌新们有一个共同的心理定式：**这个实验得不到结果 = 发不了文章 = 导师（老板）失望 = 没法毕业 = 不能找到理想的工作 = 自己对自己失望 = 爸妈对自己失望 = 被同学同事看不起 = 未来的生活状况惨淡，走不上人生巅峰 = 焦虑、抑郁、失眠、脱发……**

快停下来，快停下来！看看是怎么回事！我们把这么多期待和情绪负担都放在每一次实验上、每一个数据上，放在每天的科研工作上，拿着一整条消极事件的时间轴去和当下的时间点对抗，不抑郁才奇怪。那么，该如何防止陷入工作压力导致的负面情绪旋涡呢？ Accept life as it comes and let go of your expectation（接受生活的到来，放下你的期待）。科研中乃至生活中很多事情都是不可预测、不可控制的，我们能做的就是尽自己最大的努力做好眼前的事情，Focus on what we can control（聚焦那些我们能控制的事），不要让一些因为恐惧而产生的"假想敌"折磨自己。

可能有小伙伴们要说了："道理我都懂，可该焦虑还是焦虑啊，发际线在巨大压力下已然不保。太好奇了，那些沉浸在科研乐趣中的同行们，到底是怎么自得其乐的呢？"

观察那些能够自得其乐、快乐科研的科学家们，会发现如果转变心态，把搞科研和"做游戏"结合起来，科学家也可以不是"眼镜、工装裤、冲锋衣和不解风情"的代名词，搞科研也可以幽默可爱、妙趣横生，会发现原来搞科研不但可以探索丰富的知识，也可以收获一个有趣的灵魂。

小编，你说什么？玩游戏这么不务正业，还能边玩边搞科研？那可不！下面就让我们来看看打游戏是怎么和搞科研"掺和"到一起的。

首先，玩游戏当然是能发论文的了！在你花钱打游戏，吐槽游戏厂商"毁我青春耗我钱财"时，高端玩家已经通过"打游戏"来预测蛋白结构（见图1），甚至还在《自然》（*Nature*）正刊上发表了论文，这操作简直无敌。

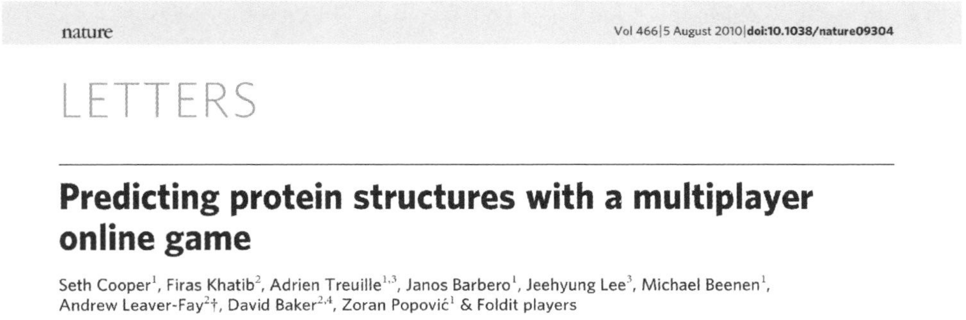

nature   Vol 466|5 August 2010|doi:10.1038/nature09304

LETTERS

Predicting protein structures with a multiplayer online game

Seth Cooper[1], Firas Khatib[2], Adrien Treuille[1,3], Janos Barbero[1], Jeehyung Lee[3], Michael Beenen[1], Andrew Leaver-Fay[2]†, David Baker[2,4], Zoran Popović[1] & Foldit players

图 1   通过多人在线游戏预测蛋白结构的论文

当然事情并不简单，这其实是一帮做蛋白质结构预测的科学家茶余饭后突然想到的：**全世界打游戏的人那么多，天天打游戏不搞科研和咸鱼有什么区别！不如来让他们帮我们做实验吧！**于是他们开发了一个折叠蛋白质的小游戏（foldit）开放给全世界玩家，最后把游戏得分最高的人的数据收集起来分析。

游戏内容也比较烧脑，比方说给你一个初始态，你需要通过某种方法把这个蛋白质折叠成一个给定的终态，在这个过程中折叠程度越小得分越高。此游戏一出，世界各国的高智商玩家集思广益，得到各种脑洞大开的结果。这篇文章小编在《一篇论文到底可以有多少署名作者？这篇自然论文署名作者有 57000 多位》中已经提及，感兴趣的读者可自行去《自然》（*Nature*）期刊官网查看这篇署名"打游戏打出来"的文章。

除了打游戏打出篇《自然》期刊论文，说起科研界的一本正经和胡说八道，就不得不提"搞笑诺贝尔奖"。毕竟这个奖不仅仿照诺贝尔奖设置奖项，颁奖时间也故意选在"正版"诺贝尔奖之前。平日里一丝不苟的科学家们穿着奇装异服去参加"搞笑诺贝尔奖"的颁奖仪式，选出一些看起来特别"奇葩"的研究，怎么看都给人一种不务正业的感觉。

别以为"搞笑诺贝尔奖"是哗众取宠的无聊噱头，其实"搞笑诺贝尔奖"的获奖者是由《不太可能的研究之实录》的编辑们、科学家们（其中还包括几位诺贝尔奖获得者）、记者们和来自多个国家各个领域的精英们所组成的管理委员会选出的。

入选“搞笑诺贝尔奖”的科学成果必须不同寻常，能激发人们对科学、医学和技术的兴趣，其中也不乏有人最后获得了真正的诺贝尔奖。

诺贝尔奖的获奖研究大家应该都看过了，但有句话说得好：大隐隐于市，高手在民间。小编下面就来盘点几篇看到过的“奇葩”论文，是不是胡说八道，看了就知道。

（1）养猫能干吗？当然是发论文啦

先来一个稍微正经点的论文。这是一篇 2010 年发表在《科学》（*Science*）期刊上的文章，题目是“*How Cats Lap: Water Uptake by Felis catus*”（见图 2）。该文章主要研究了家养宠物猫舔水喝的机制。大家都看过猫喝水的样子，但可能很少有人会去研究猫喝水的原理。在这个研究中，几位科学家通过实验和理论模型的分析发现，猫是利用流体的惯性来克服地球引力将液体（水、牛奶等）吸入嘴里的。他们甚至还研究了猫舔水的频率和猫本身体重的关系。作者雷斯（P. M. Reis）是麻省理工学院环境工程系的科学家，感兴趣的读者可自行查看全文。

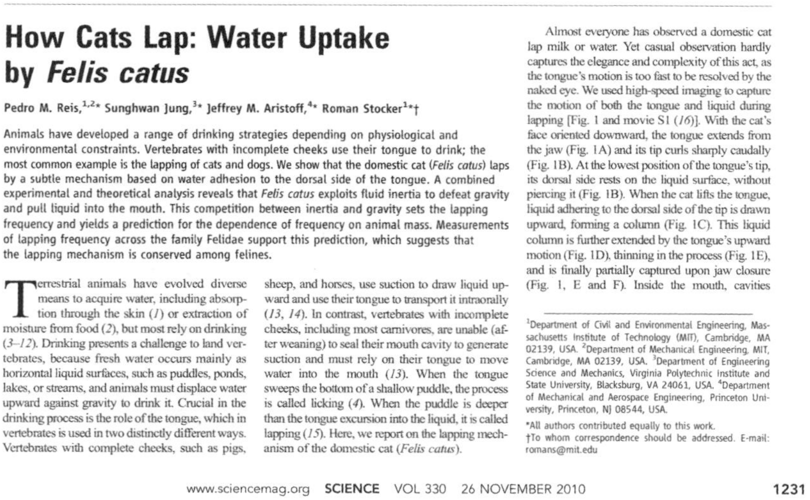

How Cats Lap: Water Uptake by *Felis catus*

Pedro M. Reis,[1,2]* Sunghwan Jung,[3]* Jeffrey M. Aristoff,[4]* Roman Stocker[1]*†

Animals have developed a range of drinking strategies depending on physiological and environmental constraints. Vertebrates with incomplete cheeks use their tongue to drink; the most common example is the lapping of cats and dogs. We show that the domestic cat (*Felis catus*) laps by a subtle mechanism based on water adhesion to the dorsal side of the tongue. A combined experimental and theoretical analysis reveals that *Felis catus* exploits fluid inertia to defeat gravity and pull liquid into the mouth. This competition between inertia and gravity sets the lapping frequency and yields a prediction for the dependence of frequency on animal mass. Measurements of lapping frequency across the family Felidae support this prediction, which suggests that the lapping mechanism is conserved among felines.

Terrestrial animals have evolved diverse means to acquire water, including absorption through the skin (*1*) or extraction of moisture from food (*2*), but most rely on drinking (*3–12*). Drinking presents a challenge to land vertebrates, because fresh water occurs mainly as horizontal liquid surfaces, such as puddles, ponds, lakes, or streams, and animals must displace water upward against gravity to drink it. Crucial in the drinking process is the role of the tongue, which in vertebrates is used in two distinctly different ways. Vertebrates with complete cheeks, such as pigs, sheep, and horses, use suction to draw liquid upward and use their tongue to transport it intraorally (*13*, *14*). In contrast, vertebrates with incomplete cheeks, including most carnivores, are unable (after weaning) to seal their mouth cavity to generate suction and must rely on their tongue to move water into the mouth (*13*). When the tongue sweeps the bottom of a shallow puddle, the process is called licking (*4*). When the puddle is deeper than the tongue excursion into the liquid, it is called lapping (*15*). Here, we report on the lapping mechanism of the domestic cat (*Felis catus*).

Almost everyone has observed a domestic cat lap milk or water. Yet casual observation hardly captures the elegance and complexity of this act, as the tongue's motion is too fast to be resolved by the naked eye. We used high-speed imaging to capture the motion of both the tongue and liquid during lapping [Fig. 1 and movie S1 (*16*)]. With the cat's face oriented downward, the tongue extends from the jaw (Fig. 1A) and its tip curls sharply caudally (Fig. 1B). At the lowest position of the tongue's tip, its dorsal side rests on the liquid surface, without piercing it (Fig. 1B). When the cat lifts the tongue, liquid adhering to the dorsal side of the tip is drawn upward, forming a column (Fig. 1C). This liquid column is further extended by the tongue's upward motion (Fig. 1D), thinning in the process (Fig. 1E), and is finally partially captured upon jaw closure (Fig. 1, E and F). Inside the mouth, cavities

[1]Department of Civil and Environmental Engineering, Massachusetts Institute of Technology (MIT), Cambridge, MA 02139, USA. [2]Department of Mechanical Engineering, MIT, Cambridge, MA 02139, USA. [3]Department of Engineering Science and Mechanics, Virginia Polytechnic Institute and State University, Blacksburg, VA 24061, USA. [4]Department of Mechanical and Aerospace Engineering, Princeton University, Princeton, NJ 08544, USA.

*All authors contributed equally to this work.
†To whom correspondence should be addressed. E-mail: romans@mit.edu

www.sciencemag.org SCIENCE VOL 330 26 NOVEMBER 2010 1231

图 2　发表在科学期刊上的论文

（2）用狗屎竟也能做出石墨烯

2011 年 9 月，美国莱斯大学的图尔（J. M. Tour）课题组在美国化学会杂志 *ACS Nano* 上发表了一篇论文，文章讲述了他们发明的一种制备石墨烯的新方法（见图 3）。

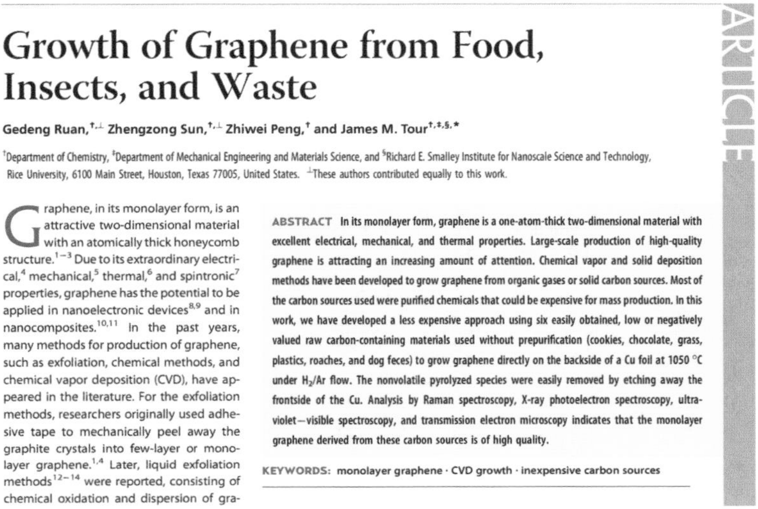

ARTICLE

Growth of Graphene from Food, Insects, and Waste

Gedeng Ruan,[†,⊥] Zhengzong Sun,[†,⊥] Zhiwei Peng,[†] and James M. Tour[†,‡,§,*]

[†]Department of Chemistry, [‡]Department of Mechanical Engineering and Materials Science, and [§]Richard E. Smalley Institute for Nanoscale Science and Technology, Rice University, 6100 Main Street, Houston, Texas 77005, United States. [⊥]These authors contributed equally to this work.

ABSTRACT In its monolayer form, graphene is a one-atom-thick two-dimensional material with excellent electrical, mechanical, and thermal properties. Large-scale production of high-quality graphene is attracting an increasing amount of attention. Chemical vapor and solid deposition methods have been developed to grow graphene from organic gases or solid carbon sources. Most of the carbon sources used were purified chemicals that could be expensive for mass production. In this work, we have developed a less expensive approach using six easily obtained, low or negatively valued raw carbon-containing materials used without prepurification (cookies, chocolate, grass, plastics, roaches, and dog feces) to grow graphene directly on the backside of a Cu foil at 1050 °C under H_2/Ar flow. The nonvolatile pyrolyzed species were easily removed by etching away the frontside of the Cu. Analysis by Raman spectroscopy, X-ray photoelectron spectroscopy, ultraviolet−visible spectroscopy, and transmission electron microscopy indicates that the monolayer graphene derived from these carbon sources is of high quality.

KEYWORDS: monolayer graphene · CVD growth · inexpensive carbon sources

Graphene, in its monolayer form, is an attractive two-dimensional material with an atomically thick honeycomb structure.[1−3] Due to its extraordinary electrical,[4] mechanical,[5] thermal,[6] and spintronic[7] properties, graphene has the potential to be applied in nanoelectronic devices[8,9] and in nanocomposites.[10,11] In the past years, many methods for production of graphene, such as exfoliation, chemical methods, and chemical vapor deposition (CVD), have appeared in the literature. For the exfoliation methods, researchers originally used adhesive tape to mechanically peel away the graphite crystals into few-layer or monolayer graphene.[1,4] Later, liquid exfoliation methods[12−14] were reported, consisting of chemical oxidation and dispersion of gra-

图 3　发表在 *ACS Nano* 上的论文

这个方法使用的碳源廉价且无须提纯。实验操作是这样的：他们分别将饼干、巧克力、草、塑料、狗屎、蟑螂腿等原料置于铜箔之上，在氩 / 氢气流下于 1050℃进行退火处理，这样就可以在铜箔背面生长出石墨烯。

最让人震惊的是，通过拉曼光谱、X 射线光电子能谱、紫外 – 可见吸收光谱、透射电镜的分析，结果显示，用这些“乱七八糟”的材料制备的单层石墨烯质量非常高。这是一篇有味道的论文，感兴趣的读者可自行查看全文。

以上这些论文都发表在国际顶级期刊上，看完是不是觉得在《自然》和《科学》期刊上发篇论文跟玩似的？醒醒！这是科研的三大错觉之一。那么看看下面这篇论文。

（3）我有特殊的打水漂技巧

小时候在河边，拿起石头就可以打个水漂玩。可是小编万万没想到打水漂也有这么多值得研究的，这不论文都发到《自然》期刊上了（见图 4）。这篇在 2004 年发表于自然期刊的文章介绍了打水漂的秘诀：神秘角度 20°。这篇文章通过系统的实验发现，无论自旋角速度、抛射速度如何，石头与水面的攻角在 20° 时，石头与水面的接触时间都最短，而该接触时间决定了能量损耗的大小，接触时间越短能量损耗越少，因此 20° 角是打水漂的关键（见图 5）。注意，这里攻角的定义是石头圆盘那个面与水面的夹角，不是入射速度方向与水面的夹角（此角度在 15°~40° 都对结果影响很小）。姿势学起来，相信在科学家的专业指导下你也能成为打水漂高手！

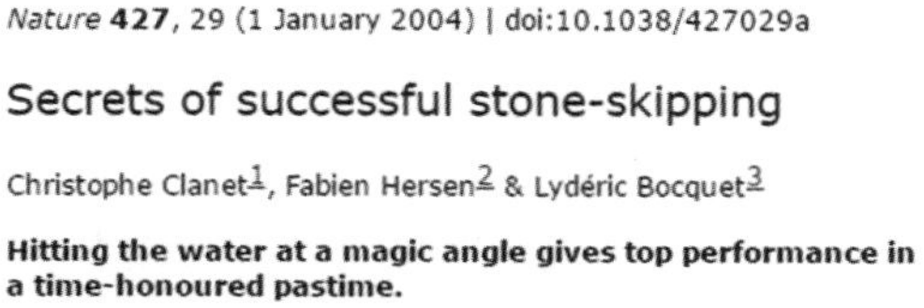

Nature **427**, 29 (1 January 2004) | doi:10.1038/427029a

Secrets of successful stone-skipping

Christophe Clanet[1], Fabien Hersen[2] & Lydéric Bocquet[3]

Hitting the water at a magic angle gives top performance in a time-honoured pastime.

图 4　发表在《自然》期刊上的论文

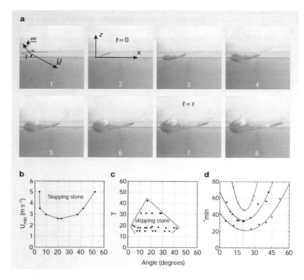

图 5　石头与水面的攻角对能量损耗的影响

除了做科研、写论文方面的"奇葩"才华，我们的乐趣还有很多方面呢。

（1）网上流传的某化工学院院歌

液！态！镁！！！尽管再危险！总有人黑着眼眶做实验！！！砹！钛！镁！！！尽管再危险！愿赔上了一切超支经费的泪！！！铜！钛！镁！！！尽管再卑微！也想尝试管炸碎的滋味！！！铌！钛！镁！！！尽管再无言我都想用烧杯隔绝世界！！！我的王水我要霸占铌！锝！镁！

（2）你知道你城市每天凌晨四点的样子吗

请教一年发 3 篇 SCI 论文的学长："你是怎么做到一年发 3 篇 SCI 的？"

学长反问："你知道你城市每天凌晨四点钟的样子吗？"

我回答："知道。那个时候我一般还在做实验、写数据，偶尔从实验室的窗口向外望，城市的灯光灰黄一片……咦，你问这个干吗？"

学长："呃，不干吗。"

（3）一只长情的潜力股

科研男相亲。

女："有三室两厅吗？"

男："没有！"

女："有路虎、奥迪吗？"

男："没有！"

女："有 7 位数存款吗？"

男："没有！"

女："那你有啥？"

男："我……"

女转身就要走，男的大声说道："我是搞科研的！"

女孩立刻回头抱住男生的肩膀，满脸崇拜地说道："你咋不早说呢？**做科研多少年都默默无闻，这你还能坚持，这足以说明你是一只长情的潜力股，这就够了！够了！"**

（4）爱因斯坦也来凑个热闹

在研究牛顿力学的时候，我提出了"相对论"。当时的人基本都不懂，所以好像搞出一点点东西都算是重大发现一样，奇怪得很。说起相对论，发论文的历程我觉得还是蛮心酸的，在发表"狭义相对论"的第一篇论文时，连一篇参考文献都找不到，不像现在动不动就有几百篇论文献可看，真是羡慕嫉妒恨啊。

读到这里，想来您已能明白小编要表达的意思了：何以解忧，唯有苦中作乐！一方面，乐观和幽默可以拯救苦累的科研生活；另一方面，怀揣着一份好奇心和探索欲，珍惜自己的探索、珍惜周围人的探索，也会让生活和工作变得加倍有趣、加倍精彩！

后 记

▼

这本书的编写过程中充满着对知识的探索乐趣，恍然大悟的喜悦，与读者朋友互动交流的期待，以及偶有因灵感缺失而来的沮丧和烦躁。但在来自各行各业的读者（尤其是期刊、出版行业专家和科研人员）、师长，以及朋友与家人的鼓励下，在不断地阅读、吸收与探索中，这样的"痛苦"往往是很短暂的，更多时候，是被一次次创作过程中"心流"涌动的快乐所包围。许多朋友阅读了早期的草稿，提出了大量有趣和有意义的改进建议，我们也根据这些建议不断调整着写作角度与方向，以更契合读者朋友们的现实所需。就这样，在许许多多的鼓励和支持下，这些一篇篇发布的小文得以最后修订成书。所以，这里要感谢曾经帮助过、支持过我们的人们。这种感激不仅仅是来自于事业的成就感，更重要的是，正是因为他们在这一特殊又奇妙的旅程中对我们的无私支持，让我们感受到了创作的乐趣以及生活的温暖。

这本书的出版，首先要特别感谢《计算物理》编辑部的全体工作人员和《计算物理》编委会的专家学者们。这本书脱胎于《计算物理》1984 年创刊以来的成长历程和编辑部的日常点滴，没有一代代《计算物理》人兢兢业业的付出，就不会有这本书的成型。

其次，要感谢北京应用物理与计算数学研究所的大力支持。所长王建国、江松院士、所党委副书记单剑辉、科技委主任应阳君、网信中心书记曾思良等人在专栏的连载过程中给予了大量的鼓励与支持，许许多多研究所的同事朋友们也提供了大量灵感、启发和帮助，这是专栏文章得以持续连载、本书得以成功出版的坚强后盾。

另外，还要深深地感谢陈式刚院士、郭柏灵院士、林海青院士和向涛院士。他们的智慧思考和专业建议给笔者以巨大启发和鼓舞。

此外，还一定要深深地感谢 TrendMD 亚洲总监苗晨霞。本书的写作及出版过程中，苗总监一次次无私又热情地帮助我们克服诸多困难，并以期刊出版行业资深专家的视角给予大量建设性建议。没有他的帮助，本书无法如此顺利、快速地出版。

最后还要感谢清华大学出版社陈凯仁老师费心组织审校和出版事宜，感谢摄影师练哲远、孙斌为本书提供的精美摄影作品。文章撰写过程中，也受到诸多网络资料的启发，在此不一一列举，谨对原作者表达真诚谢意！

名词索引

书中延伸阅读

▼

《思考，快与慢》（ *Thinking, Fast and Slow* ）

（美）丹尼尔·卡尼曼（Daniel Kahneman）著，胡晓姣、李爱民、何梦莹译。主要讲述了对大脑思考速度的看法，以及如何改变传统的思考方式。

《魔鬼经济学》（ *Freakonomics: A Rogue Economist Explores the Hidden Side of Everything* ）

（美）史蒂芬·列维特（Steven D.Levitt）（美）史蒂芬·都伯纳（Stephen J. Dubner），刘祥亚译。书中，两位作者取材于日常生活，以经济学的方式来探索日常事物背后的世界。

《系统思考》（ *Seeing the Forest for the Trees: A Manager's Guide to Applying Systems Thinking* ）

（美）丹尼斯·舍伍德（Dennis Sherwood）著，邱昭良、刘昕译。本书展示了处理复杂问题的最佳理论：系统思考。它的精髓是用整体的观点观察周围的事物。书中通过系统循环图来揭示系统中相互连接的因素，看清事件背后的结构和逻辑，解决现实世界中的复杂问题。

《搞定 I: 无压工作的艺术》（ *Getting Things Done: The Art of Stress-Free Productivity* ）

（美）戴维·艾伦（David Allen）著，张静译。本书介绍了高效管理个人事务的GTD(Getting Things Done) 时间管理方法。

《费曼讲物理：入门》（ *Six Easy Pieces* ）

（美）理查德·费曼（Richard Feynman）著，秦克诚译。本书是从著名的《费曼物理学讲义》中节选的六节物理课，内容包括"运动着的原子""基础物理学""物理学与其他学科的关系""能量守恒""万有引力理论""量子行为"六部分。

《GB/T 7714—2015 信息与文献 参考文献著录规则》

本标准规定了各个学科、各种类型信息资源的参考文献的著录项目、著录顺序、著录用符号、著录用文字、各个著录项目的著录方法以及参考文献在正文中的标注法。

《科学技术期刊编辑教程》

本书可作为科技期刊编辑业务培训教材，又可作为科技期刊编辑人员学习和工作的工具书，也可供科技人员撰写科技论文和其他科技文章时参考。具体收录了科技期刊编辑出版工作的流程、科技论言语编排格式、外文字母使用的一般规则、科技期刊网络化概述、期刊的网络编辑方法等方面的内容。

《设计思维手册：斯坦福创新方法论》（ *The Design Thingking Playbook* ）

（德）迈克尔·勒威克（Michael Lewrick）、帕特里克·林克（Patrick Link）、拉里·利弗（Larry Leiffer）、纳迪亚·兰格萨德（Nadia Langensand）著，高馨颖译。设计思维并不是"用设计师的思维去设计"，它是一种创新方法论，更是解决问题的路径。本书不仅对设计思维进行了探讨，而且也对设计思维在数字化领域之外的多种应用进行了探索。

《创造力：心流与创新心理学》（ *Creativity* ）

（美）米哈利·希斯赞特米哈伊（Mihaly Csikszentmihalyi）著，黄珏苹译。书中，作者访谈了包括14位诺贝尔奖得主在内的91名创新者，分析他们的人格特征，以及他们在创新过程中的"心流"体验，总结出创造力产生的运作方式，提出了令每个人的生活变得丰富而充盈的实用建议。

《信息简史》（ *The Information: A History, A Theory, A Flood* ）

（美）詹姆斯·格雷克著，高博译。该书用400多页篇幅，对"信息"的前世今生给出了总体大写意、局部工笔的简明描绘。这是第一次为信息写历史。该书对于任何想了解信息时代是如何发展而来、它又将走向何处的读者，都将是一次极富启示的阅读体验。

《自私的基因》（ *The Extended Selfish Gene* ）

（英）理查德·道金斯（Richard Dawkins）著，卢允中、张岱云、陈复加、罗小舟译。本书以基因的视角来看待生命，作者在本书中提出大胆创见：我们生来是自私的，任何生物，包括我们自己，都只是基因求生的机器。此外，作者在书中将进化论从基因层面升华至文化层面，创造了"迷因"（meme，即文化基因）这一新型的复制因子名词，特指人类社会发展中的文化进化，并提出在这个世界上，只有我们，我们人类，能够反抗自私的复制因子的暴政。